Birkhäuser

Baukonstruktionen
Band 8

Herausgegeben von
Anton Pech

Anton Pech
Karlheinz Hollinsky
Franz Zach

Steildach

unter Mitarbeit von
Peter Stögerer
Thomas Weinlinger

Birkhäuser
Basel

Dipl.-Ing. Dr. techn. Anton Pech
Dipl.-Ing. Dr. techn. Karlheinz Hollinsky
Dipl.-Ing. Dr. techn. Franz Zach
Wien, Österreich

unter Mitarbeit von
Bmst. Dipl.-Ing. Peter Stögerer
Dipl.-Ing. Thomas Weinlinger
Wien, Österreich

Lektorat: Karin Huck
Druck und Bindearbeiten: Druckerei Theiss GmbH, St. Stefan im Lavanttal

Library of Congress Cataloging-in-Publication data
A CIP catalog record for this book has been applied for at the Library of Congress.

Bibliografische Information der Deutschen Nationalbibliothek

Die Deutsche Nationalbibliothek verzeichnet diese Publikation in der Deutschen Nationalbibliografie; detaillierte bibliografische Daten sind im Internet über http://dnb.dnb.de abrufbar.

Dieses Buch ist auch als E-Book (ISBN PDF 978-3-99043-606-6; ISBN EPUB 978-3-0356-0585-3) erschienen.

Postfach 44, 4009 Basel, Schweiz

Ein Unternehmen von Walter de Gruyter GmbH, Berlin/Boston

Gedruckt auf säurefreiem Papier, hergestellt aus chlorfrei gebleichtem Zellstoff. TCF ∞

Printed in Austria

ISSN 1614-1288
ISBN 978-3-99043-110-8

9 8 7 6 5 4 3 2 1 www.birkhauser.com

Vorwort zur 1. Auflage

Steildächer stellen traditionell den typischen Gebäudeabschluss konventioneller Hochbauten in Mittel- und Nordeuropa dar. Ursprünglich einfache Konstruktionen zum Schutz vor der Witterung entwickelten sie sich im Zusammenhang mit dem Ausbau des Dachraumes zu aufwändigen Bauteilen. Nachträgliche Umnutzungen im Zuge der Nachverdichtung der städtischen Ballungsräume lassen neue Forderungen an die Schichtaufbauten, aber auch an die eingesetzten Materialien entstehen, die einer großen Zahl von technischen Regeln entsprechen müssen. Man kann durchaus sagen, dass nur wenige Elemente eines Hauses so komplex sind wie solche Steildächer. Den Anforderungen entsprechend bietet die Bauwirtschaft eine Vielzahl an Materialien für eine ebenso große Bandbreite an konstruktiven und bautechnischen Lösungen.

In diesem Band der Fachbuchreihe wird in einer Zusammenschau ein Überblick über die vorhandenen Planungsgrundlagen gegeben und es werden typische Eindeckungen sowie exemplarische Schichtaufbauten beschrieben. Auch den Dachrandabschlüssen und der Dachentwässerung werden umfangreiche Abschnitte gewidmet. Die einzelnen Darstellungen werden durch Aufbautenbeispiele für Leicht- und Massivkonstruktionen bei ausgebauten sowie ungenutzten Dachräumen abgerundet. Studierende sowie auch Planer und Ausführende erhalten einen kompakten Überblick über die grundlegenden Zusammenhänge und die wichtigsten Parameter, die das Funktionieren von Steildächern bestimmen.

Fachbuchreihe BAUKONSTRUKTIONEN

Band 1: **Bauphysik** 1. Auflage 2004

010.1 Grundlagen
010.2 Winterlicher Wärmeschutz
010.3 Tauwasserschutz
010.4 Sommerlicher Wärmeschutz
010.5 Schallschutz
010.6 Brandschutz
010.7 Tabellen

Band 1-1: **Bauphysik - Erweiterung 1** 2. Auflage 2012
Energieeinsparung und Wärmeschutz
Energieausweis - Gesamtenergieeffizienz

011|1 Grundlagen
011|2 Heizwärmebedarf
011|3 Beleuchtungsenergiebedarf
011|4 Kühlbedarf
011|5 Heiztechnikenergiebedarf
011|6 Raumlufttechnikenergiebedarf
011|7 Befeuchtungsenergiebedarf
011|8 Heiztechnikenergiebedarf – Alternativ
011|9 Kühltechnikenergiebedarf
011|10 Ausweis über die Gesamtenergieeffizienz
011|11 Tabellen

Band 2: **Tragwerke** 1. Auflage 2007

020.1 Grundlagen
020.2 Einwirkungen
020.3 Sicherheit
020.4 Linientragwerke
020.5 Flächentragwerke
020.6 Raumtragwerke
020.7 Bauwerke
020.8 Tabellen

Band 3: **Gründungen** 1. Auflage 2006

030.1 Baugrund
030.2 Erddruck
030.3 Flachgründungen
030.4 Tiefgründungen

Band 4: **Wände** 1. Auflage 2006

040.1 Grundlagen
040.2 Gemauerte Wände
040.3 Homogene Wände
040.4 Pfeiler und Stützen
040.5 Holzwände
040.6 Trennwände

Band 5: **Decken** 1. Auflage 2006

050.1 Grundlagen
050.2 Massivdecken
050.3 Holzdecken
050.4 Verbunddecken
050.5 Balkone und Loggien
050.6 Unterdecken

Band 6: **Keller** 1. Auflage 2006

060.1 Funktion und Anforderung
060.2 Konstruktionselemente
060.3 Feuchtigkeitsschutz
060.4 Detailausbildungen
060.5 Schutzräume

Band 7: **Dachstühle** 1. Auflage 2005

070.1 Holztechnologie
070.2 Dachformen, Beanspruchungen
070.3 Verbindungsmittel
070.4 Dachstuhlarten
070.5 Sonderformen

Band 8: **Steildach** 1. Auflage 2015

080.1 Grundlagen
080.2 Dachdeckungen und Materialien
080.3 Ungedämmte Dachflächen
080.4 Gedämmte Dachflächen
080.5 Metalldeckungen
080.6 Dachentwässerung

Band 9: **Flachdach** 1. Auflage 2011

090.1 Grundlagen
090.2 Konstruktionsschichten und Materialien
090.3 Nicht belüftete Dächer
090.4 Zweischaliges Dach
090.5 Genutzte Dachflächen
090.6 Dachentwässerung

Band 10: **Treppen / Stiegen** 1. Auflage 2005

100.1 Grundlagen
100.2 Entwurfskriterien
100.3 Barrierefreie Erschließungen
100.4 Konstruktionsformen
100.5 Aufzüge

Band 11: **Fenster** 1. Auflage 2005

110.1 Grundlagen
110.2 Typenentwicklung
110.3 Funktionen und Anforderungen
110.4 Verglasungs- und Beschlagstechnik
110.5 Baukörperanschlüsse

Band 12: **Türen und Tore** 1. Auflage 2007

120.1 Grundlagen
120.2 Funktionen und Anforderungen
120.3 Materialien
120.4 Beschläge und Zusatzbauteile
120.5 Türkonstruktionen
120.6 Torkonstruktionen

Band 13: **Fassaden** 1. Auflage 2014

130.1 Grundlagen und Anforderungen
130.2 Putzfassaden
130.3 Wärmedämmverbundsysteme
130.4 Leichte Wandbekleidung
130.5 Massive Wandbekleidungen
130.6 Selbsttragende Fassaden
130.7 Glasfassaden

Band 14: **Fußböden** in Vorbereitung

Band 15: **Heizung und Kühlung** 1. Auflage 2005

150.1 Grundlagen
150.2 Wärmeversorgungsanlagen
150.3 Abgasanlagen
150.4 Kälteversorgungsanlagen
150.5 Wärme- und Kälteverteilung
150.6 Planung von Heizungs- und Kühlungssystemen
150.7 Nachhaltigkeit

Band 16: **Lüftung und Sanitär** 1. Auflage 2006

160.1 Grundlagen der Lüftungs- und Klimatechnik
160.2 Lüftungs- und Klimaanlagen
160.3 Wärmerückgewinnung
160.4 Planung von Lüftungs- und Klimaanlagen
160.5 Begriffsbestimmungen zur Sanitärtechnik
160.6 Wasserversorgung
160.7 Entwässerung
160.8 Planung von Sanitäranlagen

Band 17: **Elektro- und Regeltechnik** 1. Auflage 2007

170.1 Grundlagen der Elektrotechnik
170.2 Erdungs- und Blitzschutzanlagen
170.3 Stromversorgung
170.4 Schalter, Steckgeräte, Leuchten, Lampen
170.5 Messwertgeber und Stellgeräte
170.6 Mess-, Steuer- und Regelanlagen
170.7 Kommunikationsanlagen
170.8 Planung Elektro- und Regelanlagen

Sonderband: **Garagen** 2. Auflage 2009

1 Problematik Verkehr
2 Planungsprozess
3 Gesetzliche Rahmenbedingungen
4 Entwurfsgrundlagen Garage
5 Entwurf Bauwerk
6 Mechanische Parksysteme
7 Oberflächengestaltung
8 Technische Ausrüstung
9 Benützung und Betrieb
10 Ausführungsbeispiele

Sonderband: **Ziegel im Hochbau** 1. Auflage 2015

1 Ziegelarchitektur
2 Baustoffe, Produkte
3 Bauphysik
4 Gebäudephysik
5 Mauerwerk – ein Verbundwerkstoff
6 Mauerwerksbemessung
7 Ausführung, Verarbeitung, Details
8 Nachhaltigkeit

Sonderband: **Holz im Hochbau** in Vorbereitung

Inhaltsverzeichnis Band 8

Grundlagen

080|1

Allgemeines

080|1|1

Dächer prägen in ihrer Erscheinungsform den Gesamteindruck eines Gebäudes und oftmals ganzer Dörfer und Städte. Die Ausbildungen der jeweiligen Dachformen werden durch klimatische Einflüsse, historische Traditionen und Baustoffe sowie die jeweilige Nutzung der Dachbereiche beeinflusst.

Abbildung 080|1-01: Bezeichnungen am Dach [6]

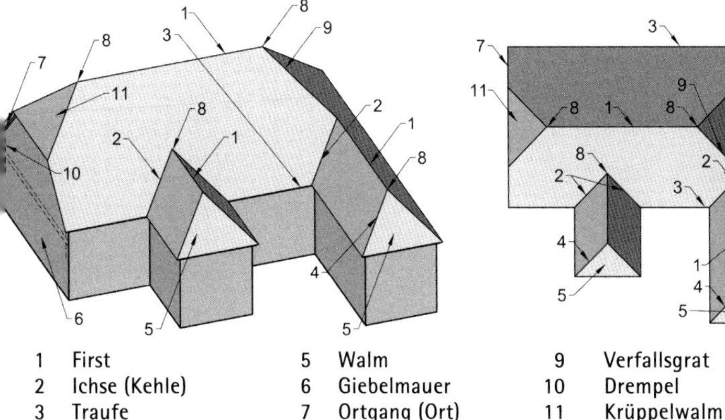

1	First	5	Walm	9	Verfallsgrat
2	Ichse (Kehle)	6	Giebelmauer	10	Drempel
3	Traufe	7	Ortgang (Ort)	11	Krüppelwalm
4	Grat	8	Anfallspunkt		

Die jeweiligen Dachformen und Bezeichnungen am Steildach sowie die Möglichkeiten der Dachausmittlung sind in Band 7: Dachstühle [6] noch detaillierter erläutert und werden hier nur zusammenfassend angeführt.

Abbildung 080|1-02: Dachformen [6]

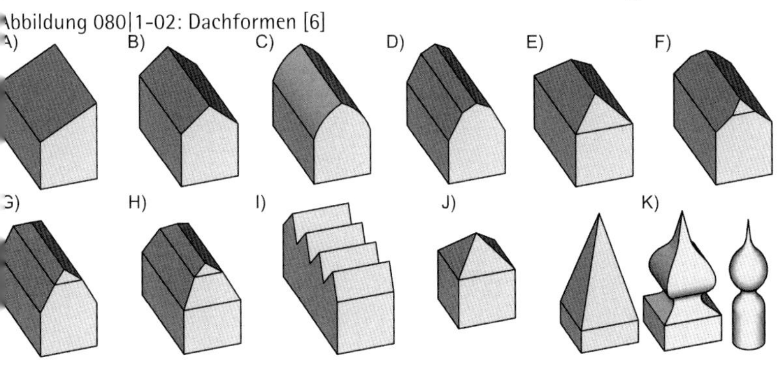

A)	Pultdach	G)	Mansardkrüppelwalmdach
B)	Satteldach	H)	Mansardwalmdach
C)	geschweiftes Satteldach	I)	Sheddach
D)	Mansarddach	J)	Zeltdach
E)	Walmdach	K)	Turmdächer
F)	Krüppelwalmdach		

Je nach Dachneigung kann unterschieden werden in flachgeneigte Dächer (5°–25°) und Steildächer (>25°). Die Vorteile des Steildaches liegen in der Ausbildung eines Dachraumes und in der Verwendung von besonders dauerhaften Deckungsmaterialien aus Einzelelementen. Das Langzeitverhalten, besonders in niederschlagsreichen Gebieten, ist besser als bei Flachdächern. Nachteilig wirkt sich der höhere Materialaufwand aus. Die eigentliche

Dachform hängt meist von der Grundrissform und der Funktion des Dachraumes ab.

Tabelle 080|1-01: Dachneigung – Dachart

Flachdach	<5°
Flachgeneigtes Dach	5° bis 25°
Steildach	>25°

Konstruktionsprinzipien

080|1|2

Geneigte Dächer sind in der Regel mehrschalig und können nach unterschiedlichen Konstruktionsprinzipien hinsichtlich ihres Aufbaues ausgebildet sein. Die früher oft ausgeführten Formen der Kaltdächer stellen hier nur eine Möglichkeit dar. Ausgehend von der Dachdeckung als Niederschlagsschutz muss bei ausgebauten Dachgeschoßen auch eine Berücksichtigung des anfallenden Wasserdampfes aus dem Rauminneren erfolgen.

Bei Einbau eines Unterdaches, das im Fall eines gedämmten Dachaufbaues zwingend erforderlich ist, kann zusätzlich zu der über dem Unterdach befindlichen Hinterlüftung unterhalb ein durchlüfteter Zwischenraum zur Ableitung des Wasserdampfes eingebaut werden.

Abbildung 080|1-03: Prinzipieller Aufbau von Steildachkonstruktionen – ÖNORM B 4119 [51]

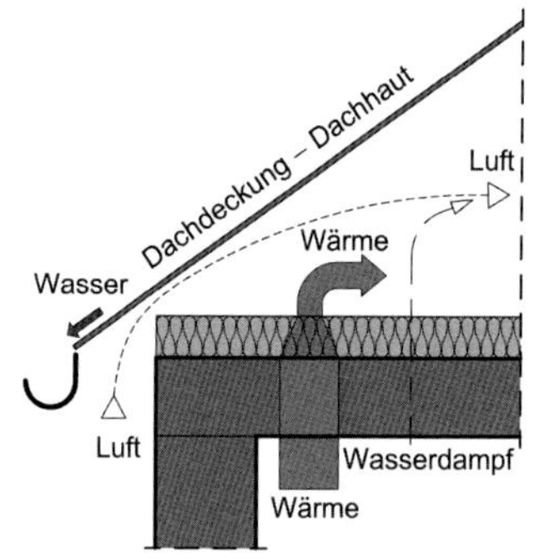

UNGEDÄMMTES DACH

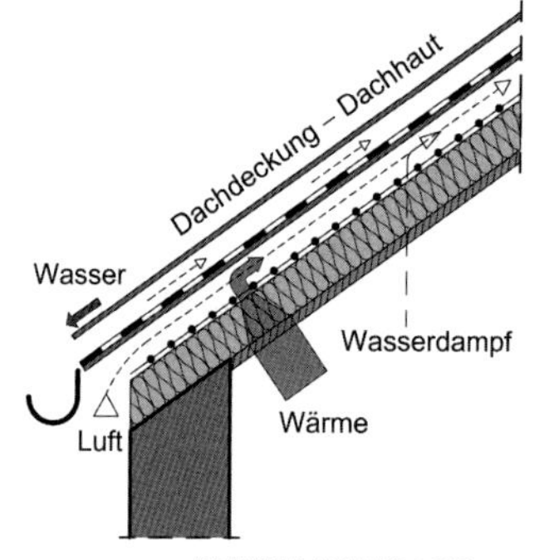

PRINZIP KALTDACH

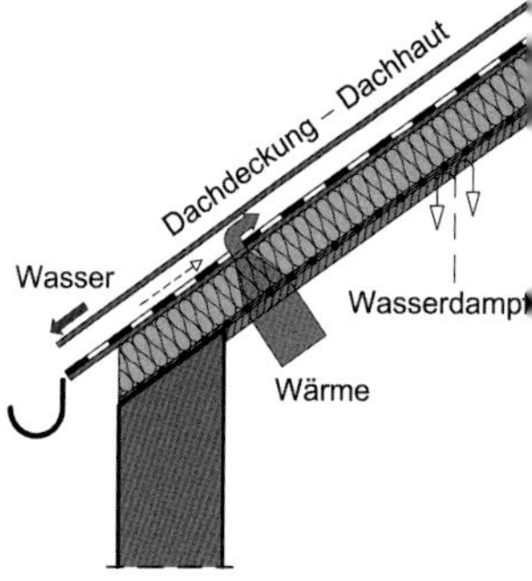

PRINZIP WARMDACH

Ungedämmtes Dach

Bei ungedämmten Dachflächen und darunter befindlichen genutzten Räumen ist die Luftfeuchtigkeit, die durch die oberste Geschoßdecke in den Dachboden einströmt über Lüftungsöffnungen im Bereich der Giebelwände, der Traufe oder des Firstes abzuleiten, d.h. der Dachraum ist wirksam zu durchlüften. Der Einbau eines regensicheren Unterdaches oder einer Unterspannbahn darf diese Durchlüftung nicht behindern.

Prinzip Kaltdach

Unterhalb des regensicheren Unterdaches, über dem die äußere Hinterlüftungsebene liegt, befindet sich noch eine zweite Hinterlüftung, die der Ableitung des Wasserdampfes dient. Je nach Wahl der unterhalb befindlichen Wärmedämmung ist auch eine Windsperre erforderlich, eine innenseitige Dampfbremse könnte prinzipiell entfallen.

Prinzip Warmdach

Der gesamte Dachaufbau unterhalb des Unterdaches stellt ein nicht hinterlüftetes Schichtenpaket dar, in das kein Wasserdampf aus dem Rauminneren eindringen darf. Bei diesem Aufbau ist daher eine

Dampfbremse/Dampfsperre an der Innenseite der Wärmedämmung erforderlich. Oberhalb des Unterdaches befindet sich weiterhin eine Hinterlüftungsebene zur Durchlüftung der Dachhaut.

Bei der Belüftung von Steildächern ist einerseits zu unterscheiden in die Belüftung der Dachhaut, nach ÖNORM B 4119 [51] eine Luftschicht zwischen Dachhaut und Unterdach oder Unterspannbahn, die durchgehend von der Traufe bis zum First verläuft und mit Zuluft- und Abluftöffnungen versehen ist, und andererseits eine Belüftung unter dem Unterdach zum Abtransport von Luftfeuchtigkeit aus dem Innenraum. Für die Belüftung der Dachhaut ist in der ÖNORM B 4119 [51] die Mindesthöhe des Belüftungsraumes über dem Unterdach in Abhängigkeit von der Sparrenlänge und der Schneelast s_k auf dem Boden angegeben.

Tabelle 080|1-02: Mindestkonterlattenhöhe in mm – ÖNORM B 4119 [51]

Sparrenlänge in m	Dachneigung							
	5° bis 15°		über 15° bis 20°		über 20° bis 25°		über 25°	
Schneelast s_k in kN/m²	<3,25	≥3,25	<3,25	≥3,25	<3,25	≥3,25	<3,25	≥3,25
bis 5 m	45	60	45	60	45	45	45	45
über 5 bis 10 m	60	60	45	60	45	60	45	60
über 10 bis 15 m	60	75	60	75	60	75	45	60
über 15 bis 20 m	75	95	75	95	75	75	60	75

- Querschnittsverminderungen der Durchlüftungsräume, die eine örtlich begrenzte Reduktion der Höhe oder Breite des Belüftungsraumes bei Durchdringungen, Pfetten und dergleichen bewirken, sind bis maximal 50 % des erforderlichen Querschnittes zulässig. Bei Unterbrechung des Durchlüftungsraumes in Strömungsrichtung ist die erforderliche Belüftung durch konstruktive Maßnahmen sicherzustellen.
- Die Belüftungsräume müssen je Dachseite traufseitige Zuluftöffnungen und firstseitige Abluftöffnungen aufweisen, deren freier Luftdurchtritt mindestens der Hälfte des erforderlichen Belüftungsquerschnittes entspricht. Bei Dacheindeckungen mit großem Fugenanteil, wie Dachsteine oder Dachziegel, kann die firstseitige Abluftöffnung auf 40 % des erforderlichen Querschnittes reduziert werden. Lochbleche oder Gitter mit Maschenweiten mit Lochdurchmessern unter 3 mm sind nicht zulässig.

Die Belüftung des Luftquerschnittes unterhalb des Unterdaches erfolgt ebenfalls über Zu- und Abluftöffnungen an der Traufe und im Firstbereich. Die Dimensionierung konnte nach der bis 2012 geltenden ÖNORM B 7220:2002 [53] erfolgen:

- Der Belüftungsraum hat einen Querschnitt von mindestens 1/150 der Dach-Grundrissfläche aufzuweisen, die lichte Höhe muss bei Dächern bis 10° Neigung mindestens 10 cm und bei Dächern über 30° Neigung mindestens 6,5 cm betragen.
- Die Be- und Entlüftungsöffnungen an den Dachrändern müssen durchgehend sein und dürfen ein ungestörtes Öffnungslichtmaß von 3 cm und ein Gesamtausmaß von 600 cm² je Meter nicht unterschreiten. Die Reduktion der Querschnitte von Be- und Entlüftungsöffnungen bei Abdeckung mit Drahtgittern oder Lochblechen ist dabei zu berücksichtigen.
- Bei geneigten Dächern mit Firstentlüftung müssen die Querschnitte der Entlüftungsöffnungen im Firstbereich um mindestens 10 % größer bemessen sein als die Querschnitte der Belüftungsöffnungen.

Ebenfalls Angaben zum Belüftungsquerschnitt unterhalb des Unterdaches enthält die ÖNORM B 8110-2 [55]:

- Die Unterlüftung des Unterdaches bzw. der Unterspannbahn oder der Dachhaut in der Dachschräge ist gegeben, wenn der ständig freibleibende Lüftungsspalt zwischen Dämmschichte und Unterdach oder Unterspannbahn bzw. zwischen Unterdach oder Unterspannbahn und Dachhaut an jeder Stelle mindestens 3 cm hoch ist und die freibleibenden Zu- und Abluftquerschnitte im Traufen- und Firstbereich jeweils mindestens 200 cm² pro Meter Traufenlänge betragen.
- Diese Mindestwerte gelten bei Dachneigungen ab 15° und einer gedämmten Dachschrägenlänge (Sparrenlänge) von maximal 10 m.

Ergänzend dazu enthält die ÖNORM B 8110-2 [55] noch Angaben zur Berechnung der Menge des mit dem Hinterlüftungsstrom abgeführten Wasserdampfes.

Wasserableitung

080|1|3

Die Dachdeckung hat neben dem mechanischen Schutz des Daches hauptsächlich die Aufgabe, Niederschläge für das Gebäude schadlos abzuleiten. Für flachgeneigte Dächer und Steildächer wird dies meist mit der Forderung nach einer regensicheren Dachhaut verbunden.

Die oft nur sehr kleinteiligen Deckungsmaterialien bewirken nur eine Ableitung des Wassers und dürfen nicht als „wasserdichte" Deckung angesehen werden. Die Wirkungsweisen der Wasserableitung gehen dabei von Einfachdeckungen mit Fälzen, überschuppten Einfachdeckungen (Senkelung) und Doppeldeckungen aus. Grundsätzlich muss zur Regensicherheit bei Windeinwirkung die Überdeckung der einzelnen Elemente umso größer sein, je geringer die Dachneigung wird.

Abbildung 080|1-04: Wasserableitung bei Einfach- und Doppeldeckung

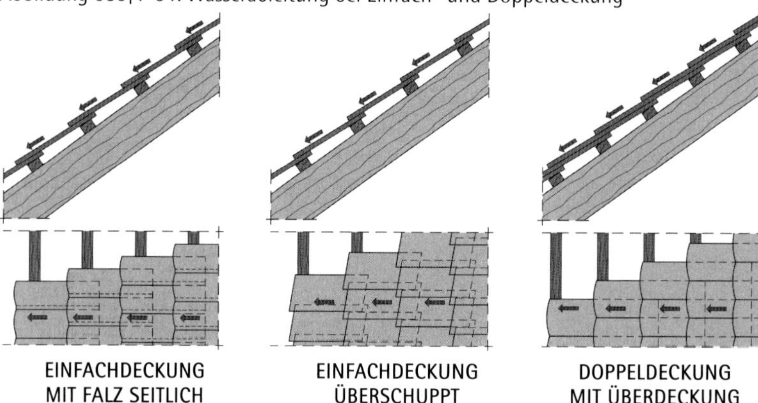

Einfachdeckung mit seitlichem Falz

Einfachdeckungen mit einem seitlichen Falz ermöglichen durch die spezielle Ausbildung der seitlichen Abschlüsse der Dachplatten eine Behinderung des Wassereintrittes entlang der Falllinie. Zu diesem Wasserableitungsprinzip zählen auch die Pfannendeckungen sowie Wellplatten.

Überschuppte Einfachdeckung mit seitlicher Überdeckung (Senkelung)

Besonders für dünne Deckungsmaterialien wie Faserzementplatten kann eine seitliche Überdeckung bei gleichzeitiger Neigung der Platten aus der Falllinie eine effiziente Wasserableitung bewirken. Im Prinzip wird die bei der Doppeldeckung nur in der Vertikalen ausgeführte Überdeckung der Dachplatten auch seitlich durchgeführt oder die Platten werden gleich in Form von Rhomben angeordnet.

Doppeldeckung

Das Prinzip der Doppeldeckung ist für plattenförmige Deckungsmaterialien die regensicherste Ausführungsart. An jeder Stelle der Dachfläche befinden sich damit mindestens zwei Dachplatten übereinander, sodass von der oberen Platte seitlich abrinnendes Wasser von der darunter befindlichen abgeleitet werden kann.

Für die erforderlichen regensicheren Überdeckungen in der Falllinie sind in Abhängigkeit der Deckungsmaterialien in der ÖNORM B 3419 [46] Angaben über die Regeldachneigungen und Mindestüberdeckungen enthalten. Diese Angaben finden sich auch in Kapitel 080|2 bei den jeweiligen Deckungsmaterialien.

Regensicher – Definition ÖNORM B 3419 [46]

Eigenschaft einer Dacheindeckung, durch die der Eintritt von frei abfließendem Niederschlagswasser verhindert wird.

erhöhte Regensicherheit – Definition ÖNORM B 3419 [46]

Zusätzliche Eigenschaft eines Unterdaches, durch die der Eintritt von Niederschlagswasser verhindert wird.

Abbildung 080|1-05: Ursachen von Eisbildungen bei Steildächern im Traufenbereich

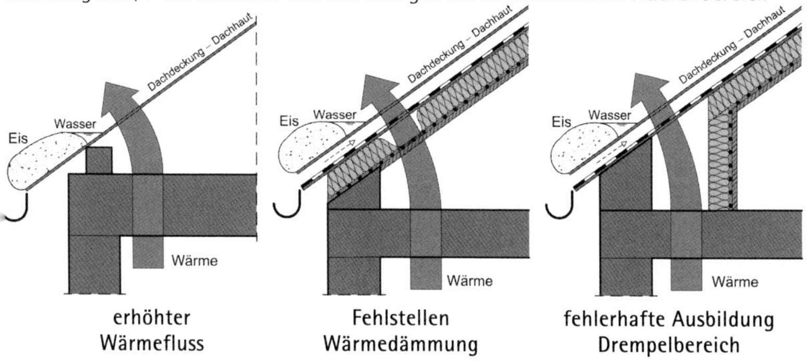

Unzureichender Wärmeschutz verursacht eine Störung der Wasserableitung im Traufenbereich und führt zur Eisbildung bei Steildächern. Bedingt durch einen höheren Wärmefluss im Randbereich der obersten Geschoßdecke, bei ausgebauten Steildächern durch eine fehlerhafte Ausbildung des Drempelbereiches oder eine ungenügende Befestigung und ein Abrutschen der Wärmedämmung bzw. bei Fehlstellen kommt es zum Abtauen von Schnee und zu Eisbildungen. Zusätzlich ist durch unterschiedliche Sonneneinstrahlung eine Vereisung der Fallrohre möglich. Durch die Vereisung des Traufenbereiches kann es zu einem Wasserrückstau und damit zu Wassereintritten unterhalb der Dachhaut kommen. Abhilfe ist in allen Fällen durch eine entsprechende Ausbildung der Wärmedämmung sowie der Ausführung von Unterdächern gegeben. Für ständig vereiste Rinnen empfiehlt sich eine entsprechende Beheizung.

Die wärmetechnischen Anforderungen an die Dachhaut als wärmeübertragendes Bauteil sind in der OIB-Richtlinie 6 [32] geregelt, wobei neben den Bestimmungen zur Gesamtenergieeffizienz auch Anforderungen an die U-Werte angeführt werden (Beispiel 080|1-05). Für Dachschrägen mit einer Neigung von mehr als 60° gegenüber der Horizontalen gelten die jeweiligen Anforderungen für Wände. Ergänzend zu den wärmetechnischen Anforderungen sollten auch Nachweise hinsichtlich Kondensatbildung im Dachaufbau nach ÖNORM B 8110-2 [55] für einen ordnungsgemäßen Aufbau geführt werden (siehe Band 1: Bauphysik [10]).

Statische Beanspruchungen

080|1|4

Wie die Dachkonstruktion (siehe Band 7: Dachstühle [6]) muss auch die Dachhaut den unterschiedlichsten statischen Beanspruchungen standhalten. Ausgehend vom vertikal wirkenden Eigengewicht sind für eine Dimensionierung der Materialien und deren Verankerung noch Schnee- und Nutzlasten sowie Windkräfte zu berücksichtigen.

Eigengewicht

080|1|4|1

Die Eigengewichtsbelastung auf die gesamte Dachkonstruktion resultiert aus jener der Dachhaut und den darunter befindlichen Schichten des Dachaufbaues inklusive der zugehörigen Tragkonstruktion. In Tabelle 080|1-03 sind beispielhaft die Eigengewichtslasten von Dachdeckungen angeführt.

Tabelle 080|1-03: Eigengewicht von Dachdeckungen – ÖNORM B 1991-1-1 [39]

Bauprodukte	Nennwerte (kN/m²)
Dachdeckungen aus Ziegel	
Biberschwänze, Wiener Taschen: einfach / doppelt	0,65 / 0,90
Falzplatten, Flachdachpfannen	0,50
Kopffalz- oder Pressfalzziegel, S-Pfannen	0,45
Strangfalzziegel	0,40
Sonstige Deckungen	
Naturschiefer auf Schalung: einfach / doppelt	0,65 / 0,75
Holzschindeln auf Schalung, doppelt	0,40
Schilfdeckung, 30 cm auf Lattung und Schalung	0,45
Kunststoffwellplatten auf Schalung	0,20
Kunststoff-Folie, 3 mm dick	0,10
Dachdeckungen aus Metall	
Aluminiumblech profiliert	0,08
Aluminiumblech auf Schalung 0,6 mm dick	0,28
Eisenblech verzinkt auf Schalung, 0,6 mm dick	0,32
Kupferblech mit doppelter Falzung auf Schalung, 0,6 mm dick	0,30
Zinkblech auf Schalung 0,6 mm dick	0,15
Trapezblech	0,08 bis 0,20
Sandwichkonstruktion aus Trapezblechen (zweischalig), inkl. Schaumkern	0,40
Dachdeckungen aus Beton und Faserzementerzeugnissen	
Faserzementdachplatten auf Lattung: einfach / doppelt	0,18 / 0,25
Faserzementdachplatten auf Schalung: einfach / doppelt	0,33 / 0,40
Faserzementwellplatten ohne Tragkonstruktion je nach Dicke	0,10 bis 0,15
Betondachsteine auf Lattung	0,55

Windkräfte

080|1|4|2

Windkräfte treten an Steildächern sowohl als Druck- wie auch als Sogkräfte auf, die für die Dachhautsicherung maßgeblich sind. Bei der Umströmung der Dachkanten entstehen über dem Dach Wirbelkegel, die auf den daran anschließenden Dachflächen örtlich hohe Geschwindigkeiten und entsprechend hohe Unterdrücke hervorrufen. Die Ermittlung der Windbeanspruchung auf flachgeneigte Dächer und Steildächer erfolgt unter Verwendung von ÖNORM EN 1991-1-4 [79] sowie in Österreich der ÖNORM B 1991-1-4 [41] (siehe auch Band 2: Tragwerke [9]) und ist stark abhängig von der jeweiligen Dachform.

Tabelle 080|1-04: Grundwerte Windgeschwindigkeit österreichischer Landeshauptstädte – ÖNORM B 1991-1-4 [41]

Ort	$v_{b,0}$ [m/s]	$q_{b,0}$ [kN/m²]
Wien	25,1–27,0	0,39–0,46
St. Pölten	25,8	0,42
Eisenstadt	24,6	0,38
Linz	27,4	0,47
Salzburg	25,1	0,39
Graz	20,4	0,26
Klagenfurt	17,6	0,19
Innsbruck	27,1	0,46
Bregenz	25,5	0,41
Mindestwert	17,6	0,19
Maximalwert	28,3	0,50

Aus dem Grundwert der Basiswindgeschwindigkeit $v_{b,0}$ errechnet sich dann unter Berücksichtigung der Geländekategorie der Böenstaudruck q_p und daraus unter Einbeziehung der Bauwerksabmessungen und der Zonen des Daches die Windbeanspruchung auf die Dachfläche.

Tabelle 080|1-05: Geländekategorien nach ÖNORM EN 1991-1-4 [79]

0	See, Küstengebiete, die der offenen See ausgesetzt sind
I	Seen oder Gebiete mit niedriger Vegetation und ohne Hindernisse
II	Gebiete mit niedriger Vegetation wie Gras und einzelne Hindernisse (Bäume, Gebäude) mit Abständen von min. 20-facher Hindernishöhe
III	Gebiete mit gleichmäßiger Vegetation oder Bebauung oder mit einzelnen Objekten mit Abständen von weniger als der 20-fachen Hindernishöhe (z. B. Dörfer, vorstädtische Bebauung, Waldgebiete)
IV	Gebiete, in denen mindestens 15 % der Oberfläche mit Gebäuden mit einer mittleren Höhe von 15 m bebaut sind

$$\text{II:}\quad q_p = q_{b,0} \cdot 2{,}10 \cdot \left(\frac{z}{10}\right)^{0{,}24} \qquad z_{min} = 5\,\text{m}$$

$$\text{III:}\quad q_p = q_{b,0} \cdot 1{,}75 \cdot \left(\frac{z}{10}\right)^{0{,}29} \qquad z_{min} = 10\,\text{m} \qquad (080|1\text{-}01)$$

$$\text{IV:}\quad q_p = q_{b,0} \cdot 1{,}20 \cdot \left(\frac{z}{10}\right)^{0{,}38} \qquad z_{min} = 15\,\text{m}$$

$$w_{e,1} = q_p(z_e) \cdot c_{pe,1} \qquad w_{e,10} = q_p(z_e) \cdot c_{pe,10} \qquad (080|1\text{-}02)$$

$w_{e,1}$, $w_{e,10}$	Winddruck außen	kN/m²
q_p (z)	Böengeschwindigkeitsdruck	kN/m²
z_e	Bezugshöhe für Außendruck	m
$c_{pe,1}$, $c_{pe,10}$	aerodynamischer Beiwert für Außendruck	–

Die aerodynamischen Beiwerte für das flachgeneigte Dach und das Steildach hängen einerseits von der Ausbildung der Dachform und andererseits von der Größe und der Form der Dachfläche (Lasteinflussfläche) ab. Für die Dimensionierung von Verankerungen und die Dachdeckung (gemäß ÖNORM EN 1991-1-4 [79] Bauteile mit einer Lasteinflussfläche bis zu 1 m²) sind die Werte von $c_{pe,1}$, für die Windkräfte auf die Unterkonstruktion die Werte von $c_{pe,10}$

anzusetzen. Bei Dächern über offenen Hallentragwerken ist ergänzend zum Außendruck noch ein entsprechender Innendruck (siehe Band 2: Tragwerke [9]) zu berücksichtigen.

Tabelle 080|1-06: Aerodynamische Beiwerte für Außendruck auf Pultdächer – ÖNORM B 1991-1-4 [41]

Neigungswinkel α	F		G		H		I	
	Cpe,10	Cpe,1	Cpe,10	Cpe,1	Cpe,10	Cpe,1	Cpe,10	Cpe,1
5°	-2,3	-2,6	-2,3	-2,0	-0,8	-1,2	-0,8	-1,2
	0,0	0,0	0,0	0,0	0,0	0,0	0,0	0,0
15°	-2,5	-2,9	-2,5	-2,5	-0,9	-1,2	-0,9	-1,2
	0,2	0,2	0,2	0,2	0,2	0,2	0,2	0,2
30°	-2,1	-2,9	-2,1	-2,0	-1,0	-1,3	-1,0	-1,3
	0,7	0,7	0,7	0,7	0,4	0,4	0,4	0,4
45°	-1,0	-2,4	-1,5	-2,0	-1,0	-1,3	-1,0	-1,3
	0,6	0,7	0,7	0,7	0,6	0,6	0,6	0,6
60°	-1,0	-2,0	-1,2	-2,0	-1,0	-1,3	-1,0	-1,3
	0,7	0,7	0,7	0,7	0,7	0,7	0,7	0,7
75°	-1,0	-2,0	-1,2	-2,0	-1,0	-1,3	-1,0	-1,3
	0,8	0,8	0,8	0,8	0,8	0,8	0,8	0,8

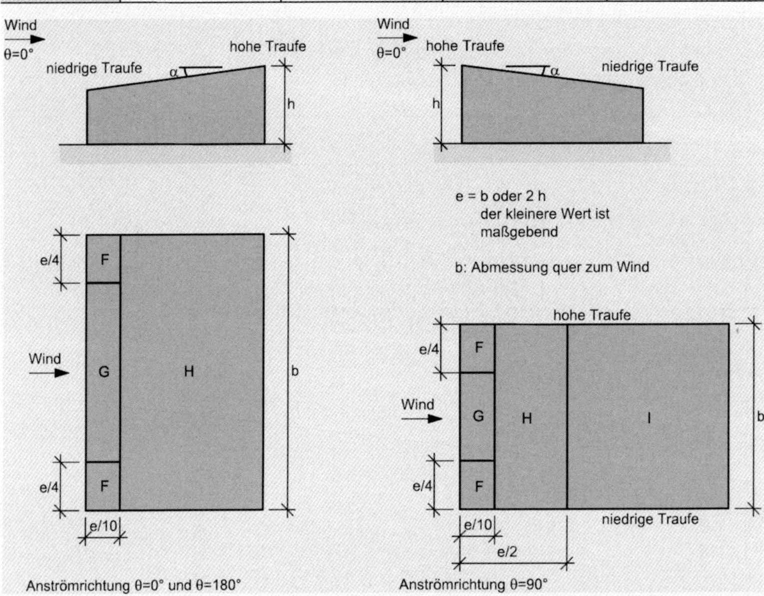

Im Bereich von Dachüberständen ist an der Dachoberseite der Winddruck bzw. Windsog der angrenzenden Dachfläche und an der Dachunterseite der Winddruck bzw. Windsog der angrenzenden Wandfläche anzusetzen.

Nachdem bei flachgeneigten Dächern und Steildächern die Dachdeckung meist hinterlüftet ausgeführt wird, können in diesem Fall für die Windbeanspruchung auf die Dachdeckung die Bestimmungen für mehrschalige Flächen nach ÖNORM B 1991-1-4 [41] Anwendung finden. Dabei ergeben sich in Abhängigkeit von der Porosität der Außenschale (= Dachdeckung) Abminderungen der Windeinwirkung. Die Porosität μ ist dabei definiert als das Verhältnis der Summe aller Öffnungsflächen zur Gesamtfläche, wobei eine Schale als dicht anzusehen ist, wenn deren Porosität $\mu < 0,1$ % und als porös, wenn $\mu > 0,3$ % ist.

Tabelle 080|1-07: c_p-Werte für poröse Außenschalen (Innenschale dicht) – ÖNORM B 1991-1-4 [41]

Abstand der Schalen	Allgemein (Regelbereich)	Rand-, Grat- und Eckbereich für Dachflächen
≤60 mm	0,30 $c_{pe,1}$	0,60 $c_{pe,1}$
100 mm	0,35 $c_{pe,1}$	0,70 $c_{pe,1}$

c_p-Werte für Zwischenwerte des Abstandes dürfen linear interpoliert werden

Tabelle 080|1-08: Aerodynamische Beiwerte für Außendruck auf Sattel- und Trogdächer – ÖNORM B 1991-1-4 [41]

Neigungs-winkel α	F		G		H		I		J	
	Cpe,10	Cpe,1	Cpe,10	Cpe,10	Cpe,1	Cpe,1	Cpe,10	Cpe,1	Cpe,10	Cpe,1
-45°	-1,4	-2,0	-1,4	-2,0	-1,0	-1,3	-1,0	-1,3	-1,4	-1,5
-30°	-1,5	-2,0	-1,5	-2,0	-1,0	-1,3	-1,0	-1,3	-1,5	-1,4
-15°	+2,5	-2,8	+2,5	-2,0	-0,9	-1,2	-0,9	-1,2	+2,5	-1,2
-5°	-2,3	-2,5	-2,3	-2,0	-0,8	-1,2	-0,8	-1,2	-2,3	-0,6
	0,2	-	0,2	-	0,2	0,2	0,2	0,2	0,2	0,2
5°	-1,7	-2,5	-1,7	-2,0	-0,7	-1,2	-0,7	-1,2	-1,7	-0,6
	0,2	0,0	0,2	0,0	0,0	0,0	0,0	0,0	0,2	0,2
15°	-1,3	-2,0	-1,3	-2,0	-0,6	-1,2	-0,6	-1,2	-1,3	-1,5
	0,2	0,2	0,2	0,2	0,2	0,2	0,2	0,2	0,2	0,0
30°	-1,4	-1,5	-1,4	-2,0	-0,8	-1,2	-0,8	-1,2	-1,4	-0,5
	0,7	0,7	0,7	0,7	0,4	0,4	0,4	0,4	0,7	0,0
45°	-1,4	-1,5	-1,4	-2,0	-0,9	-1,2	-0,9	-1,2	-1,4	-0,3
	0,7	0,7	0,7	0,7	0,6	0,6	0,6	0,6	0,7	0,0
60°	-1,2	-1,5	-1,2	-2,0	-0,8	-1,0	-0,8	-1,0	-1,2	-0,3
	0,7	0,7	0,7	0,7	0,7	0,7	0,7	0,7	0,7	-
75°	-1,2	-1,5	-1,2	-2,0	-0,8	-1,0	-0,8	-1,0	-1,2	-0,3
	0,8	0,8	0,8	0,8	0,8	-	0,8	-	0,8	-

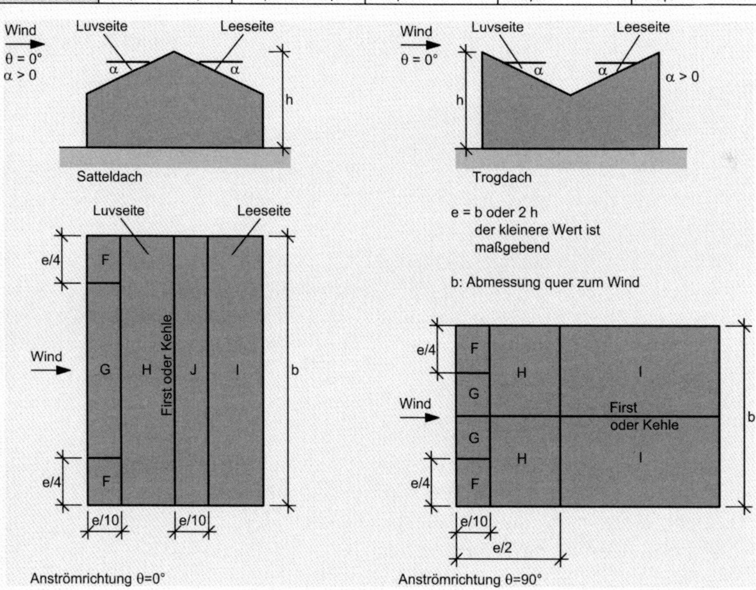

Ergänzend zu den Bestimmungen der ÖNORM B 1991-1-4 [41] ist in der ÖNORM B 3419 [46] auch ein vereinfachtes Verfahren zur Bemessung der Windsogkräfte für die Verankerung der Dacheindeckungsmaterialien enthalten, wobei alle für die Ermittlung der Windsogbelastung relevanten Werte (Grundwerte für die Basiswindgeschwindigkeit und den zugehörigen Basisgeschwindigkeitsdruck in Abhängigkeit vom Standort, Einteilung der Dachflächen in die jeweiligen Bereiche, Außen- und Innendruckbeiwerte) den ÖNORMEN EN 1991-1-4 [79] und B 1991-1-4 [41] zu entnehmen sind.

Tabelle 080|1-09: Aerodynamische Beiwerte für Außendruck auf Walmdächer – ÖNORM B 1991-1-4 [41]

Neigungswinkel α	F		G		H		I		J		K		L		M		N	
	Cpe,10	Cpe,1	Cpe,10	Cpe,1	Cpe,10	Cpe,1	Cpe,10	Cpe,1	Cpe,10	Cpe,1	Cpe,10	Cpe,1	Cpe,10	Cpe,1	Cpe,10	Cpe,1	Cpe,10	Cpe,1
5°	-1,7	-2,5	-1,7	-2,0	-0,6	-1,2	-0,6	-1,2	-1,7	-2,0	-1,7	-2,0	-1,7	-2,0	-0,6	-1,2	-0,6	-1,2
	0,0	0,0	0,0	0,0	0,0	0,0	0,0	0,0	0,0	-	0,0	-	0,0	-	0,0	0,0	0,0	0,0
15°	-1,4	-2,0	-1,4	-1,5	-0,6	-1,2	-0,6	-1,2	-1,4	-2,0	-1,4	-2,0	-1,4	-2,0	-0,6	-1,2	-0,6	-1,2
	0,2	0,2	0,2	0,2	0,2	0,2	0,2	0,2	0,2	-	0,2	-	0,2	-	0,2	0,2	0,2	0,2
30°	-1,4	-1,5	-1,4	-1,5	-0,8	-1,2	-0,8	-1,2	-1,4	-2,0	-1,4	-2,0	-1,4	-2,0	-0,8	-1,2	-0,8	-1,2
	0,7	0,5	0,7	0,7	0,4	0,4	0,4	0,4	0,7	-	0,7	-	0,7	-	0,4	0,4	0,4	0,4
45°	-1,3	0,0	-1,3	0,0	-0,8	-1,2	-0,8	-1,2	-1,3	-2,0	-1,3	-2,0	-1,3	-2,0	-0,8	-1,2	-0,8	-1,2
	0,7	0,7	0,7	0,7	0,6	0,6	0,6	0,6	0,7	-	0,7	-	0,7	-	0,6	0,6	0,6	0,6
60°	-1,2		-1,2	-	-0,4	-0,4	-0,4	-0,4	-1,2	-2,0	-1,2	-2,0	-1,2	-2,0	-0,4	-0,4	-0,4	-0,4
	0,7	0,7	0,7	0,7	0,7	0,7	0,7	0,7	0,7	-	0,7	-	0,7	-	0,7	0,7	0,7	0,7
75°	-1,2		-1,2	-	-0,4	-0,4	-0,4	-0,4	-1,2	-2,0	-1,2	-2,0	-1,2	-2,0	-0,4	-0,4	-0,4	-0,4
	0,8	0,8	0,8	0,8	0,8	0,8	0,8	0,8	0,8	-	0,8	-	0,8	-	0,8	0,8	0,8	0,8

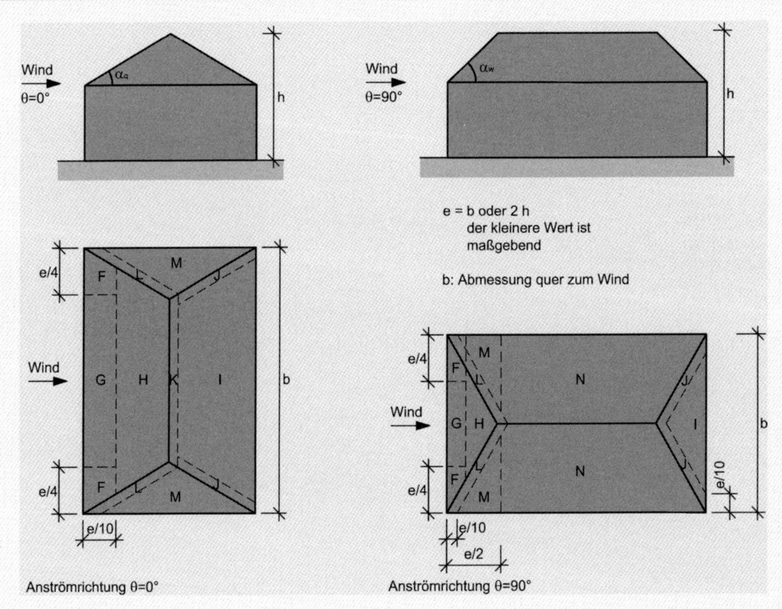

Als Begründung für die Anwendbarkeit der abgeminderten c_p-Werte wird das Verhalten von unbefestigten und befestigten schuppenförmigen Dachdeckungselementen infolge Windeinwirkung angeführt, die durch das Anheben der Dachdeckungselemente bei Windsogeinwirkung am Fuß der Elemente und den Fugenanteil (Porosität) einen Druckausgleich zwischen der belüfteten Ebene oberhalb der dichten Unterdeckung sowie der Umgebungsluft hervorrufen. Für Dachflächen mit einer Dachneigung über 75° sind die Bestimmungen für Wände gemäß der ÖNORM B 1991-1-4 [41] anzuwenden. Eine genaue Berechnung unter Berücksichtigung der angeführten Parameter gemäß ÖNORM B 1991-1-4 [41] ergibt in der Regel geringere Windsogbelastungen. Die in der ÖNORM B 3419 [46] enthaltenen Tabellen gelten nur unter Einhaltung der nachfolgenden Voraussetzungen:

- Die Tabellen gelten für Walm-, Sattel- und Pultdächer. Trogdächer müssen gesondert berechnet werden.
- Geländekategorien dürfen unberücksichtigt bleiben.
- Geschlossene Gebäude (Türen und Tore sind im Sturmfall geschlossen) mit einer Firsthöhe von maximal 12 m.

- Breite der Randzonen 1/10 der längsten Gebäudeseite, maximal 2,4 m. Bei Kehlen gilt die Breite für beide Seiten zusammen.
- Abstand zwischen Innenschale (Unterdach) und Außenschale (Eindeckung) maximal 100 mm.
- Der Teilsicherheitsbeiwert der Lasteinwirkung ist mit 1,35 anzusetzen.
- Die Eigenmasse der Dacheindeckung darf mit 0,9 (90 %) angesetzt werden.
- Dachvorsprünge bei einschaligen Dächern sind von unten zu verkleiden oder gesondert nachzuweisen.

Die Tabellen gelten nicht für Objekte in einer Seehöhe von mehr als 250 m (Höhendifferenz) über dem geografisch nächstliegenden Ort gemäß ÖNORM B 1991-1-4 [41] und für exponierte Lagen im alpinen Bereich.

Tabelle 080|1-10: Maximale Windsogbelastung in kN/m² für doppelschalige Dächer mit poröser Eindeckung (z. B. Dachsteine/Dachziegel mit Unterdach) – ÖNORM B 3419 [46]

Basisgeschwindigkeitsdruck	**$q_{b,0} \leq 0{,}3$ kN/m²**		**$0{,}3 < q_{b,0} \leq 0{,}4$ kN/m²**		**$0{,}4 < q_{b,0} \leq 0{,}5$ kN/m²**	
Neigung	**10° bis unter 30°**	**30° bis 75°**	**10° bis unter 30°**	**30° bis 75°**	**10° bis unter 30°**	**30° bis 75°**
Regelfläche (für alle Dachformen)	-0,30	-0,30	0,40	0,40	0,50	0,50
Pultdach Traufe/Ortgang/Pultfirst	1,34	1,34	1,78	1,78	2,23	2,23
Sattel-, Walmdach Traufe/Ortgang	1,04	0,92	1,38	1,23	1,73	1,54
Sattel-, Walmdach First/Grat/Ichse	0,92	0,92	1,23	1,23	1,54	1,54

Anmerkung: c_{pi} = 0; Abminderungsfaktor c_{pe} Regelfläche = 0,35; Abminderungsfaktor c_{pe} Dachrand = 0,70

Tabelle 080|1-11: Maximale Windsogbelastung in kN/m² für doppelschalige Dächer mit Eindeckungen auf Lattung mit geringem Fugenanteil (Faserzement-Dachplatten, Schiefer mit Unterdach) – ÖNORM B 3419 [46]

Basisgeschwindigkeitsdruck	**$q_{b,0} \leq 0{,}3$ kN/m²**		**$0{,}3 < q_{b,0} \leq 0{,}4$ kN/m²**		**$0{,}4 < q_{b,0} \leq 0{,}5$ kN/m²**	
Neigung	**10° bis unter 30°**	**30° bis 75°**	**10° bis unter 30°**	**30° bis 75°**	**10° bis unter 30°**	**30° bis 75°**
Regelfläche (für alle Dachformen)	-0,58	-0,58	-0,77	-0,77	-0,96	-0,96
Pultdach Traufe/Ortgang/Pultfirst	-1,62	-1,62	-2,16	-2,16	-2,70	-2,70
Sattel-, Walmdach Traufe/Ortgang	-1,26	-1,12	-1,68	-1,49	-2,10	-1,86
Sattel-, Walmdach First/Grat/Ichse	-1,12	-1,12	-1,49	-1,49	-1,86	-1,86

Anmerkung: c_{pi} = 0; Abminderungsfaktor c_{pe} Regelfläche = 0,675; Abminderungsfaktor c_{pe} Dachrand = 0,85

Tabelle 080|1-12: Maximale Windsogbelastung in kN/m² für doppelschalige Dächer mit dichter Eindeckung (z. B. Faserzement-Wellplatten mit Unterdach) sowie für einschalige Dächer mit Eindeckungen direkt auf Schalung und Vordeckung (Faserzement-Dachplatten, Schiefer und Polymerbitumen-Dachschindeln) – ÖNORM B 3419 [46]

Basisgeschwindigkeitsdruck	**$q_{b,0} \leq 0{,}3$ kN/m²**		**$0{,}3 < q_{b,0} \leq 0{,}4$ kN/m²**		**$0{,}4 < q_{b,0} \leq 0{,}5$ kN/m²**	
Neigung	**10° bis unter 30°**	**30° bis 75°**	**10° bis unter 30°**	**30° bis 75°**	**10° bis unter 30°**	**30° bis 75°**
Regelfläche (für alle Dachformen)	-0,86	-0,86	-1,14	-1,14	-1,43	-1,43
Pultdach Traufe/Ortgang/Pultfirst	-1,91	-1,91	-2,54	-2,54	-3,18	-3,18
Sattel-, Walmdach Traufe/Ortgang	-1,48	-1,32	-1,97	-1,76	-2,47	-2,19
Sattel-, Walmdach First/Grat/Ichse	-1,32	-1,32	-1,76	-1,76	-2,19	-2,19

Anmerkung 1: c_{pi} = 0; Abminderungsfaktor c_{pe} Regelfläche = 1,00; Abminderungsfaktor c_{pe} Dachrand = 1,00
Anmerkung 2: Deckungen auf Schalung mit bituminöser Vordeckung (mindestens E-KV-15 gemäß ÖNORM B 3661) sind doppelschaligen Dächern gleichzusetzen.

Neben den angeführten Windsogbelastungen für doppelschalige Dächer sind in der ÖNORM B 3419 [46] auch Angaben für einschalige Dächer enthalten.

Tabelle 080|1-13: Maximale Windsogbelastung in kN/m² für doppelschalige Dächer mit dichter Eindeckung (z. B. Faserzement-Wellplatten mit Unterdach) sowie für einschalige Dächer mit Eindeckungen direkt auf Schalung und Vordeckung – ÖNORM B 3419 [46]

Basisgeschwindigkeitsdruck	$q_{b,0} \leq 0{,}3$ kN/m²		$0{,}3 < q_{b,0} \leq 0{,}4$ kN/m²		$0{,}4 < q_{b,0} \leq 0{,}5$ kN/m²	
Neigung	10° bis unter 30°	30° bis 75°	10° bis unter 30°	30° bis 75°	10° bis unter 30°	30° bis 75°
Regelfläche (für alle Dachformen)	-0,86	-0,86	-1,14	-1,14	-1,43	-1,43
Pultdach Traufe/Ortgang/Pultfirst	-1,91	-1,91	-2,54	-2,54	-3,18	-3,18
Sattel-, Walmdach Traufe/Ortgang	-1,48	-1,32	-1,97	-1,76	-2,47	-2,19
Sattel-, Walmdach First/Grat/Ichse	-1,32	-1,32	-1,76	-1,76	-2,19	-2,19

Anmerkung 1: $c_{pi} = 0$; Abminderungsfaktor c_{pe} Regelfläche = 1,00; Abminderungsfaktor c_{pe} Dachrand = 1,00
Anmerkung 2: Deckungen auf Schalung mit bituminöser Vordeckung (mindestens E-KV-15 gemäß ÖNORM B 3661) sind doppelschaligen Dächern gleichzusetzen.

Tabelle 080|1-14: Maximale Windsogbelastung in kN/m² für einschalige Dächer mit Eindeckungen auf Lattung mit geringem Fugenanteil (Faserzement-Dachplatten, Schiefer) – ÖNORM B 3419 [46]

Basisgeschwindigkeitsdruck	$q_{b,0} \leq 0{,}3$ kN/m²		$0{,}3 < q_{b,0} \leq 0{,}4$ kN/m²		$0{,}4 < q_{b,0} \leq 0{,}5$ kN/m²	
Neigung	10° bis unter 30°	30° bis 75°	10° bis unter 30°	30° bis 75°	10° bis unter 30°	30° bis 75°
Regelfläche (für alle Dachformen)	-0,85	-0,85	-1,13	-1,13	-1,41	-1,41
Pultdach Traufe/Ortgang/Pultfirst	-1,75	-1,75	-2,34	-2,34	-2,92	-2,92
Sattel-, Walmdach Traufe/Ortgang	-1,39	-1,25	-1,85	-1,67	-2,32	-2,08
Sattel-, Walmdach First/Grat/Ichse	-1,25	-1,25	-1,67	-1,67	-2,08	-2,08

Anmerkung: $c_{pi} = 0{,}20$; Abminderungsfaktor c_{pe} Regelfläche = 0,8375; Abminderungsfaktor c_{pe} Dachrand = 0,85

Tabelle 080|1-15: Maximale Windsogbelastung in kN/m² für einschalige Dächer mit dichter Eindeckung (Faserzement-Wellplatten) – ÖNORM B 3419 [46]

Basisgeschwindigkeitsdruck	$q_{b,0} \leq 0{,}3$ kN/m²		$0{,}3 < q_{b,0} \leq 0{,}4$ kN/m²		$0{,}4 < q_{b,0} \leq 0{,}5$ kN/m²	
Neigung	10° bis unter 30°	30° bis 75°	10° bis unter 30°	30° bis 75°	10° bis unter 30°	30° bis 75°
Regelfläche (für alle Dachformen)	-0,99	-0,99	-1,32	-1,32	-1,65	-1,65
Pultdach Traufe/Ortgang/Pultfirst	-2,04	-2,04	-2,72	-2,72	-3,40	-3,40
Sattel-, Walmdach Traufe/Ortgang	-1,61	-1,45	-2,15	-1,93	-2,69	-2,41
Sattel-, Walmdach First/Grat/Ichse	-1,45	-1,45	-1,93	-1,93	-2,41	-2,41

Anmerkung: $c_{pi} = 0{,}20$; Abminderungsfaktor c_{pe} Regelfläche = 1,00; Abminderungsfaktor c_{pe} Dachrand = 1,00

Schneelasten

080|1|4|3

Schneelasten werden immer auf die horizontale Grundrissprojektion bezogen, sind sehr stark ortsgebunden und stellen eine einmal in 50 Jahren zu erwartende Belastung dar.

Tabelle 080|1-16: Charakteristische Schneelasten österreichischer Landeshauptstädte – ÖNORM B 1991-1-3 [40]

Ort	Seehöhe [m]	Zone	s_k [kN/m²]
Wien	171	2–3	1,10–2,20
St. Pölten	265	2	1,45
Eisenstadt	169	2*	1,10
Linz	260	2	1,45
Salzburg	436	2	1,75
Graz	369	2	1,65
Klagenfurt	448	3	2,65
Innsbruck	573	2	2,10
Bregenz	398	2/3	2,10
Mindestwert (Andau, Rust)			1,05
Maximalwert (St. Christoph/Arlberg)			13,50

n der ÖNORM EN 1991-1-3 [78] sind, abhängig von 10 Klimaregionen, unterschiedliche Rechenvorschriften zur Ermittlung der charakteristischen Schneelasten s_k – am Erdboden auftretend – angegeben. Für Steildächer ergibt ich – abhängig von der Dachform und Dachneigung – in Österreich die Schneelast auf das Dach nach Formel (080|1-03), wobei die charakteristischen Schneelasten s_k den Tabellen der ÖNORM B 1991-1-3 [40] zu entnehmen sind siehe Band 2: Tragwerke [9]).

$$s = \mu_i \cdot s_k \qquad (080|1\text{-}03)$$

s	Schneelast auf Dachfläche	kN/m²
s_k	charakteristische Schneelast	kN/m²
μ_i	Formbeiwert für Schneelasten	-

abelle 080|1-17: Formbeiwerte für Dächer nach ÖNORM B 1991-1-3 [40]

	Dachneigung α [°]				
	$0° \leq \alpha \leq 15°$	$15° \leq \alpha \leq 30°$	$30° < \alpha < 60°$	$\alpha \geq 60°$	
μ_1	0,8	0,8	$\frac{0{,}8 \cdot (60 - \alpha)}{30}$	0,0	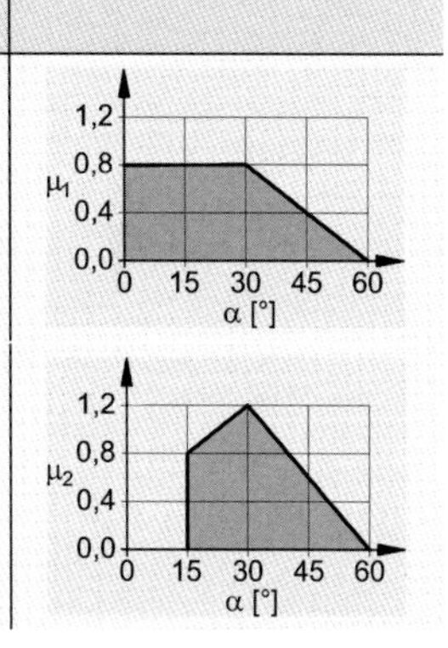
μ_2	0,0	$0{,}8 + \frac{0{,}4 \cdot (\alpha - 15)}{15}$	$\frac{1{,}2 \cdot (60 - \alpha)}{30}$	0,0	

rgänzend zu den angeführten Bestimmungen sind noch Regelungen für onnendächer, Höhen- und Dachversprünge, Dachaufbauten sowie Lastansätze uf Schneefanggitter (siehe Formel (080|1-05)) in den Normen geregelt, wobei grundsätzlich gilt, dass eine Abminderung der Schneelasten auf das Dach zufolge der Dachneigung nur zulässig ist, wenn keine Maßnahmen gegen das Abrutschen des Schnees gesetzt werden. Liegen Schneefanggitter oder Dachaufbauten vor, oder ist die Dachtraufe mit einer Aufkantung versehen, darf der Formbeiwert μ nicht unter 0,8 liegen.

Abbildung 080|1-06: Formbeiwerte für Dächer nach ÖNORM B 1991-1-3 [40]

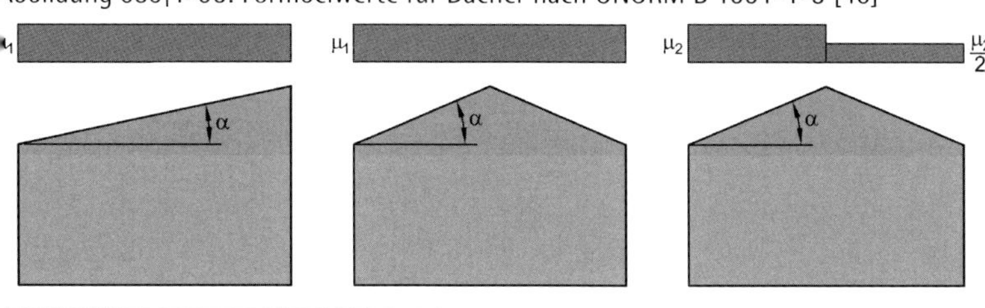

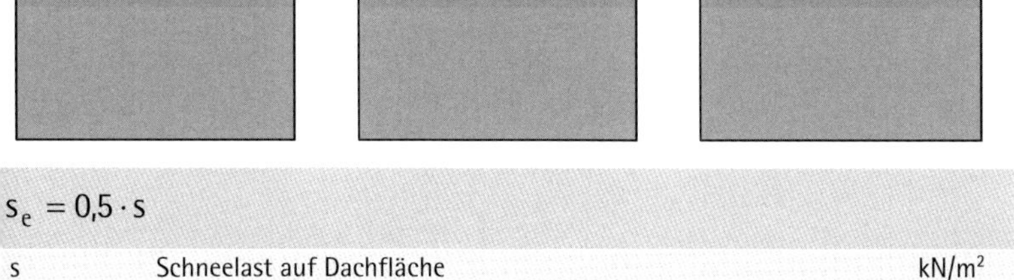

$$s_e = 0{,}5 \cdot s \qquad (080|1\text{-}04)$$

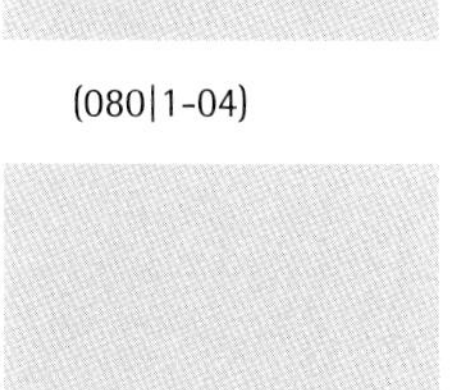

s	Schneelast auf Dachfläche	kN/m²
s_e	Last infolge Schneeüberhang	kN/m²

Speziell für den Bereich der Dachtraufen, an denen es zu einem Schneeüberhang kommen kann, ist bei Lagen über 800 m Seehöhe noch eine zusätzliche Linienlast s_e (Formel (080|1-04) gemäß ÖNORM B 1991-1-3 [40]) an der Traufe zu berücksichtigen.

Nutzlasten

080|1|4|4

Bei Dachkonstruktionen ist nach ÖNORM EN 1991-1-1 [77] und ÖNORM B 1991-1-1 [39] eine Nutzlast in Abhängigkeit von der Zugänglichkeit nach drei Nutzungskategorien auszuwählen, wobei im allgemeinen Fall für Steildächer nur die Nutzungskategorie H (nicht zugängliche Dächer außer für übliche Unterhaltungs- und Instandsetzungsmaßnahmen) maßgebend ist.

Tabelle 080|1-20: Nutzlasten für Dächer bezogen auf die Projektionsfläche [77][39]

Nutzungsart	Kategorie	q_k *[kN/m²]*	Q_k *[kN]*
Dachkonstruktionen	H	1,0	1,5

q_k braucht nur auf eine maximale Fläche A = 18 m² in ungünstigster Position angesetzt werden.

Die auf den Dachkonstruktionen angesetzten Nutzlasten sind nicht als gleichzeitig wirkend mit Schneelasten und Windkräften anzusetzen und berücksichtigen keine unkontrollierte Anhäufung von Baumaterial.

Brandschutz

080|1|5

Eine große Gefahr bei Bränden entsteht durch das Überspringen auf Nachbarbauwerke beispielsweise durch Flugfeuer. Hier hat die Dachhaut auch eine Schutzfunktion für die darunter liegende, oft nicht brandbeständige Dachkonstruktion. Deshalb wird in der OIB-Richtlinie 2 verlangt, dass raumabschließende Bauteile – sofern ein Durchbrand nicht ausgeschlossen werden kann – beidseitig mit Baustoffen der Euroklasse des Brandverhaltens von mindestens A2 dicht abgedeckt sein müssen oder aber die Bedachung als Gesamtsystem mindestens B_{ROOF}(t1) zu entsprechen hat. Für Gebäude der Gebäudeklasse GK4 und GK5 muss die brandschutztechnische Qualität der Wärmedämmung auf die Dachkonstruktion abgestimmt sein.

Alle üblichen Deckungen aus Ton, Beton, Faserzement oder Metallen sind sogenannte „harte Bedachungen" und weisen die Qualität A2 auf. Holzschindeldeckungen und noch mehr Strohdächer können diese Anforderungen nicht erfüllen, hier ist immer eine individuelle Beurteilung erforderlich.

In Österreich generell gibt es keine gesetzliche Verpflichtung zur Errichtung von Blitzschutzanlagen, diese wird z. B. in Wien nur für Bauwerke und Anlagen vorgeschrieben, wenn diese wegen ihrer Lage, Größe oder Bauweise durch Blitzschlag gefährdet sind oder der Verwendungszweck oder die kulturhistorische Bedeutung einen besonderen Schutz erfordern. Die Beurteilung der Gefährdung erfolgt anhand der Richtlinie ÖVE/ÖNORM E 8049-1 [91].

Absturzsicherungen

080|1|6

Absturzsicherungen auf Dächern dienen einerseits der Verhinderung von Dachlawinen im Winter und sollen andererseits die gesicherte Begehung durch Personen bei Wartungsarbeiten am Dach oder darauf montierten Anlagen ermöglichen.

chneeschutzsysteme

080|1|6|1

chneeschutzsysteme verhindern in der Regel das Abrutschen der chneemassen vom Dach und schützen dadurch auch die Dacheindeckung, die raufe und montierte Rinnen vor zu großem Schnee- und Eisdruck. Der esetzgeber fordert speziell in den Baugesetzen der einzelnen Bundesländer owie der OIB-Richtlinie 4 [30], dass auf Dachflächen, bei denen Schnee-brutschgefahr besteht, entsprechende Maßnahmen zur Vermeidung des brutschens der Schneemassen von der Dachfläche auf allgemein zugängliche ereiche festzulegen und umzusetzen sind. Die ÖNORM B 3418 [45] nterscheidet zur Abrutschsicherung in Schneehaltesysteme und Schneefang-ysteme, die punktuell oder linear aufgebaut sein können.

bbildung 080|1-07: Schneeschutzsysteme – ÖNORM B 3418 [45]

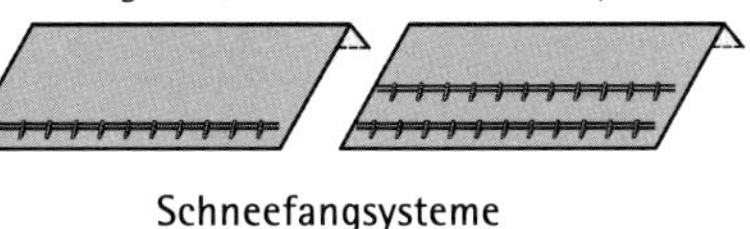

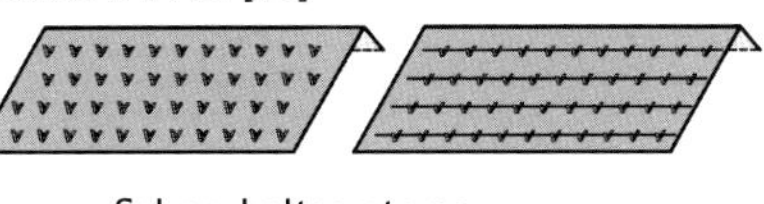

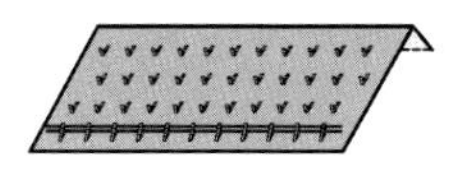

Schneefangsysteme		Schneehaltesysteme		Kombination
einreihig	mehrreihig	punktuell	linear	Halte- und Fangsystem

ineare Schneeschutzsysteme dürfen sowohl als Schneehalte- als auch als chneefangsysteme verwendet werden, punktförmige nur als Schneehalte-ysteme. Schneeschutzsysteme dürfen auch aus einer Kombination von chneefang- und Schneehaltesystemen bestehen. Ab einer Dachneigung von 5° ist jedenfalls diese Kombination auszuführen, werden Schneehalter aus Ton erwendet, bereits ab 35°.

)ie Belastung von Schneeschutzsystemen ist gemäß ÖNORMEN B 1991-1-3 40] und ÖNORM EN 1991-1-3 [78] zu ermitteln. Für die Berechnung der ertikalen Schneehöhe kann eine Wichte des Schnees von 3,0 kN/m³ angesetzt verden. Schneeschutzsysteme und die daran angrenzende Dacheindeckung ind regelmäßig, aber insbesondere nach schneereichen Winterperioden auf ichtbare Schäden und Verformungen zu prüfen und beschädigte, gelockerte der verformte Teile sind auszutauschen bzw. zu reparieren.

$$F_s = s \cdot b \cdot \sin\alpha \qquad h = \frac{s}{3{,}0} \qquad (080|1\text{-}05)$$

F_s	Kraft in Gleitrichtung (parallel zur Dachfläche)	kN/m
s	Schneelast auf Dachfläche	kN/m²
b	horizontaler Abstand Fanggitter zu Fanggitter oder zu First	m
α	Dachneigung	°
h	Schneehöhe bei einer Schneewichte von 3,0 kN/m³	m

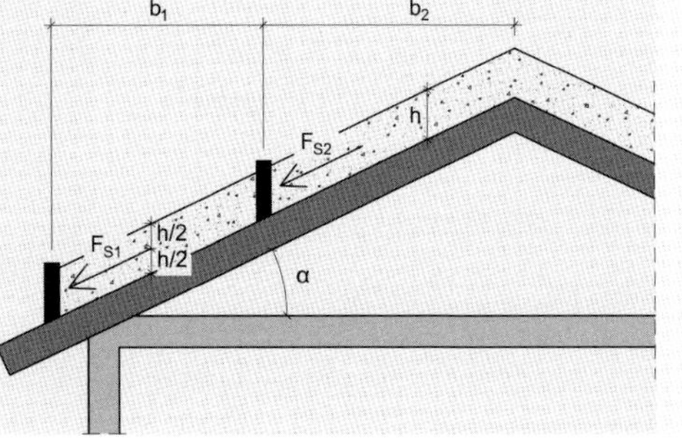

Beispiel 080|1-01: Schneeschutzsysteme – Schneehalter, Schneefang

Personenschutzsysteme

080|1|6|2

In der Bauarbeiterschutzverordnung wird definiert, dass alle Arbeiten an Dächern, auch Reparatur- und Wartungsarbeiten, per Definition Bauarbeiten sind. Bei Absturzgefahr sind daher Absturzsicherungen, Abgrenzungen oder Schutzeinrichtungen anzubringen. In Anbetracht der gültigen Rechtsvorschriften gilt jegliche handwerkliche Handlung an einem Bauwerk als Baustelle. Bei Arbeiten, bei denen Absturzgefahr besteht, sind dann entsprechende Maßnahmen zur Vermeidung des Absturzes festzulegen und umzusetzen.

Durch die im Jahr 2010 veröffentlichte ÖNORM B 3417 [44] Sicherheitsausstattung und Klassifizierung von Dachflächen für Nutzung, Wartung und Instandhaltung liegt nunmehr auch eine Regel der Technik vor, wie Dachflächen in ihrer Abhängigkeit der Nutzungen bezüglich erforderlicher Sicherheitseinrichtungen zu bewerten sind. In der OIB-Richtlinie 4 wird die Erfordernis von Absturzsicherungen für „... alle im gewöhnlichen Gebrauch zugänglichen Stellen eines Bauwerkes ..." definiert. Aber auch bei an „nicht im gewöhnlichen Gebrauch" stehenden Stellen, wie sie Dachflächen darstellen, ist besonders bei vorhandenen Installationen wie haustechnische Einrichtungen oder Photovoltaikanlagen sicherzustellen, dass für die Nutzung, Wartung und Instandhaltung solcher Anlagen diese Bereiche von Personen gefahrlos betreten werden können. Es ist daher für eine entsprechende Sicherheitsausstattung von Dachflächen gegen Absturz, in Abstimmung mit der oben zitierten Norm zu sorgen. Die einfachsten Formen sind Anschlageinrichtungen oder Sicherheitsdachhaken. Diese müssen der ÖNORM EN 795 [89] bzw. ÖNORM EN 517 [88] entsprechen.

Rauchfangkehrerstege

080|1|6|3

Trittstufen oder Laufstege müssen nach der ÖNORM B 3417 [44] den Anforderungen der ÖNORM EN 516 [87] entsprechen. Geländer als Absturzsicherungen sind dabei mit einer Mindesthöhe von 1,00 m über dem Niveau des Gehbelags zu errichten und müssen Brust-, Mittel- und Fußwehr aufweisen, Laufstegbreiten zumindest 25 cm betragen. Speziell für die

einigung und Überprüfung von Fängen sind noch ergänzende Bestimmungen
ı der ÖNORM B 8207 [56] enthalten.

'hotovoltaik, Solar

080|1|7

ollektoren zur Energieerzeugung waren lange einfache Aufbauten auf ·ächern. Da aber Steildächer schon oft die entsprechende Ausrichtung zur ptimalen Energieerzeugung aufweisen, bemühte man sich im Sinne einer ostenminimierung, die Kollektoren selbst als Dachdeckungselemente zu utzen. Solarpaneele und noch mehr Photovoltaikpaneele sind relativ dünne 'lehrschichtelemente mit Stärken von 40 bis 90 mm. Bei integrierten Lösungen ind die Paneelmaße direkt auf die Deckungsmaße abgestimmt und die Paneele verden dann auf der Lattung direkt montiert und mit vorgefertigten nschlussblechen – ähnlich Dachflächenfenster – oder spenglermäßig ingeblecht.

)ie Aufdachmontage erfolgt auf an die Dachdeckung angepasste Dachhaken, ie auf der Konterlattung angeschraubt sind und knapp über den Dachsteinen en Untergrund für die Montageschienen bilden. Bei Stehfalzdeckungen önnen die Befestigungsschienen direkt auf die Fälze geklemmt werden.

s ist immer darauf zu achten, dass adäquate Ankermöglichkeiten die Paneele nit der gleichen Sicherheit am Dachstuhl halten wie die Deckung selbst.)iesbezüglich sind statische Nachweise erforderlich, wobei die Angaben von ypenprüfungen der Hersteller herangezogen werden können. Ergänzend ist larauf zu achten, dass Schneelasten die Paneele nicht ungeplant beanspruchen.

ˌeispiel 080|1-02: Photovoltaikkollektor (Aufdachmontage), Solarkollektor (integrierte Montage)

Vorschriften

080|1|8

Zusätzlich zu den Vorschriften aus den landespezifischen Bauordnungen sind alle objektspezifischen behördlichen Auflagen sowie bauteilrelevanten Normen, technischen Richtlinien, Verlegeanleitungen sowie Sicherheitsauflagen zu berücksichtigen. Durch die immer weiter gehende Harmonisierung der Bauordnungen können die Richtlinien des OIB (Österreichisches Institut für Bautechnik) als technische Basisdokumente angesehen werden. In diesen OIB-Richtlinien 1 bis 6, die sich wiederum auf die geltenden Normen stützen, werden alle wesentlichen bautechnischen Aspekte, so auch hinsichtlich Brandschutz oder Wärmeschutz, abgedeckt.

Beispiel 080|1-03: Bauvorschriften Steildächer hinsichtlich Brandschutz – Auszüge Bauordnung für Wien [17] und OIB-Richtlinien [25]

Bauordnung Wien:

§ 91. Allgemeine Anforderungen

Bauwerke müssen so geplant und ausgeführt sein, dass der Gefährdung von Leben und Gesundheit von Personen durch Brand vorgebeugt sowie die Brandausbreitung wirksam eingeschränkt wird.

§ 92. Tragfähigkeit des Bauwerkes im Brandfall

(1) Bauwerke müssen so geplant und ausgeführt sein, dass bei einem Brand die Tragfähigkeit mindestens für den Zeitraum erhalten bleibt, der für die sichere Fluchtmöglichkeit oder Rettung der Benutzer des Bauwerks erforderlich ist. Es sind dabei alle für die sichere Flucht oder Rettung maßgeblichen Umstände zu berücksichtigen, insbesondere die Größe und der Verwendungszweck des Bauwerkes sowie die Zugangsmöglichkeiten für die Rettungsmannschaften.

(2) Sollte es auf Grund der Lage und Größe des Bauwerkes erforderlich sein, muss darüber hinaus gewährleistet werden, dass nicht durch Einsturz des Bauwerks oder von Bauwerksteilen größere Schäden an der auf Nachbargrundstücken zulässigen Bebauung entstehen können.

§ 94. Ausbreitung von Feuer auf andere Bauwerke

(1) Bauwerke müssen so geplant und ausgeführt sein, dass der Ausbreitung von Feuer auf andere Bauwerke vorgebeugt wird.

(2) Die Außenwände von Bauwerken müssen so ausgeführt werden, dass das Übergreifen eines Brandes auf andere Bauwerke verhindert wird oder, sofern dies auf Grund der Größe und des Verwendungszweckes der Bauwerke genügt, ausreichend verzögert wird. Eine solche Ausführung der Außenwände ist nicht erforderlich, wenn die Bauwerke in einem entsprechenden Abstand voneinander errichtet werden. Dabei ist auch die zulässige Bebauung auf Nachbargrundstücken zu berücksichtigen.

(3) Dacheindeckungen, Dachaufbauten und lichtdurchlässige Elemente in Dächern (z. B. Dachflächenfenster, Lichtkuppeln, Lichtbänder) müssen so ausgeführt und angeordnet sein, dass eine Brandentstehung durch Flugfeuer oder Wärmestrahlung vermieden wird. Für Dachaufbauten und lichtdurchlässige Elemente in Dächern gilt Abs. 2 sinngemäß.

OIB-Richtlinie 2: „Brandschutz"

Pkt. 2.1 Allgemeine Anforderungen und Tragfähigkeit im Brandfall – Brandverhalten von Bauprodukten (Baustoffen)

2.1.1 Es gelten - sofern im Folgenden nichts anderes bestimmt ist - die Anforderungen der Tabelle 1a. Bauprodukte, die nicht in Tabelle 1a angeführt sind, müssen der Klasse E entsprechen. Nichtsubstanzielle Teile, die hinsichtlich ihres Beitrages zum Brand vernachlässigbar sind, bleiben außer Betracht.

Pkt. 2.2 Feuerwiderstand von Bauteilen

2.2.1 Es gelten – sofern im Folgenden nichts anderes bestimmt ist – die Anforderungen der Tabelle 1b.

Pkt. 3.1 Brandabschnitte

3.1.7 Dachöffnungen sowie Öffnungen in Dachgauben und ähnlichen Dachaufbauten müssen – horizontal gemessen – mindestens 1 m von der Mitte der brandabschnittsbildenden Wand entfernt sein.

3.1.8 Grenzen Dachöffnungen und Glasdächer an höhere Gebäude eines anderen Brandabschnittes, müssen diese innerhalb eines Abstandes von 4 m so beschaffen sein, dass ein Brandüberschlag wirksam eingeschränkt wird.

Pkt. 4.4 Ausbreitung von Feuer auf andere Bauwerke

Für Dachöffnungen, Dachaufbauten und Glasdächer gelten die Bestimmungen gemäß Punkt 3.1.7 bezogen auf die brandabschnittsbildenden Wände an der Grundstücks- bzw. Bauplatzgrenze.

Tabelle 1a: Allgemeine Anforderungen an das Brandverhalten

	Gebäudeklasse (GK) gemäß OIB-Richtlinien: Begriffsbestimmungen					
		GK 1	**GK 2**	**GK 3**	**GK 4**	**GK 5**
4	Dächer mit einer Neigung ≤60°					
4.1	Bedachung (Gesamtsystem)	B_{ROOF}(t1)	B_{ROOF}(t1)	B_{ROOF}(t1)	B_{ROOF}(t1)	B_{ROOF}(t1)
4.2	Dämmschicht bzw. Wärmedämmung in der Dachkonstruktion	E	E	E	B	B
5	nicht ausgebaute Dachräume: Fußbodenkonstruktionen und Beläge					
5.1	Fußbodenkonstruktionen (Bekleidungen)					
5.1.1	Klassifiziertes Gesamtsystem	-	E	D	D	B
5.1.2	Klassifizierte Einzelkomponenten					
	- Außenschicht	-	C	C	B	B
	- Dämmschicht bzw. Wärmedämmung	-	E	E	B	B
5.2	Bodenbeläge	-	E_{fl}	D_{fl}	C_{fl}-s1	B_{fl}-s1

Tabelle 1b: Allgemeine Bauteilanforderungen an den Feuerwiderstand

	Gebäudeklasse (GK) gemäß OIB-Richtlinien: Begriffsbestimmungen					
		GK 1	**GK 2**	**GK 3**	**GK 4**	**GK 5**
1	tragende Bauteile (ausgenommen Decken und brandabschnittsbildende Wände)					
1.1	im obersten Geschoß	-	R 30	R 30	R 30	R 60
4	Decken und Dachschrägen mit einer Neigung von <60°					
4.1	über dem obersten Geschoß	-	R 30	R 30	R 30	R 60
4.2	Trenndecken über dem obersten Geschoß	-	REI 30	REI 30	REI 60	REI 60

eispiel 080|1-04: Bauvorschriften Steildächer hinsichtlich Schallschutz – Auszüge Bauordnung für Wien [17] und OIB-Richtlinien [31]

Bauordnung Wien:

§ 116. Allgemeine Anforderungen an Bauwerke und Bauteile

(1) Bauwerke müssen so geplant und ausgeführt sein, dass gesunde, normal empfindende Benutzer dieses oder eines unmittelbar anschließenden Bauwerkes nicht durch bei bestimmungsgemäßer Verwendung auftretenden Schall und Erschütterungen in ihrer Gesundheit gefährdet oder belästigt werden. Dabei sind der Verwendungszweck sowie die Lage des Bauwerkes und seiner Räume zu berücksichtigen.

(3) Alle Bauteile, insbesondere Außen- und Trennbauteile sowie begehbare Flächen in Bauwerken, müssen so geplant und ausgeführt sein, dass die Weiterleitung von Luft-, Tritt- und Körperschall soweit gedämmt wird, wie dies zur Erfüllung der Anforderungen des Abs. 1 erforderlich ist.

OIB-Richtlinie 5: „Schallschutz"

Es gelten die schalltechnischen Begriffsbestimmungen der ÖNORM B 8115-1 sowie die allgemeinen Begriffsbestimmungen des Dokumentes „OIB-Richtlinien – Begriffsbestimmungen".

Pkt. 2. Baulicher Schallschutz

2.2.1 Zur Ermittlung der Anforderungen ist das Standardverfahren gemäß ÖNORM B 8115-2 anzuwenden.

eispiel 080|1-05: Bauvorschriften Steildächer hinsichtlich Wärmeschutz – Auszüge Bauordnung für Wien [17] und OIB-Richtlinien [32]

Bauordnung Wien:

§ 118. Allgemeine Anforderungen

(1) Bauwerke und all ihre Teile müssen so geplant und ausgeführt sein, dass die bei der Verwendung benötigte Energiemenge nach dem Stand der Technik begrenzt wird. Auszugehen ist von der bestimmungsgemäßen Verwendung des Bauwerks; die damit verbundenen Bedürfnisse (insbesondere Heizung, Warmwasserbereitung, Kühlung, Lüftung, Beleuchtung) sind zu berücksichtigen.

(4) Bei folgenden Gebäuden genügt die Einhaltung bestimmter Wärmedurchgangskoeffizienten

(U-Werte):

1. Gebäude, die unter Denkmalschutz stehen, bestehende Gebäude in Schutzzonen sowie erhaltungswürdige gegliederte Fassaden an bestehenden Gebäuden;

2. Gebäude mit religiösen Zwecken;

3. Gebäude, die gemäß § 71 auf längstens 2 Jahre bewilligt werden;

4. Gebäude in landwirtschaftlich genutzten Gebieten, mit Ausnahme von Wohngebäuden;

5. Industriebauwerke;

6. Gebäude, die Wohnungen enthalten, die nicht allen Erfordernissen des § 119 entsprechen oder nicht den vollen Schallschutz oder Wärmeschutz für Aufenthaltsräume aufweisen;

7. Kleingartenhäuser;

8. freistehende Gebäude und Zubauten mit einer Gesamtnutzfläche von jeweils weniger als 50 m²;

9. Gebäude, die nicht unter § 63 Abs. 1 lit. e fallen.

OIB-Richtlinie 6: „Energieeinsparung und Wärmeschutz"

Pkt. 5. Anforderungen an wärmeübertragende Bauteile

5.1 Allgemeine Anforderungen an wärmeübertragende Bauteile

Unbeschadet der Bestimmungen gemäß der Punkte 2 und 4 dürfen bei Neubau eines Gebäudes sowie bei Erneuerung oder Instandsetzung des betreffenden Bauteiles bei konditionierten Räumen folgende Wärmedurchgangskoeffizienten (U-Werte) bei nachstehend genannten, wärmeübertragenden Bauteilen nicht überschritten werden:

Bauteil	*U-Wert [W/m²K]*
WÄNDE gegen Außenluft	*0,35*
DACHFLÄCHENFENSTER gegen Außenluft	*1,70*
Sonstige TRANSPARENTE BAUTEILE horizontal oder in Schrägen gegen Außenluft	*2,00*
DECKEN gegen Außenluft, gegen Dachräume (durchlüftet oder ungedämmt) und über Durchfahrten sowie DACHSCHRÄGEN gegen Außenluft	*0,20*

Pkt. 12. Sonstige Anforderungen

Beim Neubau muss die Gebäudehülle luft- und winddicht ausgeführt sein, wobei die Luftwechselrate n_{50} – gemessen bei 50 Pascal Druckdifferenz zwischen innen und außen, gemittelt über Unter- und Überdruck und bei geschlossenen Ab- und Zuluftöffnungen (Verfahren A) – den Wert 3 pro Stunde nicht überschreiten darf. Wird eine mechanisch betriebene Lüftungsanlage mit oder ohne Wärmerückgewinnung eingebaut, darf die Luftwechselrate n_{50} den Wert 1,5 pro Stunde nicht überschreiten. Bei Wohngebäude mit einer Brutto-Grundfläche von nicht mehr als 400 m² Doppel- bzw. Reihenhäusern ist dieser Wert für jedes Haus, bei Wohngebäude mit einer Brutto-Grundfläche von mehr als 400 m² für jede Wohnung bzw. Wohneinheit einzuhalten. Bei Nicht-Wohngebäuden der Gebäudekategorien 1 bis 12 gemäß Punkt 3.1.2 bezieht sich die Anforderung auf jeden Brandabschnitt.

Beispiel 080|1-06: Bauvorschriften Steildächer hinsichtlich Schutz vor Feuchtigkeit, Aufprallunfällen und Blitzschutz – Auszüge Bauordnung für Wien [17] und OIB-Richtlinien [29][30]

Bauordnung Wien:

§ 102. Schutz vor Feuchtigkeit

(2) Dacheindeckungen, Außenwände, Außenfenster und -türen sowie sonstige Außenbauteile müssen Schutz gegen Niederschlagswässer bieten.

(3) Bauwerke müssen in allen ihren Teilen entsprechend ihrem Verwendungszweck so ausgeführt sein, dass eine schädigende Feuchtigkeitsansammlung durch Wasserdampfkondensation in Bauteilen und auf Oberflächen von Bauteilen vermieden wird.

§113 Schutz vor Aufprallunfällen und herabstürzenden Gegenständen

(2) Bauwerke sind so zu planen und auszuführen, dass deren Benutzer vor herabstürzenden Gegenständen geschützt sind. Dies schließt z. B. auch die sichere Befestigung von Bauteilen wie Fassaden und Glasteile, Maßnahmen gegen das Herabfallen von gefahrbringenden Glasstücken bei Überkopfverglasungen sowie Maßnahmen gegen das Abrutschen von Schnee und Eis von Dächern ein.

§114 Schutz vor Verbrennungen; Blitzschutz

(2) Bauwerke sind mit Blitzschutzanlagen auszustatten, wenn sie wegen ihrer Lage, Größe oder Bauweise durch Blitzschlag gefährdet sind oder wenn der Verwendungszweck oder die kulturhistorische Bedeutung des Bauwerks dies erfordern.

OIB-Richtlinie 3: „Hygiene, Gesundheit und Umweltschutz"

Pkt. 3 Niederschlagswässer, Abwässer und sonstige Abflüsse

3.1.2 Sammlung und Ableitung von Niederschlagswässern

Einrichtungen zur technisch einwandfreien Sammlung und Ableitung von Niederschlagswässern bei Bauwerken sind dann erforderlich, wenn die beim Bauwerk anfallenden Niederschlagswässer auf Verkehrsflächen oder Nachbargrundstücke gelangen können oder eine gesammelte Ableitung zur Vermeidung von Beeinträchtigungen (z. B. Durchfeuchtung von Mauerwerk, Rutschungen) erforderlich ist. Dabei können Flächen geringen Ausmaßes (z. B. Gesimse, Vorsprünge, Balkone) außer Betracht gelassen werden.

Pkt. 6 Schutz vor Feuchtigkeit

6.2 Schutz gegen Niederschlagswässer

Die Hülle von Bauwerken mit Aufenthaltsräumen sowie von sonstigen Bauwerken, deren Verwendungszweck dies erfordert, muss so ausgeführt sein, dass das Eindringen von Niederschlagswässern in die Konstruktion der Außenbauteile und ins Innere des Bauwerks wirksam und dauerhaft verhindert wird.

6.4 Vermeidung von Schäden durch Wasserdampfkondensation

Raumbegrenzende Bauteile von Bauwerken mit Aufenthaltsräumen sowie von sonstigen Bauwerken, deren Verwendungszweck dies erfordert, müssen so aufgebaut sein, dass weder in den Bauteilen noch an deren Oberflächen bei üblicher Nutzung Schäden durch Wasserdampfkondensation entstehen. Bei Außenbauteilen mit geringer Speicherfähigkeit (wie Fenster- und Türelemente) ist durch geeignete Maßnahmen sicherzustellen, dass angrenzende Bauteile nicht durchfeuchtet werden.

OIB-Richtlinie 4: „Nutzungssicherheit und Barrierefreiheit"

Pkt. 5 Schutz vor Aufprallunfällen und herabstürzenden Gegenständen

5.2 Abrutschen von Eis und Schnee

Bei geneigten Dächern sind bauliche Maßnahmen gegen das Abrutschen von Schnee und Eis auf Nachbargrundstücke und allgemein zugängliche Bereiche zu treffen.

Pkt. 7 Blitzschutz

Bauwerke sind mit einer Blitzschutzanlage auszustatten. Davon ausgenommen sind Bauwerke, bei denen sich auf Grund einer Risikoanalyse ergibt, dass ein Blitzschutz nicht erforderlich ist, sowie Wohngebäude mit nicht mehr als zwei Wohnungen.

)achdeckungen und Materialien

080|2

ächer sollen Bauwerke vor den Einwirkungen durch Niederschläge (Regen, chnee, Hagel, Tau), Wind und Brand schützen. Die Dachdeckung ist demnach) auszuführen, dass diese Anforderungen möglichst lange, stabil und fehlerfrei rfüllt werden. Für die Regensicherheit ist es besonders bei kleinteiligen eckungen bedeutsam, durch ausreichendes Gefälle die rasche Ableitung des Vassers von einem Deckungselement zum anderen zu ermöglichen, bevor es ef in das Dachdeckungsmaterial eindringen kann. Je flacher die Dachneigung t, desto dichter ist die Dachdeckung auszuführen. Dies erfordert entweder inen schuppenartigen Aufbau mit seitlichen Überdeckungen, Verfalzungen on Deckungsteilen oder eine Doppeldeckung, wobei die Überdeckung der inzelnen Elemente so groß sein muss, dass ein Eindringen von Wasser auch bei Vinddruck verhindert wird.

n den Dachoberflächen können durch nächtliche Abstrahlung oder onneneinstrahlung Temperaturen zwischen −40 °C bis +80 °C auftreten, was u thermischen Belastungen und erheblichen Verformungen in der achoberfläche führen kann. Ableitende Eindeckungen (in der Regel kleinteilig) ehmen die Formänderungen in den Fugen auf, abdichtende Eindeckungen nüssen elastische Eigenschaften (Bitumen- und Kunststoffbahnen) besitzen. ei großen Dachflächen müssen die Temperaturspannungen durch besondere ugenausbildung aufgenommen werden (Falz und Aufbördelung bei Aetalldeckung). Gegen die zersetzende Wirkung der UV-Strahlen, denen esonders Bitumen und Kunststoffe über einen längeren Zeitraum nicht tandhalten, sind entsprechende Schutzschichten anzuordnen.

euchtigkeit in der Raumluft beansprucht zeitweilig den Aufbau der)achkonstruktion durch ein nachteiliges Dampfdruckgefälle nach außen und araus entstehendem Kondensat in Bauteilschichten. Dieses muss durch eine ichtige Dachkonstruktion abgeführt werden können, wozu Entlüftungs-chichten oder Entspannungsschichten geeignet sind. Um Räume direkt unter er Dachkonstruktion vor übermäßigen Temperaturschwankungen zu schützen, nuss auch eine ausreichende Dämmwirkung sichergestellt werden.

;chichten

080|2|1

Jm die vielfältigen Anforderungen erfüllen zu können, besteht jedes lachgeneigte Dach bzw. Steildach aus einer Anzahl von einzelnen Schichten, ie entsprechend der geplanten Nutzung zu wählen und auch zu limensionieren sind.

- Dachdeckung, Dachhaut – Wasserableitung, Schutzfunktion
- Lattung, Konterlattung, Schalung – Tragen, Hinterlüftung
- Unterdach, Abdichtungen – regensichere Abdichtung
- Wärmedämmung – Wärmeschutz
- Tragkonstruktion
- Dampfbremsen, Dampfsperren – Kondensatschutz
- Innenverkleidungen – Raumgestaltung, Brandschutz

Dachdeckungen 080|2|1|1

Eine Unterscheidung der Dachdeckungen ist einerseits hinsichtlich der Form und Größe der Deckungsmaterialien und andererseits nach dem jeweiligen Material möglich. Bei der Ausbildung der einzelnen Formen gilt der Grundsatz, dass je flacher die Dachneigung, desto größer sind die einzelnen Teile, um eine Wasserableitung zu gewährleisten.

Tabelle 080|2-01: Formen und Materialien von Dachdeckungen [13]

	Stroh	Holz	Stein	Ziegel	Beton	Faser-zement	Glas	Metall	Bitumen	Kunst-stoff
Halme	×									
Schuppen eben	×	×	×	×	×	×	×	×	×	
Schuppen verformt				×	×	×	×	×	×	
Platten eben						×	×	×	×	
Platten verformt						×	×	×	×	
Bänder							×	×		
Bahnen								×	×	×

Die andere Unterscheidung nach den einzelnen Materialien und deren Herstellung bzw. Gewinnung entspricht auch der Gliederung der jeweiligen Materialnormen. [24]

- gewachsene Materialien: Stroh (Schilf, Reet), Holz
- natürliche Steine: Schiefer
- künstliche Steine: Ziegel, Betonsteine
- gebundene Stoffe: Faserzement
- Metalle
- Glas
- Kunststoffe
- bituminöse Stoffe: Bitumenbahnen, Bitumenschindeln

Bei gleichen Deckungsmaterialien sind in Abhängigkeit von der Dachneigung unterschiedliche Überdeckungen zur Wasserableitung und Maßnahmen zur Windsicherung erforderlich:

- geringe Dachneigung: größere Überdeckungslängen
- höhere Dachneigungen: verstärkte Maßnahmen Windsicherung

Die jeweiligen Anforderungen an die Überdeckung sind in den Kapiteln 080|2|2 bis 080|2|10 enthalten. Blechdeckungen und deren Unterkonstruktion werden in Kapitel 080|5 näher beschrieben.

Konterlattung, Lattung, Schalung 080|2|1|2

Zur wirksamen Hinterlüftung der Dachdeckung und zum Abtransport von sommerlicher Wärmestrahlung auf die Dachfläche dient die Ebene der Konterlattung auf der sich in Abhängigkeit vom Deckungsmaterial entweder die Lattung oder eine Schalung befindet.

Lattung 080|2|1|2|1

Die unter der Dachdeckung situierte Lattung (auch als Decklattung oder Dachlattung bezeichnet) zur Befestigung der Dachsteine und Dachziegel muss eine ausreichende Holzqualität (Sortierklasse S10) und einen in Abhängigkeit von der Deckungsart und den Sparrenabständen dimensionierten Querschnitt aufweisen. Besonders in schneereichen Gebieten empfiehlt sich eine entsprechende Bemessung der Lattung.

Der Abstand zwischen den einzelnen Dachlatten richtet sich nach der jeweiligen Deckungsart und der Dachneigung, die wiederum die Überlappung der Deckung und damit den Lattenabstand beeinflusst. Die einzelnen Latten müssen mindestens über drei Sparrenfelder reichen, im Bereich der Lattenstöße sind Konterlatten entsprechend breiter auszuführen, um eine gesicherte Vernagelung gewährleisten zu können.

Beispiel 080|2-01: Lattung und Konterlattung

Tabelle 080|2-02: Mindestabmessungen von Dachlatten

Deckungsart	Lattenquerschnitt [mm]
Dachziegel in Einfach- und Doppeldeckung, Dachsteine	50 / 30
Dachziegel in Kronendeckung	60 / 40
Bitumen-Wellplattendeckung	60 / 40
Faserzement-Wellplattendeckung	80 / 50
Stroh, Reet	60 / 40

Für eine Lattenbemessung sind einerseits die Dachneigung und damit die Verdrehung des Lattenquerschnittes, der Lattenabstand, das Eigengewicht der Deckung sowie die Schnee- und Winddruckbeanspruchung und andererseits die Sicherheit der Handwerker am Dach zu berücksichtigen – es kann angenommen werden, dass eine Person mit 100 kg breitbeinig auf einer Dachlatte stehen kann und damit ist auch eine mittige Einzelkraft von 50 kg in Feldmitte als Einzellastfall zu bemessen.

Wenn bei Plattendeckung der Lattenabstand ≤40 cm ist und der Sparrenachsabstand nicht über 1,0 m beträgt, ist damit die Bedingung der Durchsturzsicherheit der Dachfläche für Dacharbeiter nach ÖNORM B 3417 [44] auch ohne darunter liegender Schalung erfüllt.

Konterlattung

080|2|1|2|2

Die Konterlattung dient der Schaffung des erforderlichen Belüftungsquerschnittes unterhalb der Dachdeckung und ermöglicht den freien Wasserablauf auf dem Unterdach. Die erforderliche Höhe der Konterlattung ergibt sich aus dieser Anforderung nach ÖNORM B 4119 [51] (siehe Tabelle 080|1-02) mit Werten von 45 mm bis zu 95 mm in Abhängigkeit von der Dachneigung, der Sparrenlänge und der Schneelast. Die Konterlattenbreite hat mindestens 45 mm zu betragen und ist unterhalb von Dachlattungsstößen auf mindestens 75 mm zu erhöhen.

Nachdem die Konterlattung üblicherweise auf der Dichtungsbahn des Unterdaches aufliegt, entsteht durch deren Befestigung eine Perforation der

Unterdachbahn. Durch geeignete Dichtungen, Dichtstreifen oder Dichtmassen ist sicherzustellen, dass keine Wasserhinterwanderung unter die Konterlattung entsteht. Die Breite von Dichtungsbändern (z. B. Nageldichtbänder) sollte jener der Konterlatten entsprechen, mindestens jedoch 50 mm betragen.

Gemäß ÖNORM B 4119 [51] müssen Dichtungsbänder bzw. Dichtmittel, die nicht mit der Unterdeckbahn verklebt werden, eventuell vorhandene Unebenheiten der Grenzflächen unter Einhaltung der erforderlichen Pressung ausgleichen und aus einem hydrophoben Material bestehen. Die Pressung der Dichtmittel ist dabei durch die Auswahl der Konterlattenbefestigung sicherzustellen und es ist auch auf die dauerhafte Verträglichkeit des Materials der Dichtungsbänder bzw. Dichtmittel mit der Unterdeckbahn zu achten.

Bei nur regensicheren Unterdächern kann auf die Anbringung von Nageldichtungen verzichtet werden, wenn die Dachneigung größer 35° ist, die Verwendung von Polymerbitumenbahnen mit mindestens E-KV-20 (2,0 mm) erfolgt und ein positiver Nachweis der Nageldichtheit nach ÖNORM B 3647 [49] vorliegt.

Schalung

080|2|1|2|3

Manche Deckungsmaterialien wie z. B. Bitumendachschindeln und auch nicht tragende Metalldeckungen in Bahnen benötigen anstatt einer Lattung eine vollflächige Schalung über der Konterlattung.

Für Holzschalungen nach ÖNORM B 2215 [42] ist eine Mindestdicke von 24 mm einzuhalten, für Massivholzplatten nach ÖNORM EN 13986 [72] eine von mindestens 22 mm. Bei Blechdeckung ist ein Mindestspalt von 5 mm zwischen den Brettern einzuhalten.

Eine Verwendung von Holzwerkstoffplatten wie Spanplatten oder OSB-Platten für die Schalung unterhalb der Dachdeckung ist zwar zumeist zulässig, aber wegen dem Aufquellen bei Feuchtigkeitsanreicherung und vor allem wegen der dann abnehmenden Nagelauszugsfestigkeit nicht unproblematisch. OSB-Platten sollten mindestens die Qualität OSB/3 aufweisen und es ist bei diffusionsoffenen Unterdeckbahnen zu berücksichtigen, dass die diffusionsäquivalente Luftschichtdicke der OSB-Platten den Gesamtsperrwert maßgeblich beeinflussen bzw. das gewünschte Ergebnis sogar konterkarieren kann.

Abdichtungen, Unterdach, Unterspannbahn

080|2|1|3

Bei nicht genutzten Dachräumen gewährleistet eine gute Durchlüftung das Abtrocknen von durch Kondensat eingetragenen Tauwassermengen an der Dachhautunterseite, eingetragenem Flugschnee oder aus geringen Undichtigkeiten. Will man jedoch eine höhere Sicherheit gegen diese Nässeeinträge haben (bei fehlender Kontrollmöglichkeit oder sensibler Deckenkonstruktion) oder auch den Zutritt von Staub und Ruß verhindern, müssen unter den Dachlatten bzw. den Konterlatten eine Unterspannbahn aus reißfester Kunststofffolie oder ein Unterdach (z. B. Schalung, Holzwerkstoffplatten) angeordnet werden. Anzumerken ist, dass Unterspannbahnen regensicher, jedoch nicht flugschneesicher ausgeführt werden müssen, da die einzelnen Bahnen nur überlappend ausgebildet werden. Trockene

Jberlappungen bieten nur einen geringen Schutz – vor allem an Kehlen, 'raufen und Dachdurchdringungen. Eine Winddichtheit ist naturgemäß nicht jegeben.

Vird der Dachraum ausgebaut oder die Mindestdachneigung der Dächer ınterschritten, dann sind die Bestimmungen der ÖNORM B 4119 [51] :inzuhalten und Unterdächer, also verklebte Unterdeckbahnen auf Schalung ıerzustellen. Diese gelten als regen- und flugschneesicher, geringe Jndichtigkeiten – z. B. Nagellöcher – können jedoch vorkommen. Bei geringerer)achneigung wird eine erhöhte Regensicherheit notwendig. Durchgehend /erklebte Unterdeckbahnen mit Sicherung der Nagellöcher durch eingelegte Nageldichtbänder lassen eine weitestgehend dichte Unterdachebene entstehen.

Tabelle 080|2-03: Unterdächer mit erhöhter Regensicherheit – ÖNORM B 4119 [51]

Dachhaut	Schneelast[a] s_k <3,25 kN/m²	Schneelast[a] s_k ≥3,25 kN/m² (schneereiches Gebiet)	
Dacheindeckungen gemäß ÖNORM B 7219	Bei Dachneigung <15°	Bei Dachneigung <25°	Verschneidungsbereiche, unabhängig von der Dachneigung: 1 m seitlich von Ichsen bzw. um Einbauten und Durchführungen >0,25 m²
Eindeckungen mit vorgeformten Metallelementen	Bei Dachneigung <12°		
Doppelstehfalz-Dächer und Eindeckungen mit Profilblechen über ausgebautem Dachgeschoß bzw. über leichten Decken	Bei Dachneigung <12°	Bei Dachneigung <20°	
Belüftete Dächer mit Dachabdichtungen	Bei Dachneigung <10°		

[a] Schneelast s_k ist die charakteristische Schneelast auf dem Boden gemäß ÖNORM B 1991-1-3

Abbildung 080|2-01: Ausbildung von Unterdächern

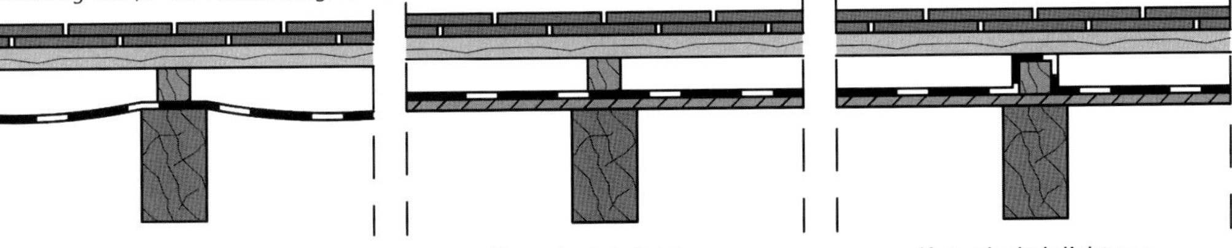

Unterspannbahn

Unterdachabdichtung unter Konterlattung

Unterdachabdichtung über Konterlattung

Der Begriff „wasserdichtes Unterdach" ist in der Unterdachnorm nicht enthalten, wohl aber in deutschen Technischen Merkblättern [34]. Der wesentliche Unterschied zum erhöht regendichten Unterdach ist die Führung der Unterdeckbahn über die Konterlatte und damit einer tatsächlich lochfreien wasserführenden Unterdachebene. In Österreich entspricht diesem das Unterdach mit erhöhter Regensicherheit weitgehend.

Industriedächer (Stahlkonstruktionen) sind in der Regel als einschalige Dächer hergestellt, z. B. Paneeldächer oder Kombipaneele, die Unterdachnorm gilt somit nicht – Undichtigkeiten führen aber damit auch gleich zu Nässeeintritten.

Unterdach

080|2|1|3|1

Unterdächer bilden eine zweite Schutzebene über Dachausbauten. Dazu müssen sie folgende Forderungen erfüllen:

- Regensicherheit und fachgerechte Wasserableitung an Traufe und angrenzenden Bauteilen
- Dichtheit gegen Eintrieb von Flugschnee durch das Unterdach
- Winddichtheit (Schutz der Durchströmung der Wärmedämmung)
- ausreichende Durchtrittfestigkeit

- Sicherung gegen Wassereintritte über die Dachkonstruktion während des Baues
- Diffusionsfähigkeit bei Anordnung des Unterdaches über Vollsparrendämmungen
- Widerstand gegen rückstauendes Wasser bei Forderung nach erhöhter Regensicherheit

Unterdeckbahnen sind immer zu überlappen und zu verkleben oder zu verschweißen. Sie benötigen eine stabile Unterlage (z. B. Schalung) und eine gesicherte Ableitung eingetretener Wässer über eine Tropfnase – zumeist unterhalb der Dachrinne. Eine Entwässerung oberhalb der Rinne ist zwar bei steilen Dächern über 25° ebenfalls möglich, jedoch nicht empfehlenswert, da bei Schneelage in der Dachrinne die Hinterlüftungsfunktion der Unterdachebene behindert wird.

Wichtig ist, die An- und Abschlüsse ebenfalls regensicher anzuschließen, weshalb sie mindestens 2 cm über die Oberkante der Konterlattung hochzuziehen und dicht am Untergrund zu verkleben sind. Der Untergrund ist wie bei dem Anschluss von Dampfsperren entsprechend vorzubereiten. Oberhalb der Durchdringung sollte zusätzlich eine Rinne aus der Unterdeckbahn ausgebildet werden. Regensicher angeschlossene Unterdächer sind auch winddicht. In schneereicher bzw. exponierter Lage sind Unterdächer immer zu empfehlen. Ein weiterer Vorteil ist die Funktion einer Vordeckung während der Bauzeit. Hier ist darauf zu achten, dass die Unterdeckbahn nicht länger als vom Hersteller empfohlen (2 bis 6 Monate, je nach Material) der Freibewitterung ausgesetzt ist (Vorgabe der ÖNORM max. 2 Monate).

Das Material der Unterdeckbahnen entscheidet über die diffusionsäquivalente Luftschichtdicke s_d, wobei folgende Richtwerte angenommen werden können:

- $s_d \leq 0{,}3$ m: E-do, DU do-s, DU do-k
- $s_d \sim 60$ m: E-GV-10
- $s_d > 100$ m: E-KV-15, E-KV-20, E-3 sk, E-KV-4, DU-s

Unterdächer mit erhöhter Regensicherheit sind auf Schalung oder Holzwerkstoffplatten auszuführen. Längs- und Quernähte der Unterdeckbahnen sind dabei geschweißt auszuführen, wobei die Schweißnahtbreite bei Polymerbitumenbahnen mindestens 8 cm und bei Kunststoffbahnen mindestens 4 cm betragen muss. Die Befestigung der Unterdeckbahnen erfolgt ausschließlich verdeckt. Bei Kunststoffbahnen sind unter den Konterlatten Nageldichtungen vorzusehen, ihre Verwendung ist aber generell zu empfehlen. Dichtbänder und Dichtmittel sind grundsätzlich durchgehend anzuordnen. Einzelnageldichtungen sind nur zulässig, wenn die Durchnagelung der Konterlatten mit den Lattungs- und Schalungsnägeln mit Sicherheit ausgeschlossen werden kann.

Unterdeckbahnen sind bei ausreichender Schlagregendichtigkeit (stehende Wassersäule von 1,5 m) bzw. Wasserdichtheit entweder diffusionsoffen (in DIN 4108-3 [37] diffusionsoffen s_d max. 0,5 m) mit $s_d \leq 0{,}3$ m oder diffusionshemmend mit $s_d \geq 20$ m. Bei den diffusionsoffenen Unterdeckbahnen gehen neue Entwicklungen zu aktiv Feuchte abtransportierenden Funktionsmembranen aus Kunststoffen, eine Übereinstimmung mit den Normanforderungen ist jedoch nicht immer gegeben. Zu beachten ist jedenfalls, dass bei dichten Unterdeckungen Rücktrocknungsvorgänge von Feuchtigkeit in der Wärmedämmung oder den Holzbauteilen nur ins Rauminnere stattfinden können.

Nageldichtbänder

Sind in der Regel selbstklebende Bitumen- oder Kunststoffbänder mit 50 bis 80 mm Breite und 2 bis 3 mm Dicke, die zwischen Konterlatten auf die Unterdeckung verlegt werden. Dadurch wird das Eindringen von Nässe durch Nagel- oder Schraublöcher verhindert.

Unterdeckplatten

Am Markt befindliche Unterdeckplatten sind mit Falzen zu montieren und bieten in der Dachfläche nach Abdichtung der Stöße vergleichbaren Schutz wie Unterdeckbahnen. Zusätzlich wird eine vorhandene Wärmedämmwirkung ins Rennen geführt. Die Platten sind in der ÖNORM B 4119 [51] nur sehr global beschrieben. Als problematisch wird die Abklebung bei allen Anschlüssen mit Dichtbändern auch in der Entwässerungsfläche gesehen, da die Dauerhaftigkeit der Dichtbandverklebung bei den ungünstigen Unterdachbedingungen in Frage zu stellen ist.

Unterspannbahn 080|2|1|3|2

Unterspannbahnen sind flächige, Wasser ableitende und regensichere, frei zwischen den Sparren gespannte Membrane, die unter die Dachdeckung gedrungenes Wasser abführen können. Die Bahnen müssen deshalb zumindest 15 cm überlappen. Unterspannbahnen bestehen aus mehrlagigen Spinnvliesen aus Hochdruck-Polyethylen (HD-PE) oder Polypropylen (PP) mit Beschichtung und sind diffusionsoffen. Einfache Unterspannbahnen aus gitterverstärkten Polyesterfolien werden hinsichtlich der erreichbaren Lebensdauer als kritisch gesehen. Sie dürfen über ausgebauten Dachräumen nicht eingebaut werden – durch den Durchhang ist einerseits keine langzeitig gesicherte Hinterlüftung gegeben und andererseits sind dichte Anschlüsse mit ordnungsgemäßer Wasserableitung nur schwer dauerhaft herzustellen. Schon die gesicherte Wasserausleitung an der Traufe ist bei flacherer Dachneigung praktisch unmöglich. Eine Verbesserung würde eine Sparschalung erfordern, wobei dann der Übergang zum regensicheren Unterdach schon weitgehend gegangen ist.

Wärmedämmung 080|2|1|4

Sämtliche an Dachräume oder direkt an die Dachhaut anschließenden beheizten Räume müssen mit einer Mindestwärmedämmung mit höchstzulässigen Wärmedurchgangskoeffizienten (U-Werten) von 0,20 bis 0,35 W/m²K versehen werden. Die Dimensionierung der Wärmedämmung hat den Mindestanforderungen laut ÖNORM B 8110-1 [54] bzw. der OIB-RL6 [32] zu entsprechen. Neben der richtigen Dimensionierung der Wärmedämmung ist bei der Ausführung darauf zu achten, dass keine Wärmebrücken entstehen, die außer zu Wärmeverlusten zu eventuellen Schäden durch Kondenswasser, Vereisung und Rückstauwasser führen können.

Tabelle 080|2-04: Wärmedämmungen ÖNORM B 6000 [52]

Kurzbez.	Produktbenennung	Bezugsnorm
EPS	Expandierter Polystyrol-Hartschaum	ÖNORM EN 13163 [64]
XPS	Extrudierter Polystyrol-Hartschaum	ÖNORM EN 13164 [65]
PU	Polyurethan-Hartschaum	ÖNORM EN 13165 [66]
MW	Gebundene Mineralwolle	ÖNORM EN 13162 [63]
WW	Gebundene Holzwolle	ÖNORM EN 13168 [68]
WF	Holzfasern	ÖNORM EN 13171 [70]
ICB	Expandierter Kork	ÖNORM EN 13170 [69]
CG	Schaumglas	ÖNORM EN 13167 [67]

Hinsichtlich der Lage der Wärmedämmung in der Dachfläche, die auch die Materialwahl beeinflusst, wird diese in Kapitel 080|4 mit Voll- und Aufsparrendämmung sowie entsprechenden Hinterlüftungsebenen im Detail erläutert. Dämmstoffe sind aber auch bei nicht beheizten Dächern (ungedämmten Dachflächen) über der obersten Geschoßdecke erforderlich.

Abbildung 080|2-02: Anwendungsgebiete von Dämmstoffen bei Steildächern – ÖNORM B 6000 [52]

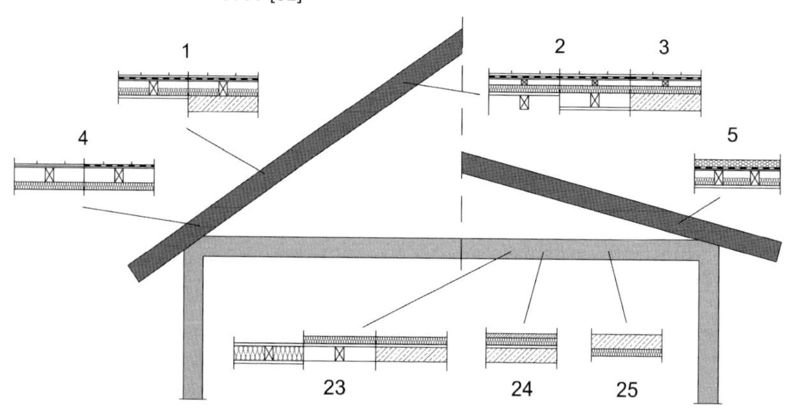

Tabelle 080|2-05: Prinzipielle Anwendungsgebiete von Dämmstoffen bei Steildächern – ÖNORM B 6000 [52]

Spalte	Anwendungsgebiet	Aufbau
10a	Kaltdach, Dachausbau	1 bis 5
10b	oberste Geschoßdecke, begehbare oder nicht begehbare Dämmung	23
12a	unter Estrich ohne Trittschallanforderung	24
12b	unter Estrich mit Trittschallanforderung	24
13	Deckenunterseite, zur Schallabsorption	25

Detailliertere Beschreibungen zu den einzelnen Dämmstoffen sind in Band 9: Flachdach [8] und die bauphysikalischen Kenngrößen in Band 1: Bauphysik [10] enthalten.

Gebundene Mineralwolle (MW)

080|2|1|4|1

Mineralwollstoffe werden aus Mineralschmelzen künstlicher Zusammensetzung, aus Basaltschmelzen oder Hochofenschlacken gewonnen. Unterschieden werden Dämmfilze (Bahnen), Wärmeschutzmatten (Bahnen) und Wärmedämmplatten. Sie weisen hinsichtlich Temperaturbeständigkeit, Brennbarkeit, Diffusionsoffenheit und Verarbeitung sehr gute Eigenschaften auf. Mineralfasern haben keine hohen Druckfestigkeiten.

Tabelle 080|2-06: Gebundene Mineralwolle (MW) im Steildachbereich – ÖNORM B 6000 [52]

Produktart	Bezeichnung	10a	10b	12a	12b	13
MW-WL	nicht druckbelastbar (leichter als MW-W)	×	-	-	-	-
MW-W	nicht druckbelastbar	×	-	-	-	×
MW-WF	nicht druckbelastbar (fester als MW-W)	×	-	-	-	×
MW-WV	beanspruchbar auf Zug senkrecht zur Plattenebene, für Vorsatzschalen	×	-	-	-	×
MW-WD	beanspruchbar auf Zug senkrecht zur Plattenebene, druckbelastbar	×	×	×	-	×
MW-T	belastbar, für Trittschalldämmung	×	×	-	×	×
MW-PT5	Putzträgerplatte Zugfestigkeit ≥5 kPa	×	×	-	-	×
MW-PT10	Zugfestigkeit ≥10 kPa	×	×	×	-	×
MW-PT80	Zugfestigkeit ≥80 kPa	×	×	×	-	×

xpandierter Polystyrol-Hartschaum (EPS) 080|2|1|4|2

S-Hartschaum ist auf die Dauer empfindlich gegen UV-Strahlung und muss eshalb vor direkter Sonneneinstrahlung geschützt werden. Polystyrol-lartschäume sind nicht lösungsmittelbeständig, deshalb ist eine Verklebung ur mit Kaltklebern ohne Lösungsmittel möglich. Es muss auch darauf ingewiesen werden, dass andere lösungsmittelhaltige Stoffe wie lolzschutzmittel, Spachtelmassen oder Haftbrücken den Dämmstoff bei ontakt schädigen können und hier auf eine entsprechende Kaschierung oder rennlage zu achten ist.

abelle 080|2-07: Expandierter Polystyrol-Hartschaum (EPS) im Steildachbereich – ÖNORM B 6000 [52]

roduktart	Bezeichnung	10a	10b	12a	12b	13
PS-W 15	Druckfestigkeit ≥60 kPa	×	×	-	-	-
PS-W 20	Druckfestigkeit ≥100 kPa	×	×	×	-	-
PS-W 25	Druckfestigkeit ≥120 kPa	×	×	×	-	-
PS-W 30	Druckfestigkeit ≥150 kPa	×	×	×	-	-
PS-F	für Fassaden – Rohdichte 15 bis 18 kg/m³	-	-	-	-	-
PS-T 650	elastifizierter EPS Gesamtbelastung bis 6,5 kPa	×	×	-	×	-
PS-T 1000	Gesamtbelastung bis 10 kPa	×	×	-	×	-
PS-P	Druckfestigkeit ≥200 kPa	×	×	×	-	-

xtrudierter Polystyrol-Hartschaum (XPS) 080|2|1|4|3

n Gegensatz zum Partikelschaum, dessen Oberfläche und Schnittfläche usammengeklebte Schaumstoffkugeln erkennen lassen, sind beim Extruder-chaum eine geschlossene Zellstruktur und nahezu glatte Oberfläche kenn-eichnend. Durch diese Dämmstoffstruktur nimmt der Extruderschaum XPS uch langfristig nur geringfügig Wasser auf und besitzt eine hohe)ruckfestigkeit.

abelle 080|2-08: Extrudierter Polystyrol-Hartschaum (XPS) im Steildachbereich – ÖNORM B 6000 [52]

roduktart	Bezeichnung		10a	10b	12a	12b	13
PS-G 20	Glatte Oberfläche,	Druckfestigkeit ≥200 kPa	-	×	×	-	-
PS-G 30		Druckfestigkeit ≥300 kPa	×	×	×	-	-
PS-G 50		Druckfestigkeit ≥500 kPa	-	×	×	-	-
PS-G 70		Druckfestigkeit ≥700 kPa	-	×	×	-	-
PS-R	Raue Oberfläche, druckbelastbar		-	-	×	-	-

olyurethan-Hartschaum (PU) 080|2|1|4|4

UR-Hartschaum ist temperaturbeständig von -50° C bis + 100° C. Er verträgt ei der Verlegung kurzzeitig Temperaturen bis +250° C, insbesondere bei eidseitiger Kaschierung. Polyurethan-Schaum besteht aus einer Vielzahl eschlossener Zellen und nimmt daher wenig Wasser auf und besitzt eine hohe hemische Beständigkeit.

abelle 080|2-09: Polyurethan-Hartschaum (PU) im Steildachbereich – ÖNORM B 6000 [52]

Produktart	Bezeichnung		10a	10b	12a	12b	13
PU-DD 100	gasdiffusionsdichte Deckschicht,	Druckfestigkeit ≥100 kPa	×	×	×	-	-
PU-DD 150		Druckfestigkeit ≥150 kPa	×	×	×	-	-
PU-DD 200		Druckfestigkeit ≥200 kPa	×	-	×	-	-
PU-DD 250		Druckfestigkeit ≥250 kPa	-	-	×	-	-
PU-DD 350		Druckfestigkeit ≥350 kPa	-	-	×	-	-
PU-DO 100	gasdiffusionsoffene Deckschicht,	Druckfestigkeit ≥100 kPa	×	×	×	-	-
PU-DO 150		Druckfestigkeit ≥150 kPa	×	×	×	-	-
PU-DO 200		Druckfestigkeit ≥200 kPa	×	-	×	-	-
PU-DO 250		Druckfestigkeit ≥250 kPa	-	-	×	-	-
PU-DO 350		Druckfestigkeit ≥350 kPa	-	-	×	-	-
PU-PT	Putzträgerplatte für Außenwand-Wärmedamm-Verbundsysteme		×	×	×	-	-

Gebundene Holzwolle (WW), Holzfasern (WF)

080|2|1|4|5

Holzwolleplatten (WW-Platten) bestehen aus zement- oder magnesitgebundenen Holzspänen und werden aus zerfaserten Holzabfällen durch Pressung unter Dampfeinwirkung hergestellt. Je nach gewünschter Festigkeit können die Fasern durch den Eigenharzgehalt ohne fremde Bindemittel verfestigt werden.

Tabelle 080|2-10: Gebundene Holzwolle (WW) im Steildachbereich – ÖNORM B 6000 [52]

Produktart	Bezeichnung	10a	10b	12a	12b	13
WW	Holzwolle Dämmplatte, magnesit- oder zementgebunden	×	×	×	-	×
WWH 150	Mantelbauplatte mit Druckfestigkeit ≥150 kPa	×	×	×	-	×
WWH 200	Mantelbauplatte mit Druckfestigkeit ≥200 kPa	×	×	×	-	×
WWD	Mantelbauplatte mit sehr hoher Biegezug- und Druckfestigkeit	×	×	×	-	-
WWPT	Putzträgerplatte für Außenwand-Wärmedämm-Verbundsysteme	×	×	×	-	×
WW-MW	Mineralwolle	×	-	×	-	×
WW-EPS	Expandierter Polystyrol-Partikelschaumstoff	×	-	×	-	×
WW-EPS-WW	Holzwolle-Dreischicht-Dämmplatte mit expandiertem PS	×	-	×	-	×
WWH-EPS-WWH 50		×	×	×	-	×
WW-MW-WW	Holzwolle-Dreischicht-Dämmplatte mit Mineralwolle	×	-	×	-	×
WWH-MW-WWH 30		×	×	×	-	×
WWH-MW-WWH 50		×	×	×	-	×
WWH-MW-WWH 100		×	×	×	-	×
WWH-DK-WWH 50	Holzwolle-Dreischicht-Dämmplatte mit Dämmkork	×	×	×	-	×
WWH-PU-WWH 50	Holzwolle-Dreischicht-Dämmplatte mit Polyurethan-Hartschaumstoff	×	×	×	-	×

Tabelle 080|2-11: Holzfasern (WF) im Steildachbereich – ÖNORM B 6000 [52]

Produktart	Bezeichnung	10a	10b	12a	12b	13
WF-W	Holzfaser-Dämmstoff, nicht druckbelastbar	×	-	-	-	×
WF-WF	Holzfaser-Dämmstoff, mit begrenzter Wasseraufnahme	×	×	-	-	×
WF-WV	Holzfaser-Dämmstoff, für wärmegedämmte Vorsatzschalen	×	-	-	-	×
WF-WD	Holzfaser-Dämmstoff, druckbelastbar	×	×	×	-	×
WF-T	Holzfaser-Dämmstoff, für Trittschalldämmung	×	×	-	×	×
WF-PT5	Holzfaser-Dämmstoff, druck- und zugbelastbar, Zugfestigkeit ≥5 kPa	×	×	×	-	×
WF-PT10	Holzfaser-Dämmstoff, druck- und zugbelastbar, Zugfestigkeit ≥10 kPa	×	×	×	-	×

Expandierter Kork (ICB)

080|2|1|4|6

Kork ist leichter als Wasser, fault nicht, lässt sich gut bearbeiten, leitet Wärme und Elektrizität schlecht und ist damit einer der besten natürlichen Dämmstoffe. Das Expandieren des Korkschrotes erhöhte den Dämmwert beträchtlich und ist heute Grundlage für die Dämmplattenherstellung.

Tabelle 080|2-12: Expandierender Kork (ICB) im Steildachbereich – ÖNORM B 6000 [52]

Produktart	Bezeichnung	10a	10b	12a	12b	13
DK-E	Dämmplatte für Wärme- und Schallschutz	×	×	×	-	×

Schaumglas (CG)

080|2|1|4|7

Schaumglas entsteht durch das Aufschäumen von geschmolzenem Rohglas und eignet sich wegen seiner starren Zellstruktur als sehr druckfester Wärmedämmstoff. Er ist nicht wasserdurchlässig oder feuchtigkeitsempfindlich und widersteht den meisten Chemikalien. Für die Verarbeitung ist ein besonders stabiler Untergrund erforderlich.

Tabelle 080|2-13: Schaumglas (CG) im Steildachbereich – ÖNORM B 6000 [52]

Produktart	Bezeichnung	10a	10b	12a	12b	13
CG-D	druckbelastbar	-	×	×	-	-
CG-HD	höher druckbelastbar	-	×	×	-	-
CG-F	höchst druckbelastbar	-	×	×	-	-

onderdämmungen

080|2|1|4|8

ls Sonderdämmungen werden alle Dämmstoffe gesehen, die nicht in ÖNORM 6000 [52] erfasst sind. Teilweise besitzen sie ein anderes Grundmaterial wie B. biogene Dämmungen aus Schafwolle oder Zellulose oder unterscheiden ch von der Art der Einbringung in den Sparrenzwischenraum – hier sollen die nblasdämmungen genannt werden. Bei diesen ist darauf zu achten, dass die ngrenzenden Schichten auch den Druck während des Einbringvorganges ufnehmen können. Grundsätzlich gilt für alle diese Dämmungen im Dach asselbe wie für die in der ÖNORM erfassten Dämmungen. Sie müssen ckenfrei eingebracht und ein Nachsacken muss verhindert werden. Unbedingt ermieden werden muss auch jede Durchfeuchtung dieser Dämmungen, da erade biogene Stoffe sehr sensibel hinsichtlich Schimmelbildung reagieren.

ragkonstruktion

080|2|1|5

agkonstruktionen für das Dach – also die Haupttragstrukturen – müssen usreichend steif und stabil hergestellt werden. Die ÖNORM B 1990-1 [38] gibt azu Grenzwerte für die zulässige Verformung jedes Geschoßes an – und zwar it $H_i/300$ für Wohn- und Bürobauten und H/150 für eingeschoßige ndustriebauten. Diese Verformungsgrenzen gelten ohne Unterschied des laterials der Tragstruktur und sind als Langzeitwerte zu verstehen.

urzzeitdurchbiegung:

$w_1+w_3-w_c \leq L/200$ Dächer zur Instandhaltung begehbar

$w_1+w_3-w_c \leq L/300$ Dächer begehbar, Decken

angzeitdurchbiegung:

$w_{max} \leq L/250$

orizontale Verschiebungen:

$u \leq H/300$ bzw. $u_i \leq H_i/300$

(080|2-01)

bbildung 080|2-03: Durchbiegung, horizontale Verschiebung – ÖNORM EN 1990 [76]

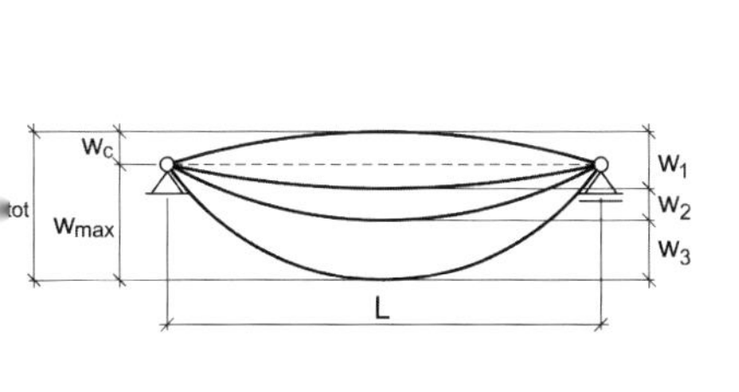

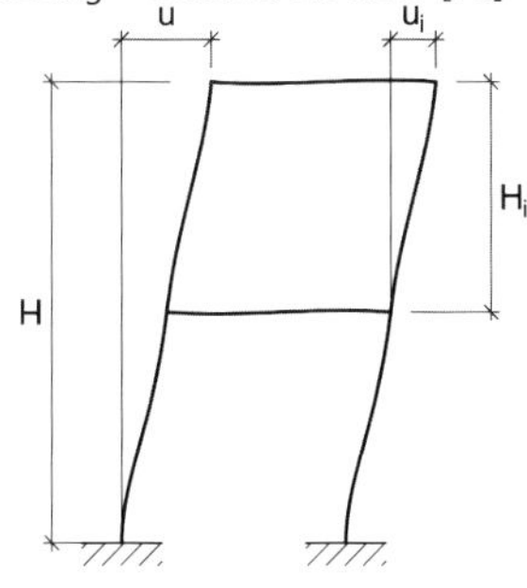

w_1	Durchbiegungsanteil aus ständiger Einwirkung	m
w_2	Durchbiegungszuwachs aus der Langzeitwirkung	m
w_3	Durchbiegungsanteil aus veränderlicher Einwirkung	m
w_c	spannungslose Werkstattform mit Überhöhung	m
w_{tot}	gesamte Durchbiegung = $w_1+w_2+w_3$	m
w_{max}	verbleibende Durchbiegung nach Überhöhung = $w_1+w_2+w_3-w_c$	m
L	Stützweite	m
u	seitliche Gesamtverschiebung	m
u_i	seitliche Stockwerksverschiebung	m
H	Gebäudehöhe	m
H_i	Geschoßhöhe	m

Dazu kommt noch die Verformung von einzelnen Tragelementen wie z. B. von Sparren oder Pfetten, die die Dachfläche in sich durchbiegen lassen. Hier ist für Dächer, die nur zu Instandhaltungszwecken begangen werden, L/200 einzuhalten, bei Deckenflächen in ausgebauten Dächern wären jedoch der Normbestimmung sinngemäß Grenzen von L/300 einzuhalten.

Die Durchbiegung von Lattung und Schalung ist nicht konkret beschrieben, es kann aber davon ausgegangen werden, dass hier die Verformungsgrenze mit L/200 anzusetzen ist. Ergänzend ist bei Holzkonstruktionen dem Aspekt der Schwingungsanfälligkeit entsprechend Augenmerk zu schenken.

Dampfbremsen, Dampfsperren

080|2|1|6

Wärmegedämmte Dächer sind großflächige Bauteile, die beheizte oder klimatisierte Innenräume gegenüber der Außenatmosphäre abgrenzen. Auch bei hinterlüfteten Dachdeckungen ist eine Dampfbrems- oder Dampfsperrschicht bedeutsam für das langfristige Funktionieren von Dächern. Sie ist unter der Wärmedämmung (an der „warmen Seite" der Dämmung) angeordnet und soll verhindern, dass durch Diffusion sowie Konvektion unzulässig viel Wasserdampf aus dem Gebäudeinneren in die Dämmschicht eindringt und dort als Tauwasser ausfällt. Somit bildet diese Sperrebene auch die Luftdichtheitsschicht der Dachhülle.

Feuchtigkeit im Dachaufbau ist häufig nicht zu vermeiden und solange unschädlich, solange der Wärmeschutz (Dämmwirkung der Wärmedämmung) und die Standsicherheit der Bauteile – sehr sensibel bei Holztragelementen – erhalten bleiben. Die Möglichkeit des Abtrocknens solcher Feuchtigkeit ist aus heutiger Sicht jedoch unabdingbar. Ein Abtrocknen nach außen wird durch diffusionsoffene Unterdeckungen und eine gute Hinterlüftungsfunktion möglich, ein ebenfalls wünschenswertes Abtrocknen ins Rauminnere (sommerliche Umkehrdiffusion) jedoch meist durch innere Sperrschichten behindert. Deshalb werden Dampfsperren mit hohem Dampfsperrwert unter Holzkonstruktionen kritisch gesehen. Durch Untersuchungen an Aufbauten mit handwerklich gut hergestellten Dampfsperren mit s_d-Werten von 100 m zeigte sich zudem, dass die baupraktisch erreichbaren Sperrwerte in der Regel nur um die 3 m liegen, das heißt, das erwartete Ziel weit verfehlt wird. [14] Somit ist es heute sinnvoller „Dampfbremsen" – Sperrschichten mit niedrigem Dampfsperrwert – einzusetzen. Es sind heute kapillaraktive und feuchtevariable Dampfbremsen (diese hauptsächlich aus Polyamidvliesen) am Markt, die eine Feuchtigkeitssperrwirkung in Bereichen zwischen 0,2 und 20 m anbieten.

Als Konstruktionsregel gilt auch bei durchlüfteten Steildächern, dass auf der Rauminnenseite eine Dampfbremse mit einem höheren Diffusionswiderstand als jener der darüber liegenden Schichten anzubringen ist. Bei hinterlüfteten Dächern sind Dampfbremsen mit einem s_d-Wert von unter 10 m heute durchaus üblich, in der Literatur wird, bei entsprechender Abstimmung mit der Diffusionsoffenheit der Unterdeckbahn (s_d = 0,2 m), ein Funktionieren von Dächern mit Dampfbremsen s_d = 2 m beschrieben. Solche Dächer verhindern Feuchtigkeitstransportvorgänge zwar nicht vollständig, ermöglichen aber ausreichende Austrocknungsprozesse. Sie können selbst bei den jahreszeitlich unterschiedlichen Feuchtebelastungen ein Trockenbleiben der Konstruktion und der Dämmung gewährleisten.

bbildung 080|2-04: Resultierende Tauwassermenge in Abhängigkeit der s_d-Werte von Unterdach und Innenbekleidung (Dampfbremse) [14]

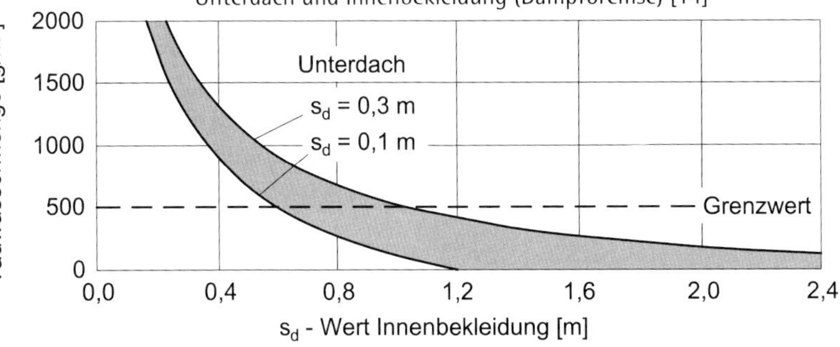

ie Dichtigkeit der inneren Luftsperrschicht ist wichtig, da über Störstellen roße Mengen an Feuchtigkeit sehr konzentriert eingetragen werden können. eshalb ist die ordnungsgemäße Verarbeitung und Verklebung besonders zu eachten. An sich sollten auch für Dampfbremsen nur geprüfte Systeme aus olien und Klebemitteln eingebaut werden. Gerade bei Klebebändern ist eine esicherte Klebewirkung nur dann zu erwarten, wenn ein entsprechender npressdruck aufgebaut werden kann und eine mechanische Sicherung der lebestellen gegeben ist. Klebebänder sollten auch ausreichend breit mindestens 75 mm) sein. Für Dampfsperren wird heute eine funktionale ebensdauer (somit auch der Klebestellen) von 50 Jahren als erreichbar gesehen.

SB-Platten mit abgeklebten Stößen werden auch oftmals als Dampfbremsen ingesetzt. Bei μ = 200 ergibt sich ein s_d-Wert von 3 bis 5 m. Wichtig ist eine Jnterscheidung zu MDF-Platten, die nur einen Diffusionswiderstand von 5 % ler OSB-Platten haben und damit nicht geeignet als Dampfbremsen sind.

erkleidungen

080|2|1|7

ie innerste Schicht des Dachaufbaues besteht heute in der Regel aus ipsbauplatten auf einer Unterkonstruktion, je nach Feuerschutzanforderung in- oder zweilagig beplankt. Natürlich gibt es auch Ausführungsvarianten mit olzvertäfelung (keine Brandschutzfunktion) oder mit Putzträgerplatte und nnenputz z. B. aus Kalkputz oder Lehmputz – eine schwerere, doch für das Vohnraumklima vorteilhafte Variante.

ntscheidend ist die Lage der meist unter der Verkleidung befindlichen lektroinstallationsebene. Idealerweise liegt diese raumseitiger als die ampfsperrebene, wodurch man ein oftmaliges Durchdringen der Sperrebene ei allen Auslässen vermeidet.

Mit den heute am Markt befindlichen Gipskarton- oder Gipsfaserplatten rmöglichen 2x15 mm Plattenstärke einen Feuerwiderstand von bis zu 60 Minuten, wobei der Abstand der Traglattung mit 400 mm zu wählen ist. Wenn lann eine Dämmung hinter der Gipsschale situiert ist, dann muss diese die randtechnische Qualität A2-s1, d0 aufweisen. Diese Dämmung wird oft auch ur Überdämmung der Sparren herangezogen, wobei dann auf einen auphysikalisch korrekten Dachaufbau zu achten ist – der Wärmedurchgangskoeffizient der Innendämmung (Lage innerhalb der Dampfbremse) sollte hne genauere Untersuchung nicht mehr als 20 % des Wertes der Gesamtdämmung betragen.

Stroh, Schilf, Reet

Schilfrohr (Reet) wächst an flachen Ufern von langsam fließenden oder stehenden Gewässern. Es wird bis zu 4 m hoch und rund 3 cm dick. Stroh fällt bei der Getreideernte an. Allerdings kann nur händisch (Sense oder Sichel) geerntetes Stroh verwendet werden, da maschinell geerntetes Stroh zerkleinert wird. Für Dachflächen können Schilfrohr, Rohrkolbenschilf und Roggenstroh verwendet werden. Schilf- und Strohdächer sind atmungsaktiv, luftfilternd, diffusionsfähig und feuchtespeichernd. Diese natürlichen Baustoffe sind jedoch gegen verschiedene Schädlinge anfällig. Tabelle 080|2-14 soll darüber einen kurzen Überblick geben und auch Bekämpfungsmöglichkeiten aufzeigen.

Beispiel 080|2-02: Strohdeckungen

Tabelle 080|2-14: Schilf- und Strohdächer – Schädlinge und Bekämpfungsmittel [13]

Schädling	Schaden	Bekämpfung
Vögel	Zerstörung des Firstes	vertreiben
Insekten, Schaben	Zerstörung der Halme	gepulverte Borsäure
Ameisen	Einnisten	frisches Insektenpulver, Anilinölwasser, Terachlorkohlenstoff
Wanzen	Einnisten	Karbol, Kresol, Blausäuregas (nur durch Schädlingsbekämpfer durchführen)
Moose	Zerstörung der Halme durch Wurzeln	reinigen

Schilfrohr wird in der kalten Jahreszeit händisch geerntet. Die Halme werden luftgetrocknet, gereinigt, zu Bunden, ca. 20 cm vom Halmende entfernt zusammengebunden und stehend oder liegend bis zur Verarbeitung im Freien gelagert. Die kleinsten Einheitsmaße sind das Bund. In Tabelle 080|2-15 sind die Kennmaße dargestellt, welche ca. 30 bis 40 cm von den Stoppelenden gemessen werden.

Tabelle 080|2-15: Schilf- und Strohdächer – Bundabmessungen [13]

Umfang [cm]	Durchmesser [cm]	Fläche [cm²]	
50	16	200	normales Bund
~85	~27	580	dickes Bund

Die Dachneigung soll mehr als 45°, besser mehr als 50°, betragen, damit der Wind die Halme nicht abheben kann. Wird eine Dachneigung von 50° eingehalten, ist das Dach flugschnee- und schlagregensicher. Regen dringt bei Sturm maximal bis zu 10 cm in die Deckung ein. Die gesamte Deckung ist bei Schilfrohr 30 bis 35 cm, bei Stroh 25 bis 30 cm dick.

abelle 080|2-16: Schilf- und Strohdächer – Mindestdachneigungen [13]

Mindestdachneigung Grad	%	Schilf- und Strohdächer
45	100	Dachfläche
50	120	als sturmsichere Deckung
35	70	Gaupenflächen

uerst wird auf der Lattung eine dünne Streulage aufgebracht. Darauf sind von er Traufe bis zum First einzelne Lagen zu decken. Das Rohr verläuft in Falllinie ausgenommen Grat, Kehle, Ortgang) mit den Stoppelenden zur Traufe. Kehlen nd Grate dürfen nicht ineinander laufen. Der Bindedraht ist üblicherweise 1,1 is 1,6 mm dick und besteht aus verzinktem, nichtrostendem oder unststoffummanteltem Stahl. Die Bandstöcke sind daumendicke Haselnuss-töcke, Weidenstöcke oder Latten 15/40 mm bzw. 5 bis 8 mm dicker Stahl oder upferdraht.

enähte Deckung

Die Bunde werden mit Bindedraht fortlaufend auf die Dachlatten genäht, wobei der Bindedraht etwa in der Mitte der Deckschicht liegt. Die Bindung erfolgt in der Mitte der Rohrlänge und muss fest an die Lattung gedrückt werden. Auf der Dachoberseite darf kein Draht sichtbar sein. Die genähte Deckung wird eher selten ausgeführt.

ebundene Deckung

Die Bunde werden mit Bandstöcken, welche mit Drahtschlaufen an der Lattung befestigt sind, gehalten. Da der Draht mit der Zange angezogen werden kann, erhält die Deckung eine gute Festigkeit. Diese Deckungsart kann auch von einer Person ausgeführt werden.

bbildung 080|2-05: Befestigung von Schilf- und Strohdächern [13]

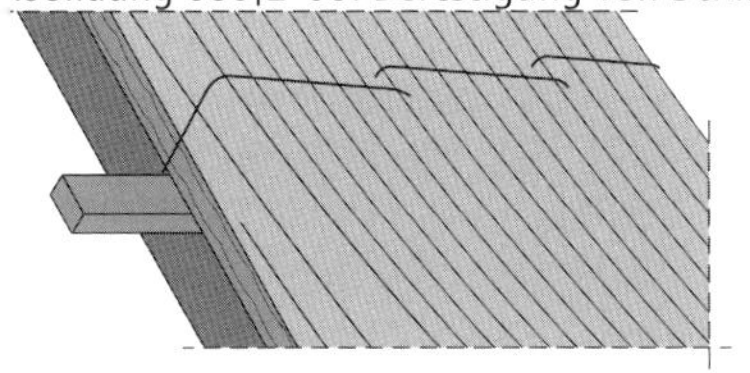

GENÄHTE DECKUNG

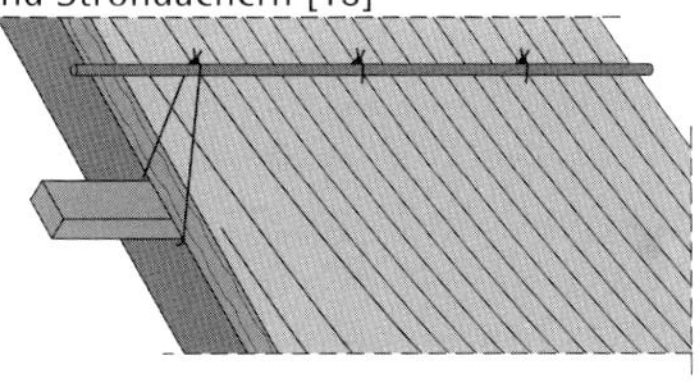

GEBUNDENE DECKUNG

ie Haltbarkeit von Stroh- und Schilfdächern wird mit 30 bis 50 Jahren ngegeben. Alle Schäden (Wetter, Schädlinge) müssen rasch ausgebessert werden (z. B.: nachnähen). Moos ist zu entfernen, damit die Deckung belüftet leibt. Wenn das Schilf oder Stroh so weit abgefault ist, dass die Bindung zum orschein kommt, ist eine Umdeckung erforderlich. Das Überdecken von dünn ewordenen Dachdeckungen ist nicht empfehlenswert. Schilf- und Strohdächer ind ohne Hilfsmittel nicht begehbar.

Naturstein, Schiefer

080|2|3

Schiefer ist aus Ton-Schlamm-Massen hervorgegangen, die sich vor ca. 400 Mio. Jahren am Meeresboden abgelagert haben. Diese Ablagerungen wurden bei der Gebirgsfaltung durch gerichteten Druck und mäßige Temperatur kristallin umgewandelt und gehoben. Von den verschiedenen Schieferarten eignet sich vor allem Tonschiefer. Dieser enthält Tonmineralien, Quarz, Glimmer und Feldspat. Er weist ein extrem straffes Parallelgefüge vernetzter Glimmerlagen auf.

Beispiel 080|2-03: Naturstein-Schieferdeckungen

Schiefer wird in Gruben unter Tage aber auch im Tagebau gewonnen. Das Gestein wird in große Blöcke geschnitten und anschließend maschinell aus dem Berg gelöst. Die Blöcke werden im Werk zugeschnitten, von Hand gespalten und auf die gewünschte Form zugerichtet. Die Spaltdicke für Schiefer aller Deckarten soll 4–6 mm, im Mittel 5 mm, betragen. Bei größeren Schiefern können auch höhere Spaltdicken vorkommen. Die Farbe des Schiefers ist je nach Grube unterschiedlich. Daher sollte auf einem Dach nur Schiefer aus einer Grube verwendet werden. Über die physikalischen Eigenschaften des Schiefers gibt die folgende Tabelle Aufschluss.

Tabelle 080|2-17: Kennwerte von Dachschiefer [13]

Rohdichte (lufttrocken)	2,82 bis 2,90 g/cm³
Druckfestigkeit	140 bis 250 N/mm²
Biegezugfestigkeit	50 bis 80 N/mm²
Brandverhalten	Baustoffklasse A1, nicht brennbar, harte Bedachung
Wasseraufnahme	0,5 bis 0,6 Masse-%
Quellen und Schwinden	0,10 bis 0,13 mm/m
Frostbeständigkeit	≥25 Frost-Tau-Wechsel

Tabelle 080|2-18: Mindestdachneigungen von Schieferdeckungen [13]

Mindestdachneigung		Schieferdeckungen
Grad	%	
22	40	Dachfläche in Doppeldeckung
25	47	Schuppen- und Bogenschnittplatten in Einfachdeckung
30	58	Spitzwinkel- und Rechteckplatten in Einfachdeckung

Die Deckung kann einfach oder doppelt erfolgen. Die Anwendung der einzelnen Deckungsarten bei den jeweiligen Regeldachneigungen ist in Tabelle 080|2-18 bzw. nach der ÖNORM B 3419 [46] in Tabelle 080|2-20 angegeben.

Bei ungünstiger Lage des Gebäudes, bei besonderen klimatischen Verhältnissen und bei großen Entfernungen zwischen First und Traufe können steilere Regeldachneigungen erforderlich sein. Geringere Dachneigungen sind zu vermeiden und sollten nur in Ausnahmefällen, wenn die Lage des Gebäudes und die klimatischen Verhältnisse es zulassen, angewendet werden. Wird die Regeldachneigung unterschritten, ist grundsätzlich ein wasserdichtes Unterdach anzuordnen. Eine Unterschreitung der Regeldachneigung um mehr als 10° ist auch mit einem wasserdichten Unterdach nicht zulässig.

abelle 080|2-19: Abmessungen von Dachschieferplatten [13]

Rechteckplatte Quadratplatte	Spitzwinkelplatte		Bogenschnittplatte	Schuppenplatte
	Diagonale b×c	Abschnitt a		
60/30, 50/25, 40/40, 40/25, 40/20,35/35, 35/25, 35/30, 30/30, 30/20, 27/18, 25/25, 25/20, 25/15, 22/15	47,4 / 30,8 42,7 / 28,5 38,0 / 25,0 35,6 / 23,8 33,2 / 21,4 30,0 / 20,0 28,5 / 19,0 26,2 / 17,8	10,7 10,7 10,7 9,5 7,3 7,3 7,3 7,3	30/30, 25/25	42/32, 40/32, 40/30, 38/30, 36/28, 34/28, 32/28, 32/25, 30/25, 28/23, 26/21, 24/21, 24/19, 22/19, 22/17, 20/15, 18/15 Bei Schuppenplatten mit ungleichen Größen erfolgt eine Sortierung in Steinhöhe und Steinbreite.

)er Querschnitt der Latten soll bei Nagelbefestigung der Schiefer bei einem ichten Abstand bis 600 mm mindestens 40×60 mm betragen. Bei Klammerbefestigung bzw. Hakenbefestigung der Schiefer muss der Querschnitt ler Latten bei einem lichten Abstand bis 600 mm mindestens 24/60 mm betragen. Bei größeren Abständen und höheren Anforderungen (Winddruck, Schneelast o.Ä.) sind entsprechend größere Querschnitte zu wählen.

abelle 080|2-20: Regeldachneigung, Mindestüberdeckung bei Deckungen mit Schiefer – ÖNORM B 3419 [46]

)eckungsart	Format	Regeldach-neigung	Mindestdachneigung bei Unterdach		Mindestüberdeckung bei einer Dachneigung von		
			regensicher	erhöhte Regensicherheit	<25°	≥25°	≥30°
	cm	Grad			cm		
:infachdeckung							
\ltdeutsche Deckung	variabel	30	25	25	-	Höhen- und Seitenüberdeckung ergibt sich aus Dachneigung, Decksteinhöhe, Decksteinhieb und Fersenversatz	
;chuppen Schablonendeckung ıuf Steigung oder waagrecht	variabel	30	25	25	-	lotrecht 29 % der Steinhöhe seitlich 29 % der Steinhöhe	
3ogenschnittdeckung auf ;teigung oder waagrecht	30×30	30	25	25	-	lotrecht 10,0 seitlich 9,0	
;pitzwinkeldeckung	variabel	30	25	25	-	Höhenüberdeckung ergibt sich aus Dachneigung und Steinformat	
)oppeldeckung							
Rechtecke	40×30	25	18	18	9,0	8,0	8,0
Rechtecke	40×25	30	23	23	8,0	8,0	8,0
Quadrate	40×40	22	15	15	12,0	8,0	8,0
Quadrate	35×35	25	18	18	9,0	8,0	8,0

Anmerkung: Für andere Formate gelten die Richtlinien der Hersteller.

\eu eingedeckte Schieferdächer sollten nach ca. zwei Jahren kontrolliert werden, um Steine, die aufgrund von Materialfehlern aufgefroren sind, auszuwechseln. Bei Auswechselungen ist auf das richtige Steinformat und die richtige Dicke zu achten. Eine freiliegende Nagelung ist zu vermeiden. Deshalb empfiehlt sich bei Auswechselungen die Verwendung von Reparaturhaken. Kehlen sollten von Pflanzen und Verunreinigungen freigehalten werden.

Holzschindeln

080|2|4

Witterungsfeste stabile Holzarten, harz- oder ölhaltig, sind über Jahrtausende bekannt und kamen bisher ohne Chemie einwandfrei aus. Jedoch ist ein vorbeugender chemischer Holzschutz bei Dachneigungen unter 18°, ungünstigen klimatischen Verhältnissen bzw. Gebäudelagen (nahe Bäume, schattige Lagen, hohe Luftfeuchte) und wenig witterungsbeständigen Holzarten anzuraten. Die Herstellung erfolgt entweder händisch (spalten) oder maschinell (sägen). Beim Spalten wird das Holz entlang der Faser getrennt und bleibt somit unzerstört. Dadurch haben gespaltene Schindeln eine längere Lebensdauer. Gesägte Schindeln lassen sich leichter verlegen und sind dichter gegen Staub, Flugschnee und Regen. Holzschindeln werden aus den verschiedensten Hölzern (z. B.: Zeder, Lärche, Eiche, Buche) hergestellt und besitzen ein Flächengewicht von 0,25 kN/m² inklusive Lattung.

- Scharschindeln werden keilförmig oder parallel gespalten oder gesägt verwendet. Die üblichen Längen reichen von 120 mm bis 800 mm. Die verwendeten Breiten beginnen bei 60 mm und enden für Schindeln aus europäischen Hölzern bei 160 mm und für Überseeholzarten bei 250 mm. Die Dicke der Schindeln am Fuß muss größer als 7 mm sein.
- Legschindeln werden ausschließlich gespalten und parallel hergestellt. Die Längen reichen von 600 mm bis 900 mm und die Breiten von 70 mm bis 300 mm. Die Dicke der Legschindeln muss mindestens 15 mm betragen.

Tabelle 080|2-21: Abmessungen von Holzschindeln [13]

Länge [mm]	Breite [mm]	Dicke [mm]	parallel	konisch
120–300	60–150	5–10		●
~400	70–350	8–10		●
~450	70–350	8–12	●	●
600–800	70–350	8–20	●	●
600–1200	100–350	15–20	●	

200–300	klein- wie großflächige Wände, wie für geschwungene Dächer (z. B. Zwiebelturm)
bis 400	mittlere, kleinflächige und auch geschwungene Dächer
bis 500	großflächige Wände und Dächer
bis 600	mittel- bis großflächige Dächer
über 800	„Legschindeldach" mit Steinen beschwert

Beispiel 080|2-04: Holzschindeldeckungen

Scharschindeln werden üblicherweise dreilagig verlegt. In Kehlen erfolgt eine vier- bis fünflagige Verlegung. Im Gegensatz zur vier- bis fünflagigen Verlegung wird die Dachfläche bei dreilagiger Verlegung besser belüftet und kann somit schneller austrocknen. Auf einer Dachfläche wird üblicherweise immer dieselbe Schindellänge verlegt. Bei Dachneigungen <30° sollten längere Schindeln verwendet werden. Scharschindeln sollten jedoch nie bei Dachneigungen <22° eingesetzt werden, da die Durchfeuchtung der Schindeln länger anhaltend ist und Schäden auftreten. Legschindeln werden mindestens dreilagig mit einer Neigung von 17 bis 22° im Verband verlegt. Eine steilere Dachneigung ist nicht möglich, da sonst die Schwersteine abrollen.

Tabelle 080|2-22: Mindestdachneigungen von Holzschindeldeckungen [13]

Mindestdachneigung		Schindeldeckungen
Grad	%	
17	30	Legschindeldeckung, max. Dachneigung 22°
22	40	Scharschindeldeckung 3-lagig
71	290	Scharschindeldeckung 2-lagig

Die Höhenüberdeckung wird von der Dachneigung und der verwendeten Schindellänge bestimmt. Die zulässigen Mindestüberdeckungen (zwischen der ersten und der dritten Reihe) sind in Tabelle 080|2-23 angegeben. Die seitliche Überdeckung muss bei allen Schindeln mindestens 30 mm und bei dreilagiger Deckung zwischen der ersten und dritten Reihe mehr als 20 mm betragen.

Tabelle 080|2-23: Mindestüberdeckungen in [mm] bei Schindeldeckungen [13]

Schindellänge [mm]	120	150	200	250	300	400	450	600	700	800
3-lagig 22° bis 90°	15	15	20	25	30	30	30	35	40	50
2-lagig 71° bis 90°	20	20	20	20	30	40	40	40	40	50

Tabelle 080|2-24: Regeldachneigung, Mindestüberdeckung bei Deckung mit Holzschindeln – ÖNORM B 3419 [46]

Deckmaterial	Schindellänge cm	Mindestdachneigung Grad	Mindestüberdeckung cm
Scharschindel	15,0 bis 70,0	22	mindestens 5 % der Schindellänge

Scharschindeln mit einer Breite von 60 mm werden mit einem einzigen Stift, alle anderen Scharschindeln mit zwei Stiften befestigt. Die Randabstände der Nägel sollen 15 mm nicht unter- und 50 mm nicht überschreiten. Um sichtbare Nägel zu vermeiden, sind die Nägel von der darüber liegenden Schindelreihe um 30 bis 50 mm zu überdecken. Die Nägel werden flächenbündig ohne Zerstörung der Holzfaser eingeschlagen, ansonsten kommt es durch Quell- und Schwindbewegungen zum Lockern oder Spalten der Schindeln. Zur Befestigung der Schindeln eignen sich feuerverzinkte, besser nichtrostende Nägel oder nichtrostende Klammern. Legschindeln werden nicht mechanisch befestigt, sondern durch Auflast gehalten. Alle 4 bis 6 Reihen liegt eine Schwerstange, welche mit flachen Steinen beschwert und am Ortgang befestigt wird.

Dachziegel

080|2|5

Dachziegel sind gebrannte Platten aus tonigen Massen und unterscheiden sich nach glatten, verschieden stark gewölbten oder gekanteten Formen. Sie sind traditionell durchgefärbt in der Farbe des Rohmaterials, heute erhalten sie oftmals eine farbige Engobe oder sogar Glasuren. In der ÖNORM EN 1304 [62] sind die Anforderungen an Dachziegel und Formziegel für Dacheindeckungen geneigter Dächer und für Außen- und Innenwandbekleidungen festgelegt. Dachziegel erreichen Nutzungsdauern von über 100 Jahren, wobei die modernen Gestaltungsverfahren, die die Oberflächen der Ziegel abdichten, zur

Gewährleistung der Feuchtigkeitsabfuhr von den Ziegelunterseiten eine gut funktionierende Hinterlüftung erfordern.

Die Herstellung erfolgt im Pressverfahren oder Strangpressverfahren, ohne Falz, nur mit senkrechten oder mit senkrechten und waagrechten Falzen zur Erhöhung der Regensicherheit. Bei der Verlegung auf Lattung werden die Ziegel zur Windsicherung genagelt oder mit Klammern gesichert, wobei nur Niro oder verzinkte Befestigungsmaterialien zulässig sind. Für die Deckung an First, Grat und Ortgang sind Sondersteine vorgesehen.

Tabelle 080|2-25: Regeldachneigungen von Ziegeldeckungen [13]

Regeldachneigung Grad	%	Ziegeldeckungen
25	47	Falzziegeldeckung
30	58	Plattenziegel in Doppeldeckung
35	70	Strangfalzziegeldeckung
40	84	Plattenziegel in Einfachdeckung (Spließdeckung)

Dachziegel können hinsichtlich ihrer Ausbildung und Wasserableitung in drei Hauptgruppen, in Plattenziegel, Hohlziegel und Falzziegel unterschieden werden.

Tabelle 080|2-26: Regeldachneigung, Mindestüberdeckung bei Deckungen mit Dachziegeln – ÖNORM B 3419 [46]

Deckungsart	Regeldach-neigung	Mindestdachneigung bei Unterdach		Mindestüberdeckung bei einer Dachneigung von					
		regen-sicher	erhöht regen-sicher	<25°	≥25°	≥30°	≥35°	≥40°	≥45°
	Grad			cm					
Einfachdeckung									
Falzziegel[a]	27	22	20	gemäß Herstellerangabe					
Flachdachziegel[b]	22	17	15[c]						
Strangfalzziegel (z. B. Biberfalz)	40	35	35	-	-	-	10,0	10,0	9,0
Mönch- und Nonnenziegel	40	35	35	-	-	-	8,0 [d]	8,0 [d]	8,0 [d]
Doppeldeckung									
Flachziegel (z. B. Biber- und Taschenziegel)	30	25	25[c]	11,0	11,0	10,0	8,0	7,0	6,0
Kronendeckung (Ritterdeckung)									
Flachziegel (z. B. Biber- und Taschenziegel)	30	25	25	-	11,0	11,0	10,0	10,0	10,0

[a] Falzziegel sind profilierte konisch geformte oder gewölbte Dachziegel. Sie werden mit einfachem oder mehrfachen Kopf-, Fuß- und Seitenfalzen und mit unterschiedlicher Krempenausbildung hergestellt.
[b] Kennzeichnend für Flachdachziegel ist die umlaufende Verfalzung, wobei der Wasser führende Kopf- und Seitenfalz aus mindestens zwei oder mehreren Falzen bestehen muss (Ringverfalzung). Der äußere Wasserfalz darf nicht unterbrochen sein. Bei der Deckung entsteht an der Seitenverfalzung eine zur Seite gerichtete Deckfuge. Niederschlagswasser aus Kopf- und Wasserfalz wird auf die Fläche desselben oder darunter liegenden Dachziegels abgeleitet.
[c] Eine weitere Unterschreitung der Dachneigung um bis zu 2° ist zulässig, wenn folgende Bedingungen erfüllt sind:
- die Sparrenlänge maximal 8 m beträgt,
- keine Ichsenausbildung vorhanden ist,
- systemgerechte Einfassungen und Einbauteile verwendet werden,
- das Objekt sich in keinem schneereichen Gebiet befindet.

[d] bei Ziegeln mit Kopfverfalzung gemäß Herstellerangabe

Plattenziegel 080|2|5|1

Typische Formen von Plattenziegeln sind Taschenziegel (Wiener Tasche) oder Biberschwanzziegel mit Plattenabmessungen von 14 bis 20 cm Breite, rund 40 cm Länge und 1,5 bis 2,0 cm Dicke. Die einzelnen Platten besitzen an der Unterseite jeweils zwei Ziegelnasen (Doppelnase) zum Einhängen in die Lattung und zwei Bohrungen für die Vernagelung.

Abbildung 080|2-06: Ausbildungsformen Plattenziegel

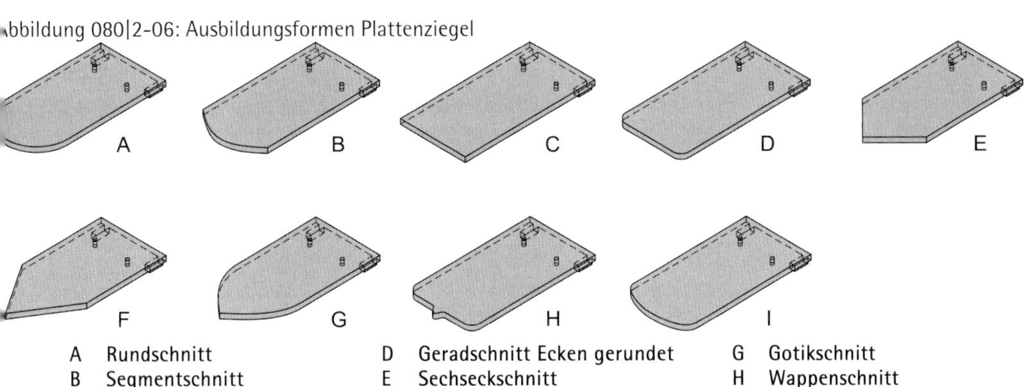

A	Rundschnitt	D	Geradschnitt Ecken gerundet	G	Gotikschnitt
B	Segmentschnitt	E	Sechseckschnitt	H	Wappenschnitt
C	Geradschnitt	F	Rautenschnitt	I	Korbbogenschnitt

Neben Plattenziegeln mit halber Deckbreite sowie Plattenziegeln mit verkürzter Länge für Traufen- und Firstanschlüsse werden auch Sonderformen für Grate und Kehlen, Lüftersteine, Ortgang- und Mansardenanschlüsse sowie für Durchdringungen angeboten.

Abbildung 080|2-07: Sonderformen für Deckungen mit Plattenziegeln

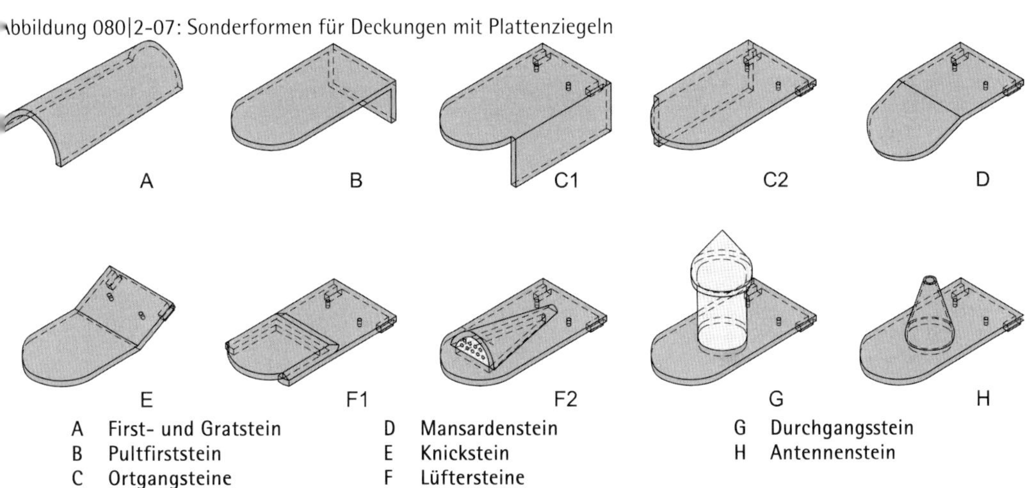

A	First- und Gratstein	D	Mansardenstein	G	Durchgangsstein
B	Pultfirststein	E	Knickstein	H	Antennenstein
C	Ortgangsteine	F	Lüftersteine		

Beispiel 080|2-05: Ziegeldeckungen mit Plattenziegeln – Doppeldeckung

Abbildung 080|2-08: Einfachdeckung mit Biberschwanzziegeln (Spließdeckung)

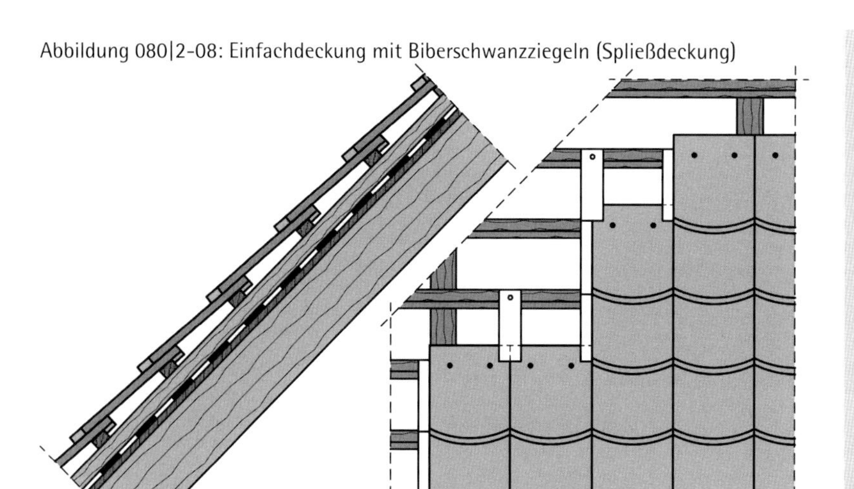

Abbildung 080|2-09: Doppeldeckung mit Biberschwanzziegeln

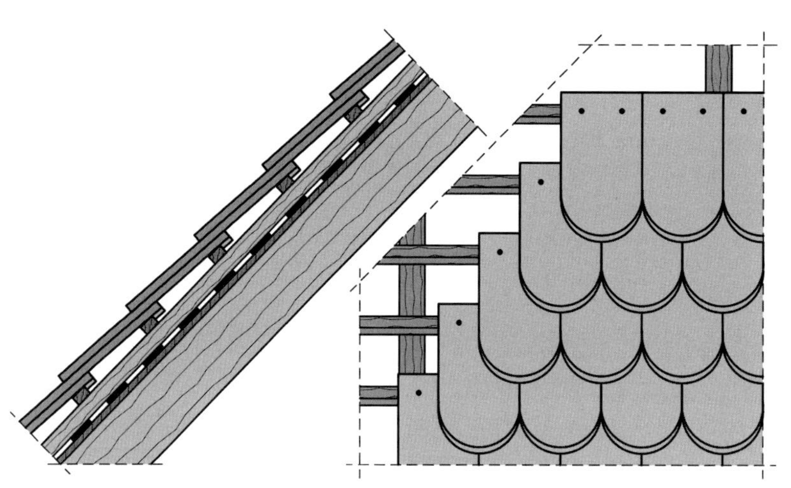

Beispiel 080|2-06: Ziegeldeckungen mit Plattenziegeln – Kronendeckung (Ritterdeckung)

Da bei Plattenziegeln ein Ablaufen des Wassers über die Längsseiten der Ziegel nicht durch Nuten oder Aufbüge verhindert wird, müssen die Längsfugen bei Einfachdeckung durch Spließe unterlegt werden (Ausführung heute unüblich).

ie regensichere Ausführung ist daher die Doppeldeckung bei der jeweils nindestens zwei Ziegel mit versetzten Fugen übereinander liegen. Hierbei wird wischen den zwei Deckungsarten Doppeldeckung und Kronendeckung Ritterdeckung) unterschieden.

bbildung 080|2-10: Kronendeckung mit Biberschwanzziegeln

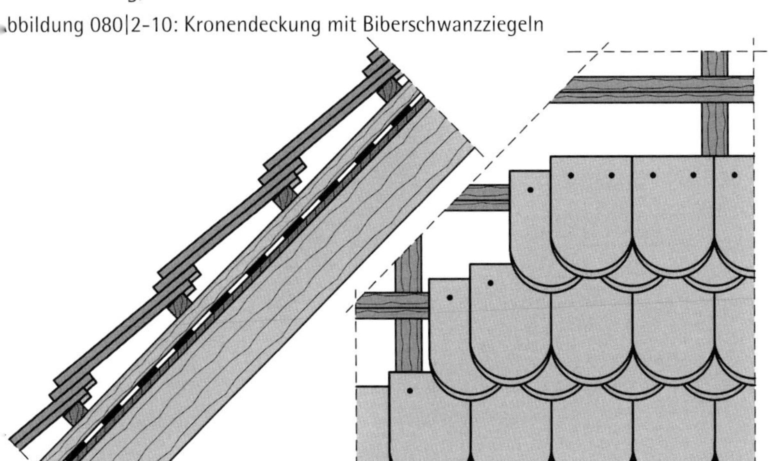

Iohlziegel

Iohlziegeldeckungen sind Einfachdeckungen, bei denen eine Überdeckung der Ziegel nicht nur oben und unten, sondern auch seitlich stattfindet. Typische Deckungsarten sind die Mönch- und Nonnendeckung sowie die Hohlpfannendeckung.

bbildung 080|2-11: Ausbildungsformen Hohlziegel

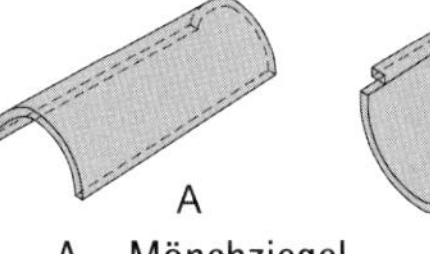

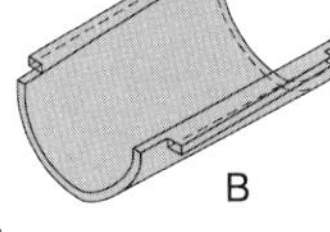

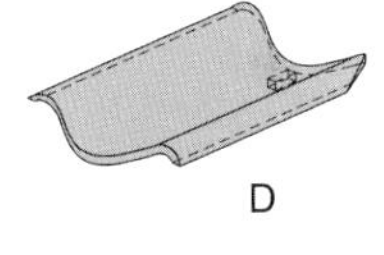

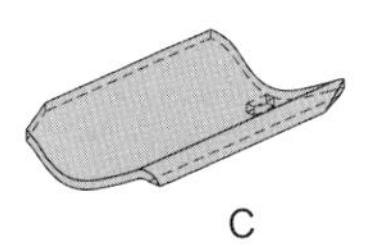

A Mönchziegel
B Nonnenziegel
C Hohlpfanne
D Hohlpfanne (Doppelpfanne)

Beispiel 080|2-07: Ziegeldeckungen mit Mönch- und Nonnenziegeln

Abbildung 080|2-12: Mönch- und Nonnendeckung

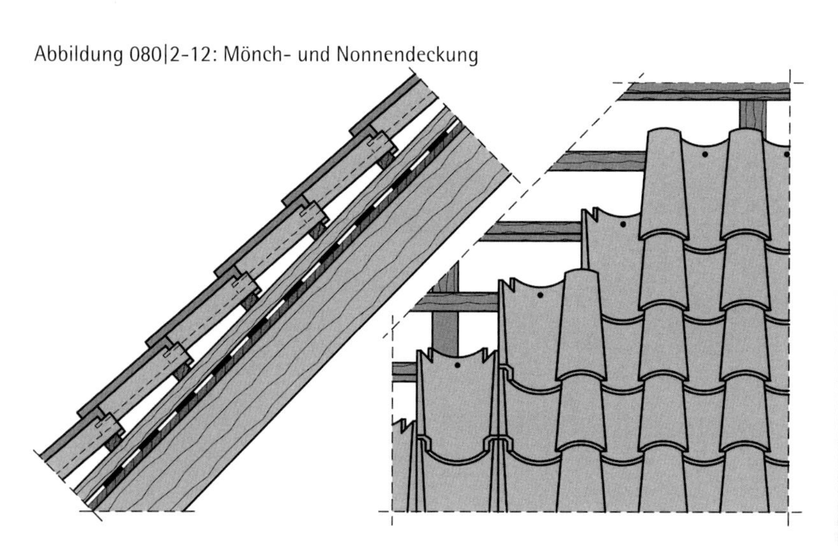

Abbildung 080|2-13: Hohlpfannendeckung als Vorschnittdeckung

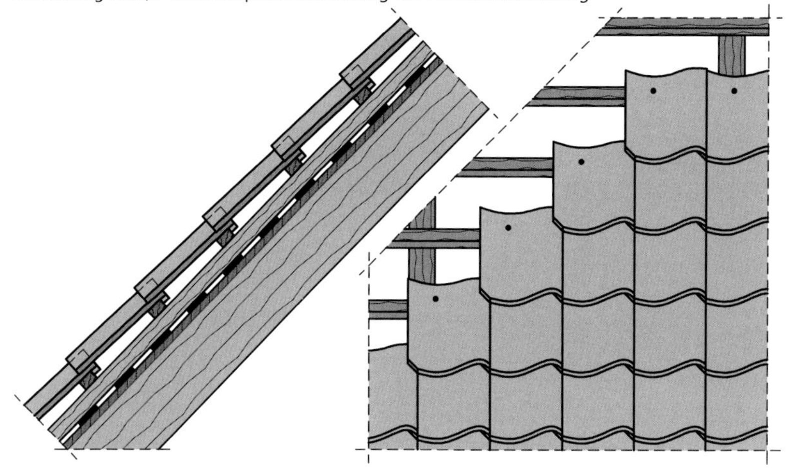

Beispiel 080|2-08: Ziegeldeckungen mit Hohlpfannen

)ie ursprüngliche Form der Mönch- und Nonnendeckung erfolgte mit gleichen, alben konischen Tonröhren, die auf der Lattung mit Bindedrähten befestigt vurden. Die moderne Form weist unterschiedliche Steine für Mönch und Nonne nit Steinlängen von rund 40 cm und Steinbreiten von 11 bis 21 cm, wobei der uf der Latte aufliegende Nonnenziegel breiter ist.

Iohlpfannen weisen einen S-förmigen Querschnitt auf und zwei egenüberliegende Ecken sind jeweils abgeschrägt, um eine doppelte Jberdeckung zu ermöglichen. Hohlpfannen weisen Steinlängen von rund 40 cm ei Steinbreiten von 23 bis 27 cm auf. Hinsichtlich der Verlegung kann in eine 'orschnitt- und eine Aufschnittdeckung unterschieden werden.

:alzziegel

080|2|5|3

)eckungen mit Falzziegel sind wie bei den Hohlziegeln Einfachdeckungen, bei lenen entweder nur eine an den Längsseiten befindliche Verfalzung Strangfalzziegel, Biberfalzziegel) oder auch oben und unten Falze ausgebildet Pressfalzziegel, Flachdachpfannen) sind, um eine gesicherte Wasserableitung u ermöglichen. Die Abmessungen der Falzziegel liegen bei Steinlängen um l0 cm und Steinbreiten von 22 bis 35 cm.

\bbildung 080|2-14: Falzziegeldeckung

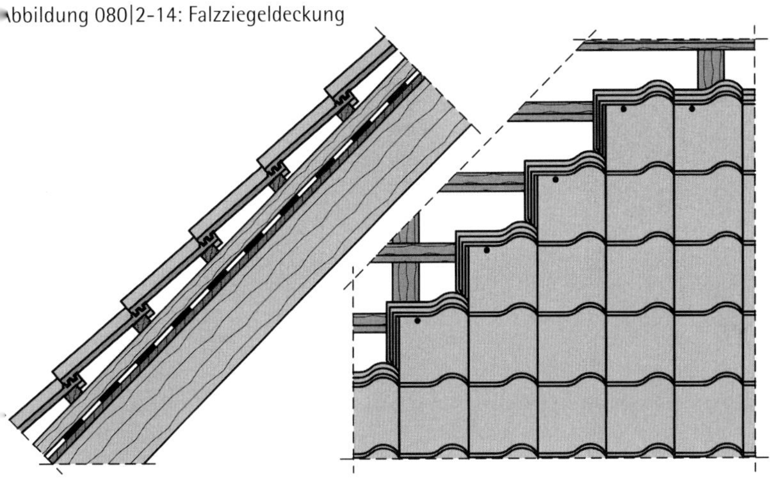

3eispiel 080|2-09: Ziegeldeckungen mit Falzziegeln

Abbildung 080|2-15: Ausbildungsformen Falzziegel

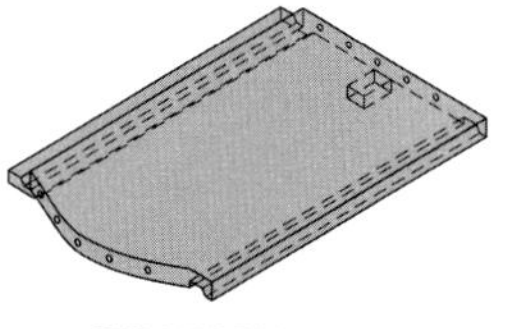

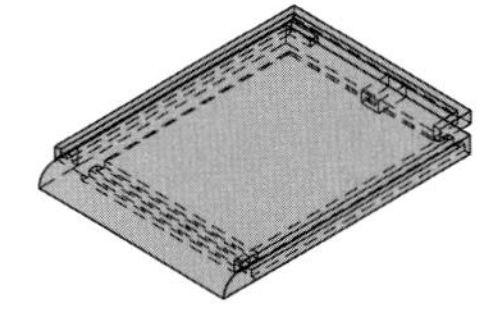

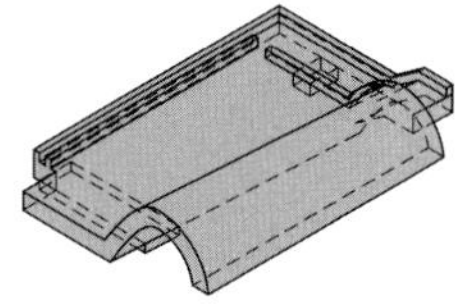

STRANGFALZZIEGEL PRESSFALZZIEGEL

Zahlreiche Sondersteine wie beispielsweise für First, Ortgang, Lüfter und Durchdringungen komplettieren das jeweilige Lieferprogramm der einzelnen Hersteller.

Betondachsteine

080|2|6

Betondachsteine werden im Walz-Strangpressverfahren aus gefärbtem Beton hoher Güte mit Quarzsand als Zuschlagstoff hergestellt. Die Steine besitzen eine hohe Frostbeständigkeit und sind wasserundurchlässig. Die Oberfläche wird oftmals durch eine mit Farbpigmenten gefärbte Kunstharzschlämme behandelt, dadurch erreicht man unterschiedliche Farbgestaltungen und glatte Oberflächenstrukturen sowie ein erschwertes Anlagern von Schmutzpartikeln und Algen. Dabei wird jedoch die Oberfläche diffusionsdichter, was zu Problemen beim Abtrocknen und somit zu Frostfolgeschäden führen kann, sofern die Abtrocknung nach unten behindert ist. Die Betonsteindeckung ist etwas schwerer als eine vergleichbare Dachziegeldeckung, bietet also einen größeren Widerstand gegen Windsogwirkung und einen etwas besseren Schallschutz. Ein bekanntes Phänomen ist das Absanden bei älteren Steinen, das aber die Funktionsfähigkeit der Dachhaut nicht beeinträchtigt.

Neben einfachen Plattensteinen (Biberschwanz) werden vor allem Falzsteine mit unterschiedlichen Oberflächenausformungen und Abmessungen von 32 bis 38 cm Steinbreite und 42 bis 48 cm Steinlänge hergestellt. Für jedes dieser Systeme sind zahlreiche Sondersteine, wie beispielsweise Halbsteine, Firststeine, Ortgangsteine, Entlüftungssteine, erhältlich.

Tabelle 080|2-27: Regeldachneigung und Mindestüberdeckung bei Dachsteinen – ÖNORM B 3419 [46]

Deckungsart	Regeldach-neigung	Mindestdachneigung bei Unterdach		Mindestüberdeckung bei einer Dachneigung von					
		regen-sicher	erhöhte Regen-sicherheit	<25°	≥25°	≥30°	≥35°	≥40°	≥45°
	Grad			cm					
Einfachdeckung									
profilierte Dachsteine mit hoch liegendem Seitenfalz und mehrfacher Fußverrippung	22	17	15[a]	10,5	9,0	8,0	8,0	8,0	8,0
ebene Dachsteine mit mehrfacher Fußverrippung und Seitenfalz	27	22	20	10,5	10,0	9,0	9,0	9,0	9,0
sonstige Dachsteine	35	30	30	-	-	10,5	9,0	9,0	9,0
Doppeldeckung									
ebene Dachsteine ohne Seitenfalz	30	25	25[a]	11,0	11,0	10,0	8,0	7,0	6,0
Kronendeckung									
ebene Dachsteine ohne Seitenfalz	30	25	25	-	11,0	11,0	10,0	10,0	10,0

[a] Eine weitere Unterschreitung der Dachneigung um bis zu 2° ist zulässig, wenn folgende Bedingungen erfüllt sind:
- die Sparrenlänge maximal 8 m beträgt,
- keine Ichsenausbildung vorhanden ist,
- systemgerechte Einfassungen und Einbauteile verwendet werden,
- das Objekt sich in keinem schneereichen Gebiet befindet.

bbildung 080|2-16: Betondachsteine – Steinformen

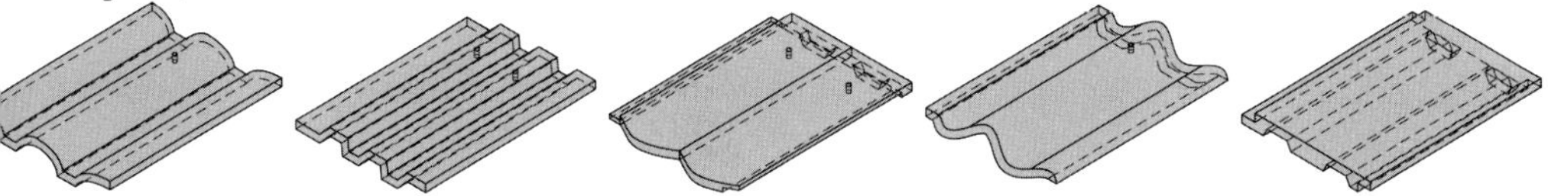

etondachsteine werden üblicherweise als Einfachdeckung, vergleichbar mit alzziegeln (siehe Abbildung 080|2-14) verlegt, die Ausbildung der Dachränder rfolgt mit den jeweiligen systemzugehörigen Ergänzungssteinen.

aserzementplatten

080|2|7

aserzement ist der Sammelbegriff für faserarmierten Feinbeton mit ußerordentlich hoher Festigkeit, Frostbeständigkeit und Wasserundurchissigkeit. Waren früher die Fasern aus Asbest, werden heute olyvinylalkoholfasern eingesetzt. Zur Dachdeckung werden ebene Dachplatten ı verschiedenen Formen oder Wellplatten mit unterschiedlichen Vellenprofilen verwendet. Auch sie sind in verschiedenen Farben erhältlich, vobei die Farbschicht mit zunehmendem Baualter abwittert und damit die berflächenrauigkeit zunimmt.

aserzement-Tafeldeckung

080|2|7|1

)achplatten aus 4 mm starkem Material werden in verschiedenen Formaten mit 'lattenbreiten von 20 bis 60 cm und Plattenhöhen von 38 bis 60 cm für erschiedene Deckungsarten erzeugt. Deckungsunterlage ist entweder eine attung 30/50 mm oder eine 25 mm dicke Holzschalung mit Pappeauflage.

bbildung 080|2-17: Faserzementplatten – Steinformen (Eternit)

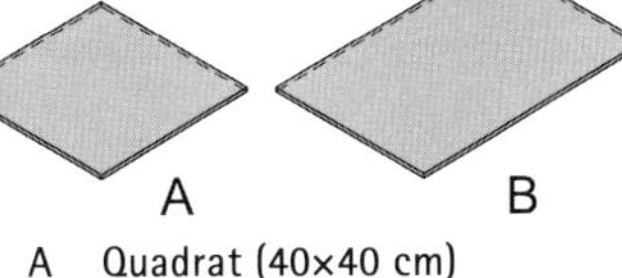

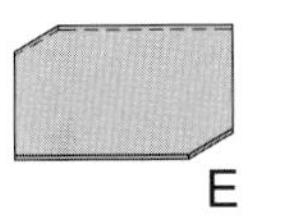

C E F

A Quadrat (40×40 cm)
B Rechteck (60×40 cm, 40×30 cm)
C Rechteck gestutzt (40×30 cm)
D Rhombus (40×44 cm)
E Rhombusschablone (40×44 cm)
F Steinschindel (38,5×19,4 cm)

eispiel 080|2-10: Faserzement-Tafeldeckung

Als Deckungsarten können sowohl Einfachdeckungen wie auch Doppeldeckungen ausgeführt werden. Diese bieten bei größerer Überlappung eine örtliche Dreifachlage der Dachplatten und einen zusätzlichen Schutz gegen einzelne gebrochene Platten.

Abbildung 080|2-18: Faserzement-Tafeldeckungen

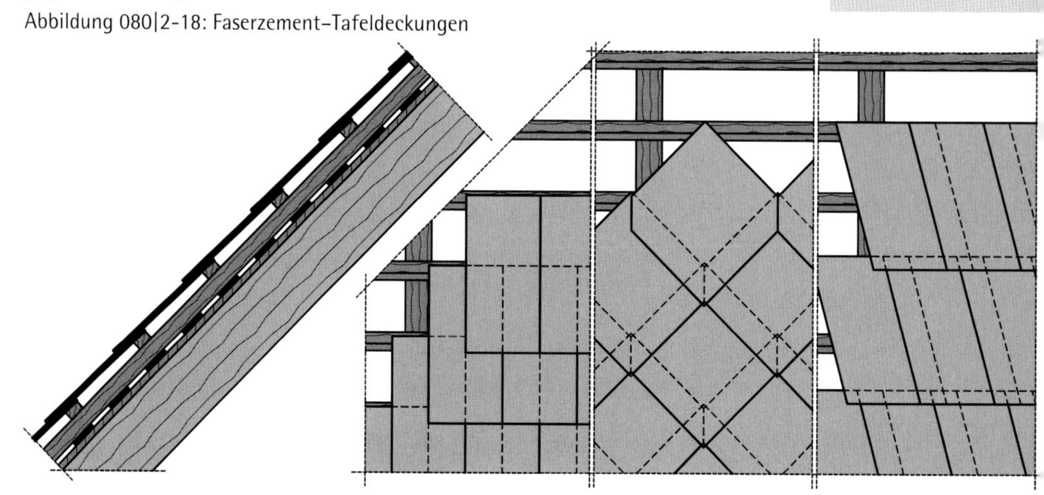

Zusätzlich zu den einzelnen Plattenformaten werden noch zahlreiche Zubehörsteine für Lüfter, First, Grate und Durchdringungen sowie für Schneefangeinrichtungen angeboten. Dachrandabschlüsse werden bei Faserzementplatten auch oft in Blech gelöst. Die Regeldachneigungen sind abhängig von der Deckungsart und der Anforderung an die Regensicherheit.

Tabelle 080|2-28: Regeldachneigung und Mindestüberdeckung bei Deckungen mit Faserzement-Dachplatten – ÖNORM B 3419 [46]

Deckungsart	Format	Regeldachneigung	Mindestdachneigung bei Unterdach		Mindestüberdeckung bei einer Dachneigung von				
			regensicher	erhöhte Regensicherheit	<25°	≥25°	≥30°	≥40°	≥50°
	cm	Grad			cm				
Einfachdeckung									
Steinschindeln	38,5×19,4	35	30	30	-	-	lotrecht 10,5 seitlich 11,0		
Rechtecke[a]	40×60	30	25	25	-	lotrecht 10,5 seitlich 12,0			
Deutscher Hieb[a]	40×40	30	25	25	-	lotrecht 10,0 seitlich 12,0			
Rhombus[a]	40×44	30	25	25	-	10,0	10,0	9,0	8,0
Rhombusschablonen	40×44	28	23	23[b]	9,0	9,0	9,0	8,0	8,0
Quadratschablonen	40×40	28	23	23[b]	10,0	10,0	10,0	10,0	10,0
Doppeldeckung									
Rechtecke	40×30	25	18	18[b]	9,0	9,0	8,0	8,0	8,0
Rechtecke	60×40	25	18	18[b]	12,0	12,0	12,0	12,0	12,0
Quadrate	40×40	25	18	18[b]	9,0	9,0	8,0	8,0	8,0
Quadrate mit Sonderlochung	40×40	22	15	15[b]	12,0	12,0	12,0	12,0	12,0

[a] Bei Deckung auf Steigung gelten die gleichen Mindestüberdeckungen wie bei waagrechter Verlegung.
[b] Eine weitere Unterschreitung der Dachneigung um bis zu 2° ist zulässig, wenn folgende Bedingungen erfüllt sind:
- die Sparrenlänge maximal 8 m beträgt,
- keine Ichsenausbildung vorhanden ist,
- systemgerechte Einfassungen und Einbauteile verwendet werden,
- das Objekt sich in keinem schneereichen Gebiet befindet.

aserzement-Wellplattendeckung

Vellzementplatten bestehen im Wesentlichen aus den gleichen Materialien wie ie Faserzementplatten. Nach ÖNORM B 3422 [47] werden sie in zwei Profilen Profil 6 und Profil 9 – erzeugt. In Deutschland gibt es noch davon bweichende Profilausbildungen mit den Profilen 5, 6 und 8.

bbildung 080|2-19: Abmessungen Faserzementwellplatten – ÖNORM B 3422 [47]

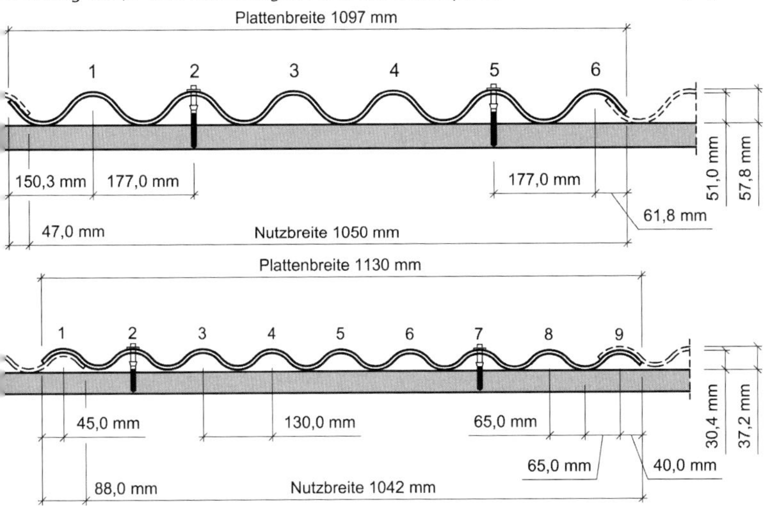

ie Wellplatten weisen bei einer Plattendicke von ~6 mm Tafellängen von 00 cm, 250 cm, 210 cm, 180 cm, 150 cm und 125 cm bei Profil 6 sowie 250 cm ei Profil 9 auf. Das direkte Begehen von Faserzementwellplatten sollte nicht rfolgen, hier müssen Laufroste und Laufbohlen angeordnet werden. Die latten werden in grauer Naturfarbe, in roter, brauner und dunkelgrauer infärbung sowie transparent als Lichtwellplatte erzeugt. Diverse Sonderplatten ür First, Ortgang und Traufe sowie für den Dachfenstereinbau ergänzen das rogramm.

bbildung 080|2-20: Faserzement-Wellplattendeckung

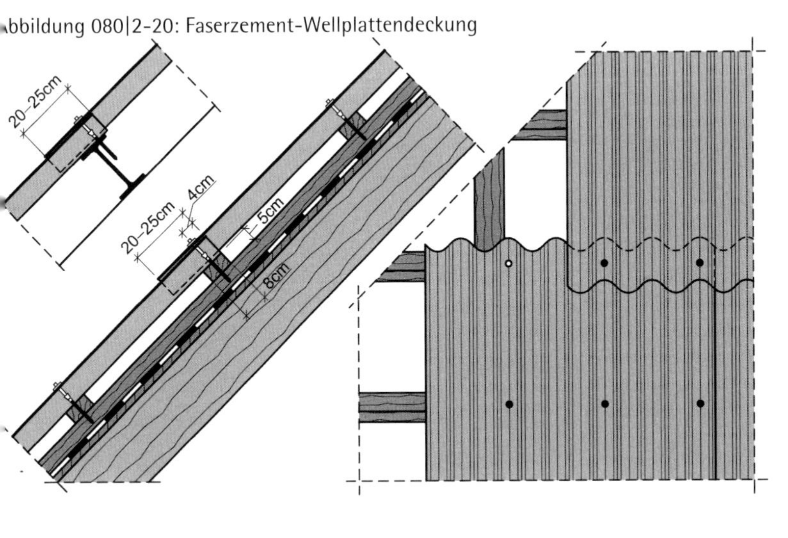

Beispiel 080|2-11: Faserzement-Wellplattendeckung

Die Mindestdachneigung beträgt 15° und kann bei Abdichtung der Plattenstöße mit Dichtungsbändern bzw. Dichtungsschnüren und Ausbildung mit Unterdach auf ca. 10° (laut Herstellerangaben auf 7°) verringert werden.

Tabelle 080|2-29: Regeldachneigung, Mindestüberdeckung bei Faserzement-Wellplatten – ÖNORM B 3419 [46]

Deckmaterial	Plattenlänge	Regeldachneigung	Mindestdachneigung bei Unterdach mit erhöhter Regensicherheit	Höhen-Mindestüberdeckung bei einer Dachneigung von		
				<15°	≥15°	≥25°
	mm	Grad		cm		
Kurzwellplatten	≤900	15	10[a]	12,5[b]	12,5[b]	12,5
Lange Wellplatten	>900	15	10[a]	25	20	20

[a] Bei Gebäuden mit untergeordneter Nutzung dürfen alternativ zu einem Unterdach die horizontalen Übergriffe gedichtet werden.
[b] Bei einer Dachneigung unter 22° ist eine Dichtung der horizontalen Übergriffe vorzusehen.

Das geringe Gewicht (ca. 19 kg/m²) und die großen Abmessungen gestatten die Verlegung auf leichten Unterkonstruktionen. Die Verlegung erfolgt direkt auf Dachlatten mindestens 5/8 cm (Pfetten) oder auf Stahlpfetten (Flanschdicke mindestens 3 mm). Die Pfettenabstände sind von der Tafelgröße und von der waagrechten Überdeckung sowie der Schneelast abhängig und liegen im Bereich von 80 bis 120 cm.

Bitumen

080|2|8

Der Rohstoff zur Herstellung von Bitumen ist Erdöl. In der Raffinerie wird im Zuge der fraktionierten Destillation das Bitumen gewonnen. Für die Herstellung von Bitumenschindeln werden verschiedene Bitumensorten wie Destillationsbitumen, Oxidationsbitumen, Polymerbitumen oder Füllstoffbitumen verwendet.

Bitumenschindeln

080|2|8|1

Für die Herstellung von Bitumenschindeln werden Trägereinlagen (verhindern das Abfließen und Reißen des Bitumens) aus Glasvliesen, Kunstharzvliesen, Rohfilzpappe oder Holzschliffpappe mit Destillationsbitumen getränkt (Haftgrund). Anschließend werden die so erhaltenen Bitumenbahnen auf beiden Seiten mit Oxidationsbitumen oder Polymerbitumen beschichtet. Die Bahnen werden einseitig mit mineralischem Granulat oder Schiefersplitt bestreut. Diese Streuschicht bzw. die Haftung derselben ist ausschlaggebend für ie Lebensdauer der Bitumenschindeln, weiters ist die Streuschicht für die arbgebung verantwortlich. Aus den fertigen Bahnen werden dann die chindeln herausgestanzt.

echteckige Bitumenschindeln sind mit zwei in den Drittelpunkten liegenden chlitzen versehen. An der Schindelrückseite verhindern Silikonstreifen das usammenkleben während der Lagerung und an der Vorderseite befinden sich elbstklebepunkte oder -streifen. Die Verlegung erfolgt waagrecht, doppelt edeckt und halbversetzt im Verband. Es sind Stoßfugen von 1 bis 2 mm zur ufnahme der Dehnungen infolge Temperatur anzuordnen.

bbildung 080|2-21: Bitumenschindel-Deckung

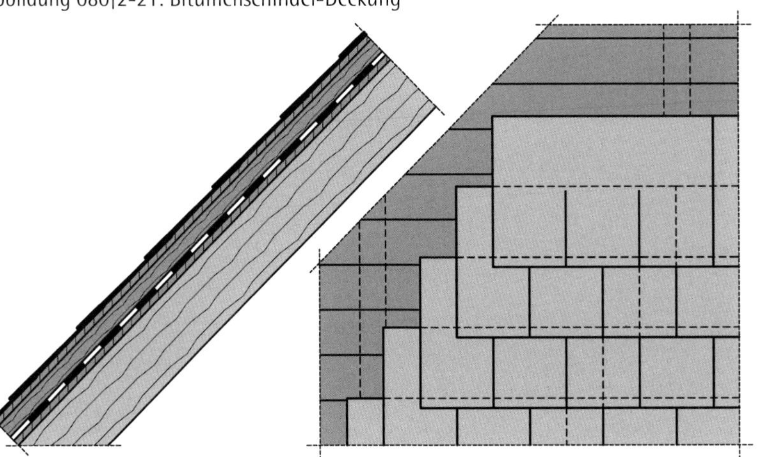

Jm die sommerliche Wärme abzuführen, wird unterseitig eine freie üftungshöhe von 100 mm empfohlen. Die Dachneigung für Bitumenschindeln eträgt in der Regel 15° bis 85° und ist auch von der Sparrenlänge abhängig.

abelle 080|2-30: Mindestdachneigungen von Bitumenschindeln [13]

Mindestdachneigung Grad	%	Bitumenschindeln	
15	27	Abstand First–Traufe	≤10 m
20	36	Abstand First–Traufe	>10 m

abelle 080|2-31: Regeldachneigung, Mindestüberdeckung Polymerbitumen-Dachschindeln – ÖNORM B 3419 [46]

)eckungsart	Format	Regeldach-neigung	Mindestdachneigung bei Unterdach: regensicher	Mindestdachneigung bei Unterdach: erhöhte Regensicherheit	Mindestüberdeckung bei einer Dachneigung von <18°	≥18°	≥25°	≥35° bis 85°
	cm	Grad			cm			
)oppeldeckung								
)reieck	100×28	27[a]	24[a]	22[a]	-	8,0	6,0	5,0
Vabe (Trapez)	100×32	27[a]	24[a]	22[a]	-	8,0	6,0	5,0
ℜechteck	100×33	20[a]	17[a]	15[a]	8,0	5,0	5,0	5,0
3iber	100×33	20[a]	17[a]	15[a]	8,0	5,0	5,0	5,0

Eine weitere Unterschreitung der Dachneigung um bis zu 2° ist möglich, wenn die Sparrenlänge maximal 5 m beträgt. Bei Sparrenlängen über 10 m sind die Neigungswerte in dieser Tabelle um 5° zu erhöhen.

Anmerkung 1: Als Trennlage auf Holzschalung ist eine Polymerbitumenbahn E-KV 15 gemäß ÖNORM B 3661:2009 zu verlegen.

Anmerkung 2: Für Dächer mit auf Abdichtungen vollflächig aufgeklebten Dachschindeln gelten die Bestimmungen gemäß ÖNORM B 7220.

)ie erforderliche Überdeckung der Bitumenschindeln ist neigungsabhängig, zur 3efestigung der Bitumenschindeln auf Schalungen aus Holz oder Holzwerkstoffen werden korrosionsgeschützte Breitkopfstifte mit einer

Mindestlänge von 25 mm oder korrosionsgeschützte Breitklammern mit einer Mindestlänge von 25 mm und Rückenbreite von 25 mm verwendet. Bei Dachneigungen über 60° sind zusätzliche Befestigungen in den oberen Ecken vorzusehen. Bei Befestigung auf anderen Materialien (z. B. Leichtbeton) sind Spezialnägel zu verwenden. Die einzelnen Bitumenschindeln verkleben sich untereinander selbst infolge Eigengewicht und Sonneneinstrahlung. Wird in der kalten Jahreszeit gedeckt, muss die Verklebung durch künstliches Erwärmen sichergestellt werden.

Tabelle 080|2-32: Höhenüberdeckungen bei Bitumenschindeln [13]

Dachneigung [Grad]	≥15 <15	≥25 <35	≥35 <45	≥45
Höhenüberdeckung [cm]	≥10	≥8	≥6	≥5

Unter den Schindeln ist als Vordeckung eine Lage Bitumendachbahn mit anorganischer Trägereinlage anzubringen. Die Bahnen sind parallel zur Traufe zu verlegen und sollen eine Überdeckung von mindestens 10 cm aufweisen. Die Befestigung der Bahnen erfolgt mit korrosionsgeschützten Breitkopfstiften oder Breitklammern in einem Abstand von rund 10 cm. Die Unterkonstruktion ist eben, biegesteif und nagelbar auszuführen. Des Weiteren darf die Unterkonstruktion keine scharfen Kanten aufweisen. Zur Anwendung kommen Bretter, Holzwerkstoffplatten und Leichtbetondielen. Der Materialbedarf, die Gebindehöhe und das Gewicht sind voneinander abhängig und lassen sich mit den Formeln (080|2-02) berechnen.

$$g = \frac{h - ü}{2} \qquad M = \frac{10000}{g \cdot b} \qquad D = G_s \cdot M \qquad (080|2\text{-}02)$$

b	Schindelbreite	cm
h	Schindelhöhe	cm
g	Gebindehöhe	cm
ü	Überdeckung	cm
M	Materialbedarf	Stück/m^2
D	Gewicht der Deckung	kg/m^2
G_s	Gewicht einer Schindel	kg

Auf den Schindeldeckungen sind Verschmutzungen, Bewuchs und Laub in regelmäßigen Abständen zu entfernen um Humusbildungen und Verstopfungen der Entwässerungsleitungen zu vermeiden. Die Lebensdauer eines Bitumenschindeldaches beträgt rund 30 Jahre. Danach kann die Deckung entweder abgetragen und erneuert, oder die neue Deckung über der alten angebracht werden.

Bitumenwellplatten

080|2|8|2

Bitumenwellplatten bestehen aus mit Destillationsbitumen imprägnierten Zellulosefasern. Mit Wasser werden die Zellulosefasern zu einem Brei vermengt, ausgewalzt anschließend in Wellformen gepresst und getrocknet. Die Wellplatten können aus einer einzelnen Zelluloseschichte bestehen oder es werden mehrere Schichten übereinander geklebt. Die Plattenkörper werden am Band produziert und auf die gewünschten Formate zugeschnitten. Die vorkonfektionierten Platten durchlaufen ein Bitumenbad, wobei sie vom Bitumen vollständig durchtränkt werden. Zum Abschluss erfolgt eine Oberflächenbehandlung zur Farbgebung und für den Schutz vor UV-Strahlung. Dies geschieht durch Granulatbestreuung oder durch Behandeln mit Dispersionsfarben.

achflächen aus Bitumenwellplatten sind nicht direkt begehbar. Sie dürfen nur uf Laufbohlen begangen werden. Die Dichtigkeit der Platten wird hierdurch icht beeinflusst und es ist auch ein Nachstreichen möglich.

abelle 080|2-33: Bitumenwellplatten [13]

Abmessungen			Profil		Gewicht
Breite b [mm]	Länge [mm]	Dicke d [mm]	Breite b1 [mm]	Höhe h [mm]	[kg/m²]
900	2000	3,2	90	35	4,0
1050	2000	2,6	75	30	3,0
1060	2000	2,8	76	30	3,2
900	660	3,2	90	35	4,1
1050	660	2,6	75	30	3,0
1060	660	2,8	76	30	3,2
900	2000	4,5	90	35	5,0
900	660	4,5	90	35	5,0

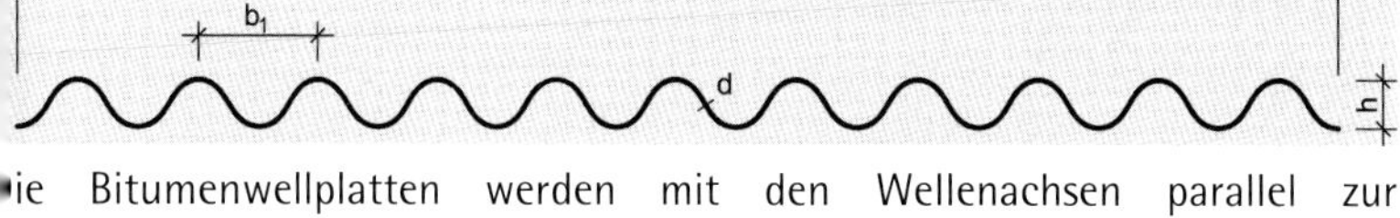

ie Bitumenwellplatten werden mit den Wellenachsen parallel zur efällerichtung der Dachflächen im Verband versetzt verlegt. Zur Verlegung ignen sich Dachflächen mit Neigungen von ≥7° bis 90°. Die jeweilige Mindestdachneigung ist vom Abstand First-Traufe abhängig.

abelle 080|2-34: Mindestdachneigungen von Bitumenwellplatten [13]

Mindestdachneigung Grad	%	Bitumenwellplatten		
7	12	Abstand First-Traufe		<10 m
8	14	Abstand First-Traufe	≥10 m	<20 m
10	17	Abstand First-Traufe	≥20 m	<30 m
12	21	Abstand First-Traufe	≥30 m	

ie Seitenüberdeckungen der Platten betragen jeweils eine Welle, die öhenüberdeckungen sind von der Dachneigung abhängig. Die Befestigung rfolgt mit bauaufsichtlich zugelassenen PVC-Kopfnägeln, Senkkopfnägeln mit ichtungsscheiben oder Glockenkopfnägeln mit Dichtungsscheiben. Die agelung erfolgt nur auf den Wellenbergen, ohne Vorbohrung, senkrecht zur achneigung.

abelle 080|2-35: Höhenüberdeckungen bei Bitumenwellplatten [13]

Dachneigung [Grad]	≥7 <10	≥10 <15	≥15
Höhenüberdeckung [cm]	≥20	≥16	≥14

ie Unterkonstruktion wird aus Traglattungen bestehend aus Kanthölzern mit öhen ≥40 mm und Auflagerbreiten ≥60 mm gebildet. Die Traglatten müssen enkrecht zu den Wellenachsen verlaufen und die Platten auf der gesamten reite unterstützen. Die Abstände der Latten sind abhängig von der achneigung sowie den Schneelasten bzw. Windkräften und betragen 30, 46 der 63 cm. Bei zu flachen Dächern und/oder zu hohen Lasten ist eine Schalung nit einer Dicke ≥24 mm als Unterkonstruktion zu wählen.

läser und Kunststoffe

080|2|9

n Dachflächen werden besonders bei flachgeneigten Dächern auch elichtungselemente eingebaut, die keine üblichen Dachflächenfenster sind. Diese transparenten Bauteile sind als Lichtbänder ähnlich Glasfassaden ufgebaut und bestehen dann aus der Dachfläche herausgehobenen ahmenelementen und entsprechenden Glasfüllungen (siehe Band 13: Fassaden

[11]). Verglasungen müssen außer den Anforderungen aus der Bauphysik auch noch den Sicherheitsanforderungen der OIB-Richtlinie 4 entsprechen, worin verlangt wird, dass Einfachverglasungen und untere Scheiben von Isolierverglasungen bei Überkopfverglasungen, wie z. B. bei Glasdächern, Oberlichten und Dachflächenfenstern, aus geeignetem Verbundsicherheitsglas bestehen oder mit Schutzvorrichtungen gegen das Herabfallen von Glasteilen ausgestattet sein müssen.

Bei flachgeneigten Dächern sind auch transparente oder transluzente Lichttonnen oder Lichtkuppeln nach ÖNORM EN 1873 [58] gebräuchlich, ihre Einbindung in die Dachfläche erfolgt dann spenglermäßig. Die doppelschaligen Kunststoffteile bestehen zumeist aus Polycarbonat (Lexan), PVC oder Polymethylmetacrylat (Plexiglas oder Acrylglas). Aus Polycarbonat werden auch doppelschalige Stegplatten (z. B. für Lichttonnen) hergestellt, aus Acrylglas transparente Wellplatten mit Lichtdurchlässigkeit bis zu 90 %.

Transparente Wellplatten nach ÖNORM EN 1013 [58] können im Verband mit anderen Wellplattendeckungen verlegt werden und bilden in die Dachhaut integrierte Lichtfelder. Die am Markt befindlichen Kunststoffe sind witterungsbeständig und vergilben nicht, jedoch sind sie relativ weich und deshalb leicht zerkratzbar. Bei Glas- oder Kunststoffelementen ist auch das Durchsturzrisiko zu beachten. So sind Kunststoffwellplatten durch Verschmutzung, Schnee u. dgl. oft nur schwer erkennbar. Gemäß ÖNORM B 3417 [44] wird verlangt, dass alle in der Ebene der Dacheindeckung verlegten Belichtungselemente gegen Durchsturz zu sichern sind (Ausstattungsklasse 1) oder sogar generell alle überdeckten Öffnungen (Ausstattungsklasse 2) durchsturzsicher mindestens SB 300 gemäß ÖNORM EN 1873 [58] sein müssen. Sind Glastafeln betroffen, müssen die Scheiben auch außen aus entsprechend dimensioniertem Verbundsicherheitsglas bestehen. Hinsichtlich Brandschutzanforderungen ist auf die örtliche Situation, vor allem die Lage zu Grundgrenzen und Brandabschnittsgrenzen zu achten.

Metalle

080|2|10

Blechdeckungen eignen sich für alle Dachneigungen ab 5° bei Bahnendeckung. Sie zählen zu den ableitenden Deckungen, sind daher nicht völlig luft- und wasserdicht, jedoch ansonsten die dichteste Deckungsart. Sie eignen sich besonders für flachgeneigte Dächer und komplizierte Dachformen. Verwendung finden Bleche vor allem in Form von Bahnen, Tafeln oder als Profilbleche. Die Deckung ist extrem leicht (2 bis 7 kg/m^2), daher besteht besonders die Gefahr des Abhebens bei Windsog. Die vorwiegend verwendeten Materialien und eine detaillierte Beschreibung von Metalldeckungen sind in Kapitel 080|5 enthalten.

Abbildung 080|2-22: Metalldeckungen

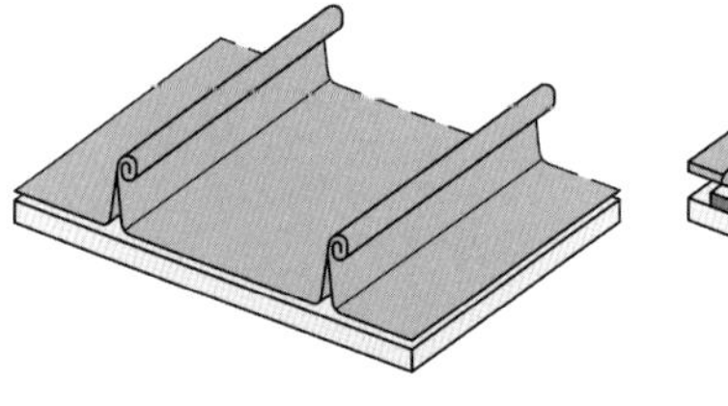

Falzdeckungen

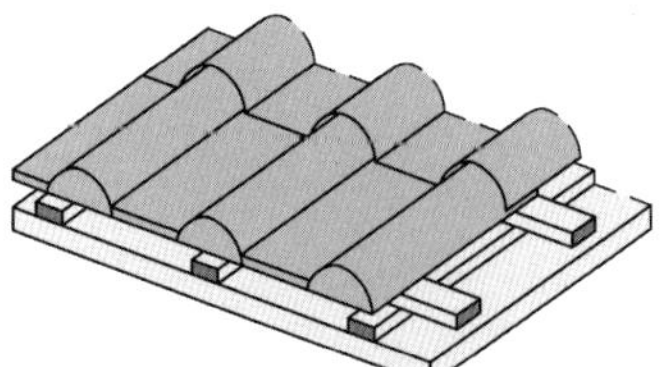

Plattendeckungen

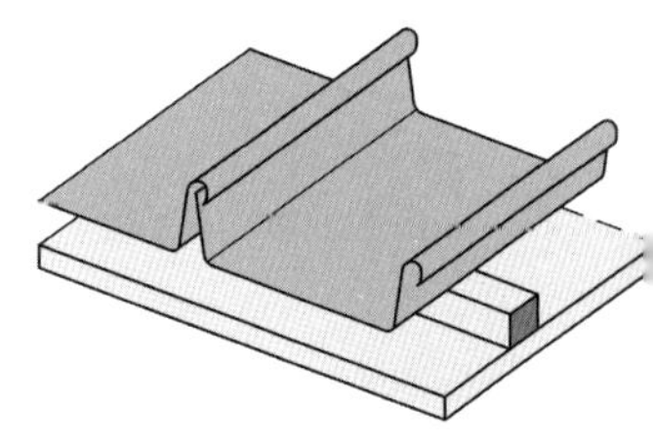

Tafeldeckungen

Bild 080|2-01

Bild 080|2-02

Dachziegeleindeckung mit Biber Rundschnitt – Amadeus schwarz (Tondach) — Bild 080|2-01

Dachziegeleindeckung mit Altstadtpaket Tasche – Engobe weiß-grau-antik (Tondach) — Bild 080|2-02

Bild 080|2-03

Bild 080|2-04

Dachziegeleindeckung mit Tasche eckig – naturrot (Tondach) — Bild 080|2-03

Dachziegeleindeckung mit Tasche eckig – Engobe kupferbraun (Tondach) — Bild 080|2-04

Bild 080|2-05

Dachziegel (Tondach) — Bild 080|2-05

Bild 080|2-06

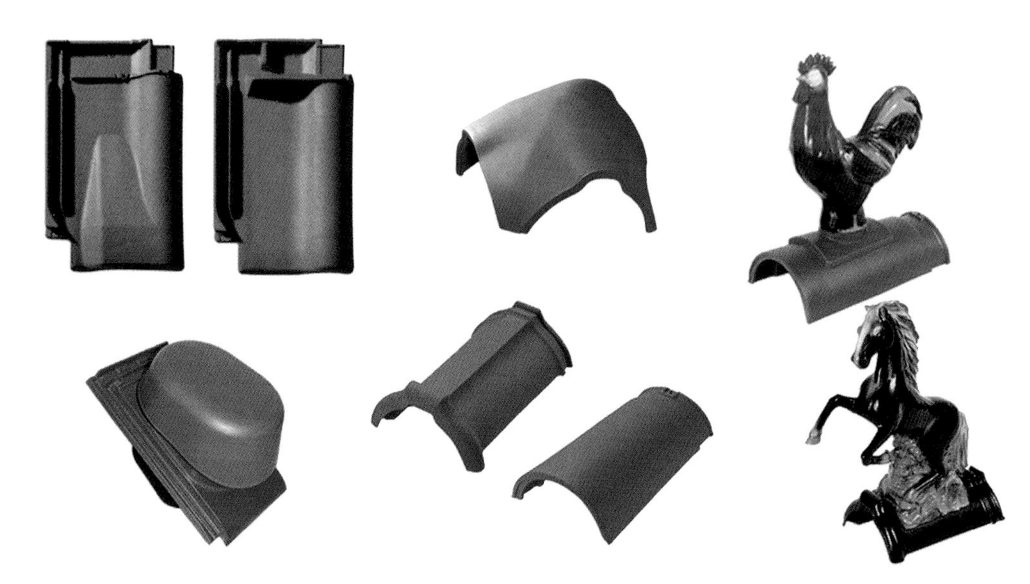

Keramische Dachzubehörelemente (Tondach)

Bild 080|2-06

Bild 080|2-07

Bild 080|2-08

Bild 080|2-09

Ortgangabschluss mit Rundfirstscheibe (Tondach)
Dachfirst mit Firstklammer und Belüftung (Tondach)
Dunstrohrdurchführung (Tondach)

Bild 080|2-07
Bild 080|2-08
Bild 080|2-09

Bild 080|2-10

Bild 080|2-11

Bild 080|2-12

Schneefanggitter (Tondach)
Anfallspunkt mit 3-achsigem Gratverteiler (Tondach)
Dachhinterlüftung (Tondach)

Bild 080|2-10
Bild 080|2-11
Bild 080|2-12

Bild 080|2-13

Bild 080|2-14

Deckung mit Betondachsteinen – Adria, terracotta (Bramac) — Bild 080|2-13
Deckung mit Betondachsteinen – Tegalit, schiefer (Bramac) — Bild 080|2-14

Bild 080|2-15

Bild 080|2-16

Deckung mit Betondachsteinen – Montero, rubinrot (Bramac) — Bild 080|2-15
Deckung mit Betondachsteinen – Reviva, ziegelrot (Bramac) — Bild 080|2-16

Bild 080|2-17

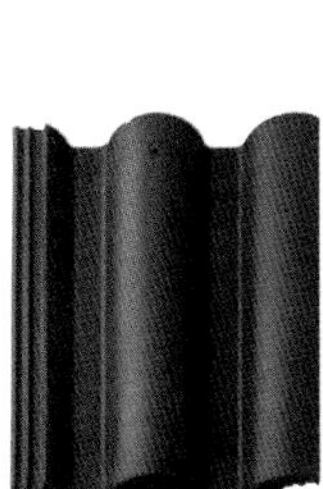
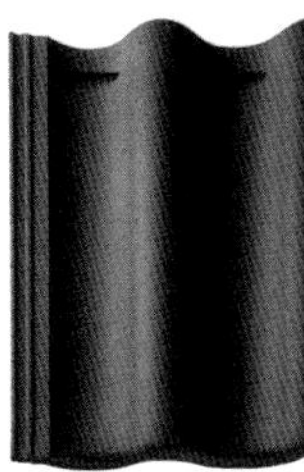

Betondachsteine (Bramac) — Bild 080|2-17

Bild 080|2-18

Dachzubehörelemente für Betondachsteine (Bramac) Bild 080|2-18

Bild 080|2-19

Bild 080|2-20

Bild 080|2-21

Ortgangabschluss (Bramac) Bild 080|2-19
Firstausbildung (Bramac) Bild 080|2-20
Firstabschluss mit Firstendscheibe (Bramac) Bild 080|2-21

Bild 080|2-22

Bild 080|2-23

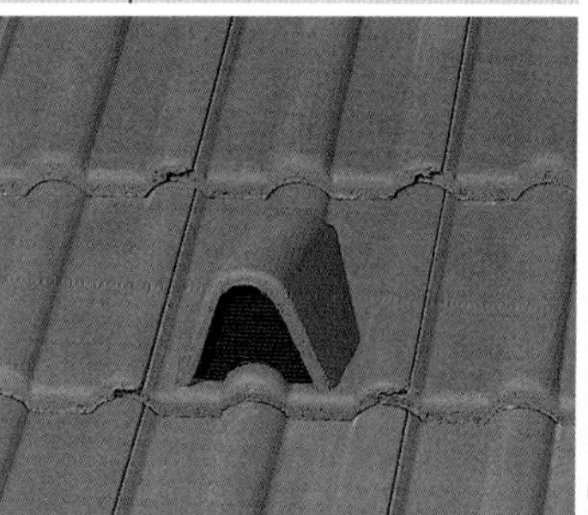

Bild 080|2-24

Anfallspunkt mit Gratverteilerstein (Bramac) Bild 080|2-22
Entlüftungsstein (Bramac) Bild 080|2-23
Dunstrohrdurchführung (Bramac) Bild 080|2-24

Bild 080|2-25

Bild 080|2-26

Deckung mit Faserzement-Dachplatten – DD-XL RE 60/40 DP-naturgrau (Eternit) Bild 080|2-25
Deckung mit Faserzement-Dachplatten – DD-XL RE 60/40 DP-schwarz (Eternit) Bild 080|2-26

Bild 080|2-27

Bild 080|2-28

Deckung mit Faserzement-Dachplatten – DD-XL RE 60/40 rotbraun (Eternit) Bild 080|2-27
Deckung mit Faserzement-Dachplatten – Steinschindel grau (Eternit) Bild 080|2-28

Bild 080|2-29

Faserzement-Dachplatten (Eternit) Bild 080|2-29

Bild 080|2-30

Bild 080|2-31

Deckung mit Faserzement-Wellplatten – Wellplatte P6 rot (Eternit) Bild 080|2-30
Deckung mit Faserzement-Wellplatten – Wellplatte P6 dunkelgrau (Eternit) Bild 080|2-31

Bild 080|2-32

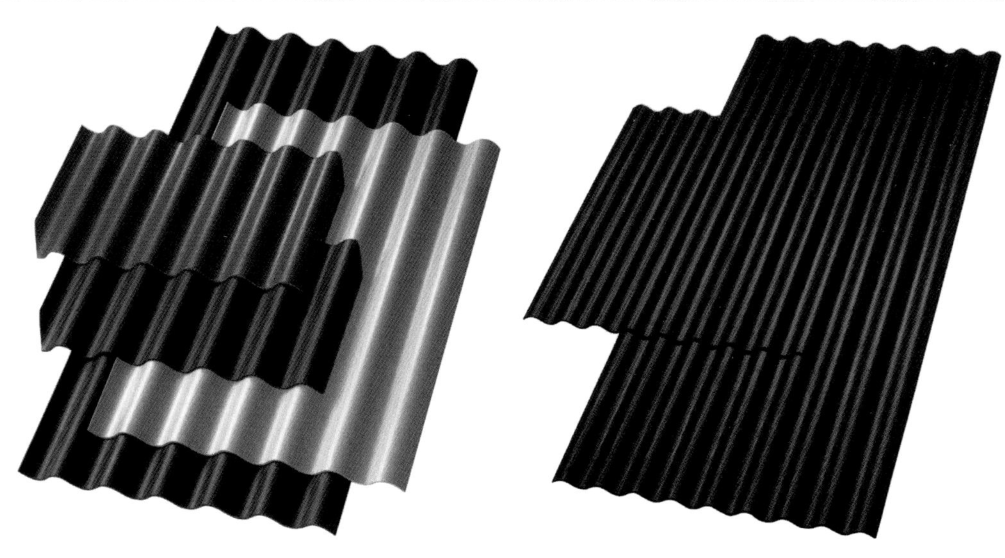

Faserzement-Wellplatten (Eternit) Bild 080|2-32

Bild 080|2-33

Bild 080|2-34

Holzschindeldeckung Bild 080|2-33
Bitumenschindeldeckung Bild 080|2-34

Der „austrian brick and roof award" ist eine Auszeichnung für moderne Ziegel-Architektur in Österreich und wird 2015 wieder als biennaler Wettbewerb ausgelobt.

Eines der Gewinnerprojekte in der Kategorie Steildach ist der „Goingerhof" in Kitzbühel. Die ursprünglichen, in der Gegend verwendeten Holzschindeln kamen wegen ihrer begrenzten Haltbarkeit nicht mehr in Betracht.

Stattdessen wurde der erfolgreiche Versuch unternommen, die entsprechende Dachoptik mit speziell gestalteten, innovativen Tondachziegeln zu erreichen. Die Dachfläche wurde mit dem Modell Altstadtpaket Tasche eckig in weiß-grau-antik eingedekct.

Die Vorteile des geneigten Daches mit einer Dachziegeleindeckung liegen auf der Hand:

- Wind- und sturmsicher bei extremen Wetterbedingungen
- Trotzt jedem Wetter (Niederschlag, Hitze)
- Langlebigkeit für Generationen (wartungsfrei)
- Erleichtert nachträgliche Wohnraumnutzung
- Schont die Umwelt und ist nachhaltig

Das Architekturbüro Steinbacher Thierrichter ZT GmbH konnte in der Kategorie Steildach mit der Sanierung „Penzinger Straße" punkten.

Ein weiteres Award-Kategoriegewinner-Projekt ist der Wohnbau Penzinger Straße (Wien). Der eingeschoßige Straßentrakt wurde etwa Ende des 18. Jahrhunderts errichtet und durfte nicht aufgestockt werden.

In enger Abstimmung mit dem Denkmalamt entstand ein sehr auffallender Dachbodenausbau. Saniert wurde das Dach mit dem Modell TONDACH® Tasche eckig 19x40 in naturrot.

Bis heute ist der Ziegel der beliebteste Baustoff in Österreich. Wobei der „austrian brick and roof award" einmal mehr aufzeigen soll, wie attraktiv, vielseitig und zukunftsweisend heute mit Ziegel gebaut werden kann.

Die Kategorie Steildach nimmt dabei eine besondere Rolle ein, da das geneigte Dach eine Renaissance in der Architektur erlebt. Und das zu Recht!

Infos unter www.ziegel.at

ngedämmte Dachflächen

080|3

aditionell waren die Räume unter dem Dach nicht genutzte und gut ırchlüftete Pufferräume, die sogar durch in den Giebelwänden angeordnete ken quer vom Wind durchströmt wurden. Die Dachhaut bot Schutz vor iederschlägen, musste jedoch nicht dicht sein, da geringe, durchdringende uchtigkeitsmengen schnell abgetrocknet wurden. Natürlich waren solche ächer nicht gedämmt und somit auch die Dachunterseite gut abtrockenbar.

es gilt natürlich auch noch für moderne Dachräume – nur diese sind ımindest in Teilen fast immer genutzt, verbleibende Zwickelräume über ısgebauten Bereichen sind kaum begehbar und die Dacheinbauten haben ftmals keine gegen Feuchtigkeit widerstandsfähigen Deckenkonstruktionen. eshalb ist in diesen Fällen eine erhöhte Sicherheit gegen eindringendes Wasser efordert, was dann eine Durchlüftung der Restvolumen sehr erschwert und die ee eines unterlüfteten Daches auch für ungedämmte Dachräume aufzwingt. auphysikalisch ist der Dachraum dem Außenklima zuzuordnen.

olzkonstruktionen

080|3|1

ie meisten Steildachkonstruktionen im Wohnbau bestehen aus Holz. Ihre Vurzeln reichen bis zu den Holzüberdeckungen der ersten Wohnbehausungen der frühen Menschheitsgeschichte zurück. Demgegenüber sind Stahl- und etondachstühle Ausnahmelösungen und eher im Industriebau zu finden. lleine die sogenannten Sargdeckelkonstruktionen – flächige Dachonstruktionen aus Stahlbeton – findet man bei Neubauten von ehrgeschoßigen Wohnhäusern oft. Flächige Holzdachtragwerke aus lassivholzplatten sind in den letzten Jahren im Zuge der Entwicklung von olzwohnhäusern schon mehrfach realisiert worden.

er Vorteil der Holzkonstruktionen ist ihre geringes Eigengewicht, das einfache nd mit traditionellen Mitteln leicht herzustellende Tragwerk aus achwachsenden Rohstoffen und letztendlich die leichte nachträgliche eränderbarkeit. Nachteilig sind die Brennbarkeit und die Sensibilität von Holz uf Feuchteschäden.

bliche Dachkonstruktionen bestehen aus vom First zur Traufe orientierten parren, die zumeist durch quer dazu liegende Pfetten gestützt werden – sind lso Stabtragwerke. Bei neueren Konstruktionen mit Haupttragelementen aus tahlprofilen werden anstelle der Sparren Holzbalken parallel zur Traufe – wischen den Tragrahmen liegend – angeordnet, die die Sparrenfunktion bernehmen, jedoch anders (quer) beansprucht werden. Die Dachkonstruktion ıuss zum Erhalt der räumlichen Stabilität mit Windverbänden ausgesteift verden. Sparrenhöhen mit 18 bis 24 cm Höhe reichen aus, um eine asisdämmung der Dachfläche zu ermöglichen.

lächige Holzdachtragwerke ersetzen sowohl Sparren als auch Pfetten, sie sind eshalb mit geringerer Höhe ausführbar. Dachflächen aus Massivholzplatten virken als aussteifende Scheibe, wodurch hier Windverbände (Windrispen etc.) ntfallen können.

Jngedämmte Dächer werden zwar in der Regel nicht in Massivholzonstruktionen hergestellt, jedoch gibt es immer wieder nicht temperierte Dachrestbereiche". Dabei ist ein Unterdach direkt über der Platte aufzubringen, darüber erfolgt eine beliebige Dachdeckung. Massivholzplatten sind industriell gefertigte, kreuzweise verleimte Brettlamellen aus trockenem Nadelholz. Sie werden in Breiten von ca. 1,25 bis 3,00 m, beliebiger Länge von bis zu ca. 24,0 m (in der Regel 16,00 m) und fixen Dicken zwischen 6 und 32 cm projektspezifisch hergestellt. Oft beschränken die Transportmöglichkeiten die Elementgröße. Die individuelle Gestaltung der Brettsperrholzplatten für konstruktive Lösungen und die Variabilität im Schichtaufbau (bis zu acht Schichten, mit und ohne Sichtqualität an der Unterseite) machen diese Bauart attraktiv.

Dachaufbauten

Eine Dachdeckung mit Dachsteinen (als Überbegriff) erfolgt immer auf Lattung, die auf den Sparren oder auf zwischenmontierten Konterlatten befestigt wird. Die Lattenquerschnitte hängen vom Gewicht der Dachhaut und vom Sparrenabstand ab, der Lattenabstand vom jeweiligen Dachstein bzw. der Dachneigung und ist aus den jeweiligen Produktdatenblättern zu entnehmen.

In den noch recht häufig im Originalzustand anzutreffenden Gründerzeithäusern wie auch bei vielen noch älteren historischen Gebäuden ist diese Dachdeckung auf Lattung ohne zusätzlich darunter angeordnete Schichten als „Basisausführung" eines Steildaches noch in voller Funktion anzutreffen.

Tabelle 080|3-01: ungedämmte Dachflächen auf Holzkonstruktionen – ohne Unterdach

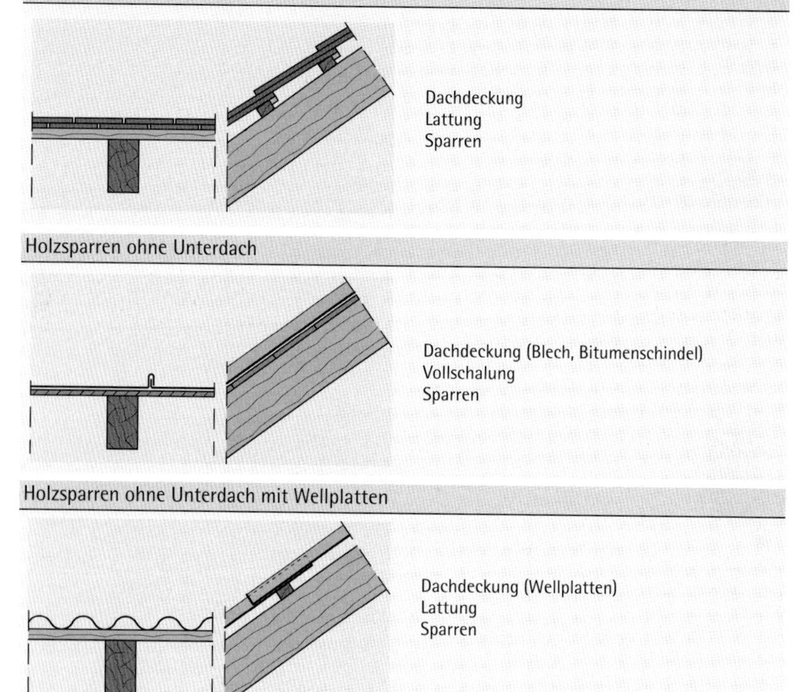

Metalldeckungen mit Stehfalz werden immer auf Vollschalung (sägerau, 1" dick = 24 mm) verlegt, wobei der maximale Sparrenabstand von 1,0 m aus Gründen der Tragfähigkeit der Schalungsbretter nicht überschritten werden darf.

ei einer Wellplattendeckung (das gilt auch für Metallprofile wie Trapezbleche) t die Deckung über Lattung zu verlegen, wobei der Abstand der Lattung vom aterial, dem Profil und der Schneelast abhängt und zumeist vom Hersteller in en Produktunterlagen angegeben ist. Der Lattenquerschnitt ist entsprechend ößer (in der Regel 5/8 cm), der Lattenabstand ebenso mit praktisch immer ber 1,0 m.

e einfachen Dachschalen über durchlüfteten Dachräumen sind erprobt. Will an Feuchtigkeitseintrag mit größerer Sicherheit verhindern, ist eine nterspannbahn einzubauen, die etwaige eindringende Nässe über die Traufe bleitet, die aber auch die Unterlüftungsfunktion sicherstellen muss. Die nterspannbahn wird frei über die Sparren gespannt. Um auch in Sparrennähe nen gesicherten Belüftungsraum zu gewährleisten, wird zwischen Sparren nd Lattung eine Konterlattung angeordnet.

ne deutliche Verbesserung des Unterdaches ist die Ausführung einer nterdeckung auf einer Vollschalung, diese bietet auch die Möglichkeit, das ach nachträglich ausbauen zu können.

belle 080|3-02: ungedämmte Dachflächen auf Holzkonstruktionen – mit Unterdach

lolzsparren mit Unterspannbahn

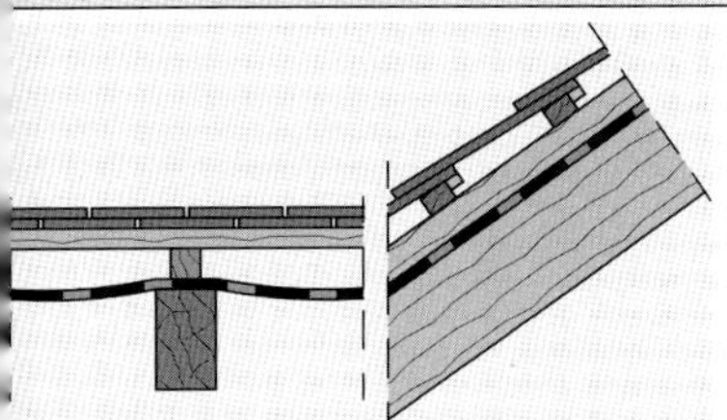

lolzsparren mit Unterdach

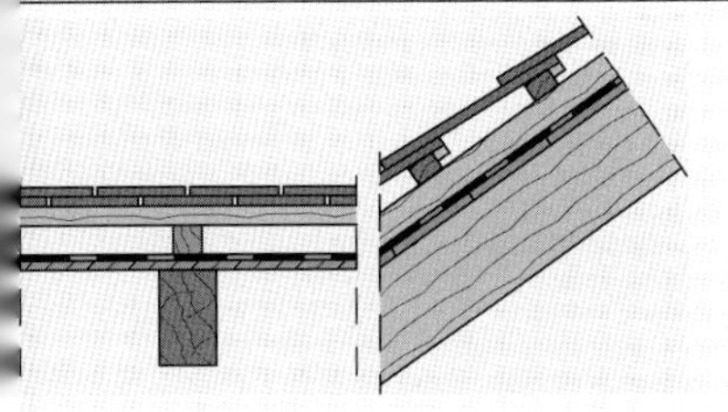

Massivholzplatte mit Unterdach

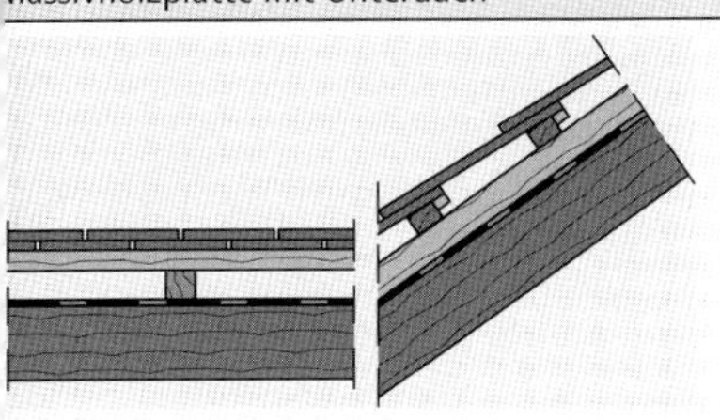

etailausbildungen

080|3|1|2

ie nachfolgenden Details werden immer mit Unterdach dargestellt, es können ber auch Unterspannbahnen oder überhaupt keine Unterdächer zur usführung kommen, wodurch sich aber am grundsätzlichen Aufbau der eckung nichts ändert.

Traufe

080|3|1|2|1

Die Traufe ist die untere Begrenzung eines geneigten Daches. An dieser Kante wird in der Regel eine Regenrinne/Dachrinne angeordnet (siehe Kapitel 080|6). Diese kann als Hängerinne unter der Traufkante hängen oder als Saumrinne auf dem untersten Dachteil über der Traufe ausgeführt sein. Wesentlich ist, dass die Dachwässer weitestgehend gefasst und rasch abgeleitet werden. Bei flacheren Dachneigungen unter 25° wird hier bei allen Deckungen ein Traufstreifen ausgebildet.

Da eine Hinterlüftungsebene angeordnet wird, ist an der Traufe die Zuluftöffnung zu situieren. Das kann, da der Dachraum kalt und ebenfalls durchlüftet verbleibt, oberhalb oder unterhalb der Hängerinne erfolgen. Eine eventuell durch Schnee verlegte Zuluftöffnung zieht in diesem Fall keine negativen Konsequenzen nach sich.

Bei Stehfalzdächern werden die Blechschare über einen auf die Schalung genagelten Traufstreifen nach unten gebogen, wobei der Traufstreifen oft in die Hängerinne eingehängt ist (Einlaufblech). Hier ist die Zuluft dann zwingend unter der Rinne anzuordnen. Einlaufbleche werden auch bei Deckungen aus Metallplatten eingesetzt. Die Stehfalze sind als stehend gerader oder schräg gebördelter Falz vor dem Abbiegen abgeschlossen.

Generell sind sämtliche Be- und Entlüftungsöffnungen des Daches gegen das Eindringen von Insekten und den Eintrieb von Flugschnee zu schützen. Dies kann mittels Vogel- und Insektenschutzgitter oder durch Verblechungen mit Lochblechen realisiert werden (freier Lüftungsquerschnitt über 50 %). Ein Traufstreifen ist bei allen Unterdächern einzubauen, er muss 10 cm weit aufliegen und mindestens 20 mm vor die Fassade ragen.

Abbildung 080|3-01: ungedämmte Dachflächen auf Holzkonstruktionen – Traufenausbildung

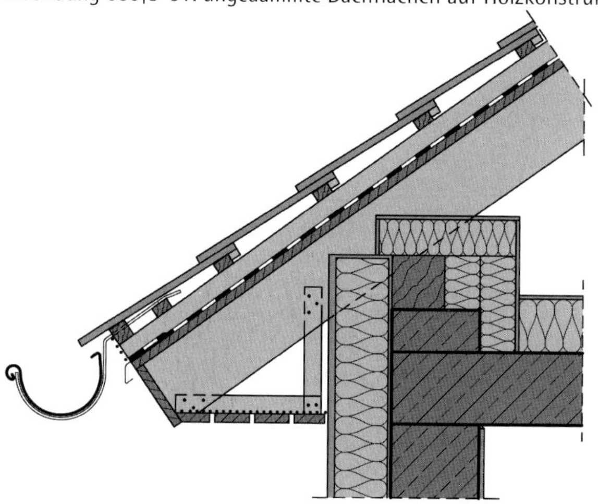

Hängerinne und Dachüberstand

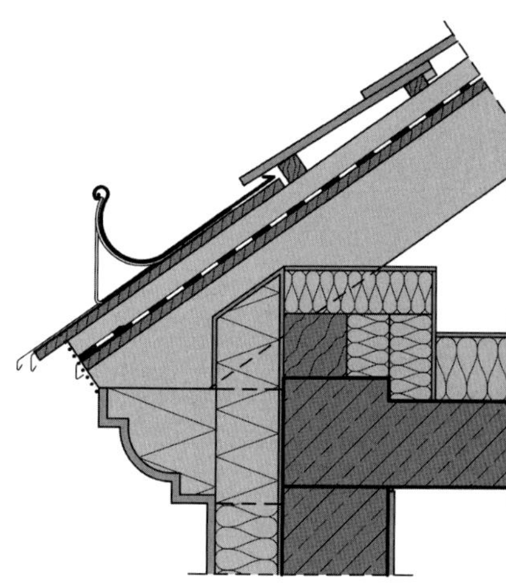

Saumrinne und Gesimse

Ortgang

080|3|1|2|2

Um zu gewährleisten, dass Regenwasser nicht über die Außenwand abrinnt, ist der Ortgang – der seitliche Dachabschluss - entweder mittels Blechabdeckung oder entsprechend verlegten Platten auszubilden. Die meisten Dachziegel- und Dachplattenprogramme bieten dazu passende Formsteine an. Dadurch lässt sich n sauberer Dachabschluss über der Außenwand bzw. dem Dachvorsprung ısbilden. Dabei ist die Dachdeckung entlang des Ortganges mit leichtem efälle zur Dachfläche zu verlegen. Ist dies nicht möglich, ist eine rtgangverblechung auszuführen.

ls konstruktive Forderung gilt, dass der obere Mauerabschluss ebenflächig mit nem Glattstrich (bzw. mit einem Abschlussrost aus Beton) zu versehen und die berfläche jedenfalls vor Herstellung der Dachkonstruktion/Dachschalung urch eine Dachbahn gegen das Eindringen von Feuchtigkeit zu schützen ist.

bbildung 080|3-02: ungedämmte Dachflächen auf Holzkonstruktionen – Ortgangausbildung

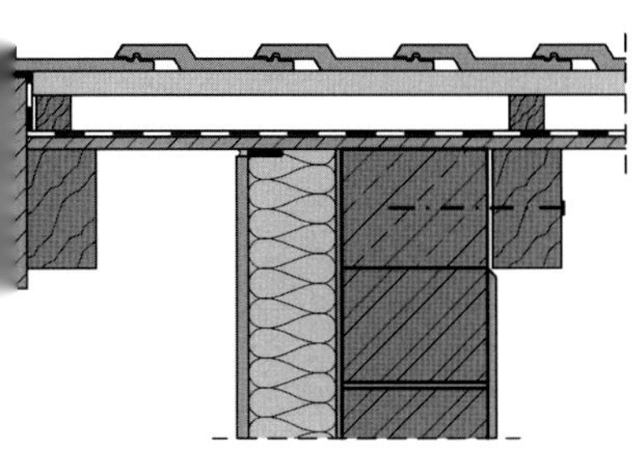

Dachrand mit Überstand

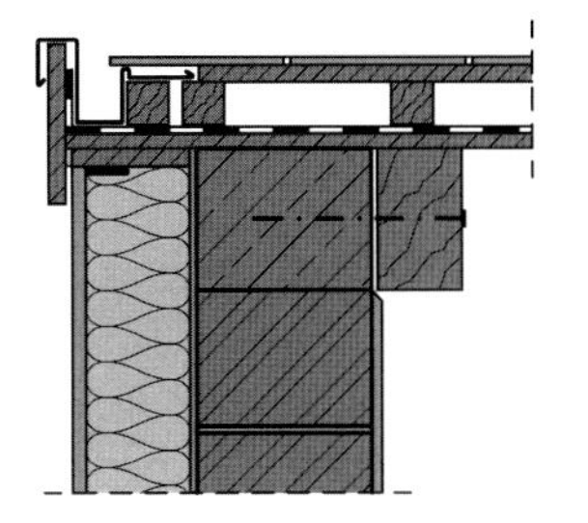

Dachrand fassadenbündig

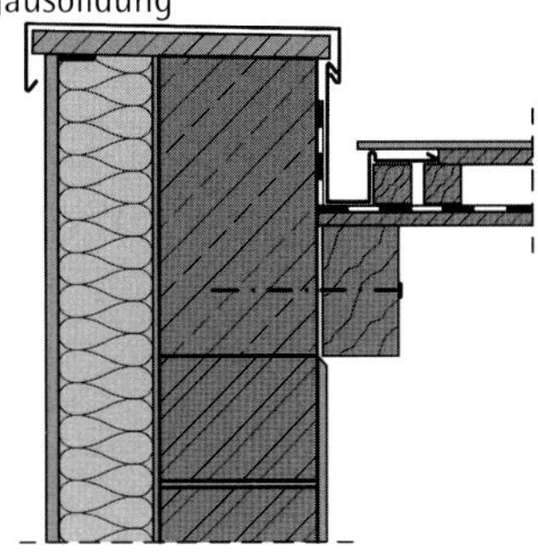

Ortgang mit Wandhochzug

irst und Halbfirst

080|3|1|2|3

er First ist der oberste Abschluss des Daches. Dieser kann entweder berlappend (bei Schiefer- und Faserplatten), mit Formsteinen (Dachziegel und achsteine) oder durch Sonderblechteile (bei Blechdächern) ausgebildet erden. Bei Dachaufbauten mit Unterspannbahn oder gar Unterdach ist darauf u achten, dass eine Durchlüftung der Hinterlüftungsebene von der Traufe bis um First gewährleistet ist, und dies auch bei „kaltem Dachraum".

bbildung 080|3-03: ungedämmte Dachflächen auf Holzkonstruktionen – Firstausbildung

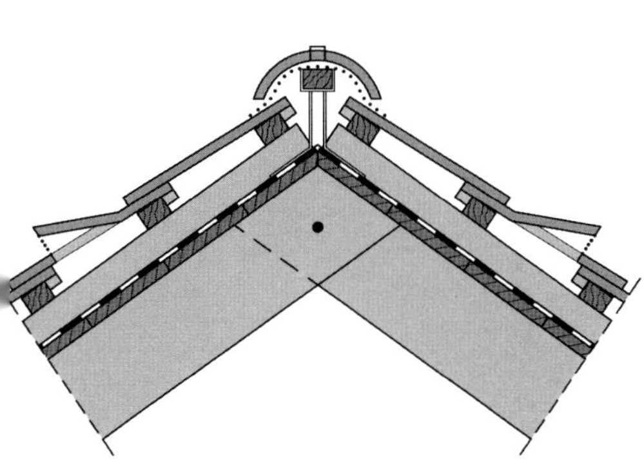

Ausführung mit Firstkappe und Lüftungssteinen

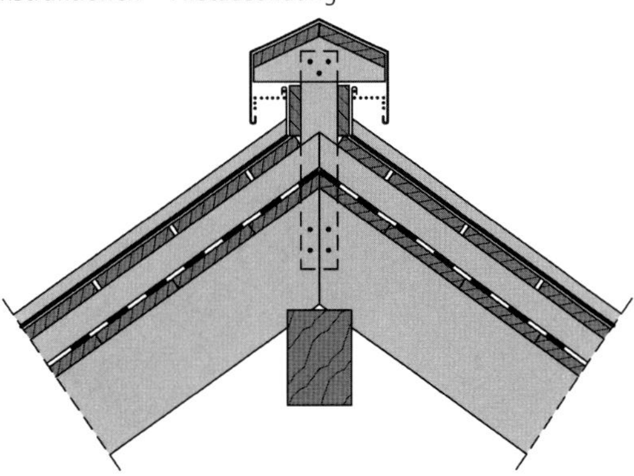

Blechdach mit Firstlüfter

ie Ausführung des Firstes mit Firstlatte, die in Längsrichtung des Sparrens äuft, bringt den Vorteil, dass der Firststein gut befestigbar ist und in der Ansicht es Objekts eine horizontale Kante entsteht. Oftmals kann der erforderliche üftungsquerschnitt nicht hergestellt oder die gewählte Firstausführung erfügt über einen zu geringen Lüftungsquerschnitt bzw. es werden

Firstausführungen ohne Lüftungsmöglichkeit gewählt. Dann wird die Entlüftung der Lüftungsebene über Lüftungssteine und Froschaugen durchgeführt, wobei hier oft mehrere Reihen Lüftersteine erforderlich werden.

Für die Ausbildung des Halbfirstes gibt es drei Möglichkeiten. Entweder eine Ausbildung mittels Formsteinen oder der letzte Stein der Dachfläche überragt einen senkrecht an der Dachkonstruktion angebrachten und gesicherten Stein, eine Holzschalung bzw. Attikaplatte oder die Ausformung mit Blech. Firstentlüftungen können ebenfalls als Halbfirstentlüftung in Blech ausgebildet werden.

Abbildung 080|3-04: ungedämmte Dachflächen auf Holzkonstruktionen – Halbfirstausbildung

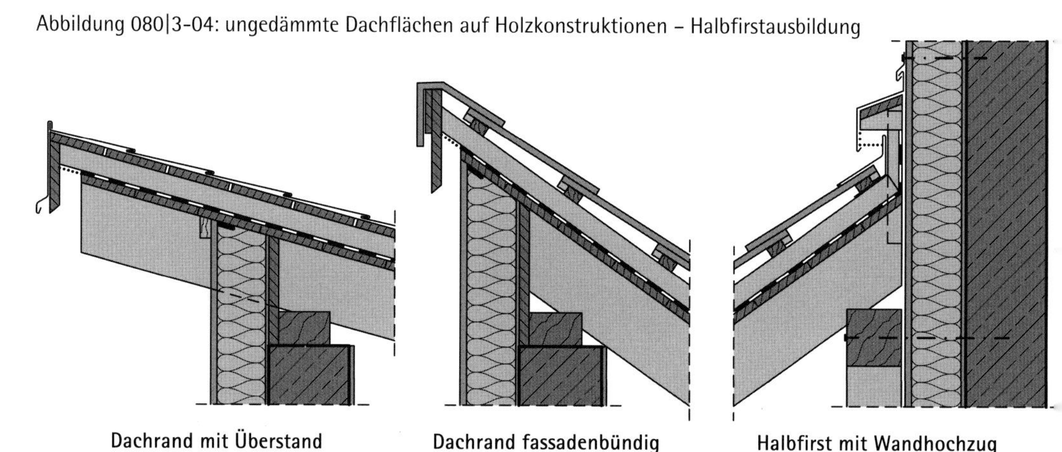

Grat und Kehle

080|3|1|2|4

Der Grat bei einem Dach ist die Verschneidungskante von zwei voneinander geneigten Dachflächen (entstehen bei ausspringenden Hausecken). Grate können ähnlich dem First unter Zuhilfenahme von Formsteinen ausgebildet werden, mit Blechabdeckungen oder durch Ausbildung von Falzen bei Stehfalzdächern. Da die Hinterlüftungskanäle durch den Grat unterbrochen werden, muss entweder am Grat selbst eine Abluftöffnung realisiert oder aber durch Abstand der Konterlatte zur Gratlattung die Abluft in Richtung First hochgezogen werden. Dabei sind aber unterstützend zusätzliche Lüftungsöffnungen erforderlich, die durch Lüftungssteine ausgebildet werden können.

Demgegenüber werden Dachkehlen (innenliegende Verschneidungskanten von zwei zueinander geneigten Dachflächen entstehen bei einspringenden Gebäudeecken) bei ausreichend kleinen Gefällebrüchen mit der in der Regelfläche verwendeten Deckung ausgedeckt oder in Rinnenform verblecht (siehe 080|6).

Kehlbleche gibt es in unterschiedlicher Kantform, ohne Unterdach ist die Rinnenunterlage vollflächig zu schalen und mit einer Dachbahn auszulegen. Abhängig von Dachneigung und Himmelsrichtung ist die Verblechung unterschiedlich auszuführen – die ÖNORM B 3521-1 [48] sowie die Richtlinien des Spenglerhandwerks [21] sind bei der Verblechung zu beachten. Das Eintreten von Niederschlagswasser in den Dachraum ist jedenfalls zu verhindern, weshalb das Unterdach unter der Kehlenausbildung dicht durchgeführt werden muss.

ʼVandanschlüsse

ʼVandanschüsse sind generell aus Blech herzustellen, wobei die ʼVandhochzugshöhe mindestens 15 cm über die Deckungsebene ragen muss. ei Streichbalken sollte in der Regel gewährleistet sein, dass keine ʼerformungsdifferenzen zwischen Dachfläche und Wand auftreten (z. B. durch ʼerdübelung Balken an Wand).

.nschlüsse an Kamine sind wie Wandanschlüsse ebenso immer aus ʼVinkelblechen herzustellen. Ober- und unterhalb des Kamins ist immer eine .atte zu montieren. Die Verblechung ist mehrteilig und wird entweder verlötet der gefalzt und mit Haftern niedergehalten, wobei die Falze eine Versteifung es Bleches bewirken und ein seitliches Eintreiben von Schlagregen verhindern. er Hochzug ist oben zu verwahren und so auszuführen, dass die Unterkante er Deckleiste 15 cm über der Dachdeckung liegt. Die Deckleiste ist entweder ine Putzleiste (bei Putzanschlüssen) oder eine Kittleiste mit dauerelastischer ugenversiegelung (Wartungsfuge!). Winkelbleche sind bei größeren Längen ıit Stehfälzen zu verbinden.

ie Dachdeckung aus Dachsteinen, Platten sowie auch profilierten Tafeln berdeckt die Bleche in der Dachfläche ähnlich wie bei der Ortgangausführung. ie Blechenden besitzen immer Wasserfalze, um Regeneintrieb hintanzuhalten. ei einer Stehfalzdeckung werden die Blechscharen oft wie ein Winkelblech als ʼVandanschluss ausgebildet, bei Kaminanschlüssen oft als ausgerundeter tiefelfalz (Quetschfalz). In die Dachfläche werden sie mit Querfalzen – .usführung je nach Dachneigung – eingebunden. Dazu müssen die Fälze mgelegt werden. Diese Stellen sind kritisch, da hier die Beweglichkeit der lechscharen behindert wird. Der obere Anschluss wird mit Haften gehalten nd einer Putz- oder Kittleiste verwahrt oder das Winkelblech in eine Z-ʼerblechung der Wärmedämmfassade eingebunden.

ei den vorgefertigten Blechdeckungen werden die Anschlussbleche durch berdecken der Dachfläche und durch Füllen des Spaltraumes mit Zahnprofilen nd Profilfüllern hergestellt. Die Anschlüsse sind nur bedingt regendicht und rfordern ein rasches Abführen von Niederschlagswasser.

.bbildung 080|3-05: ungedämmte Dachflächen auf Holzkonstruktionen – Durchdringungen - Kamin

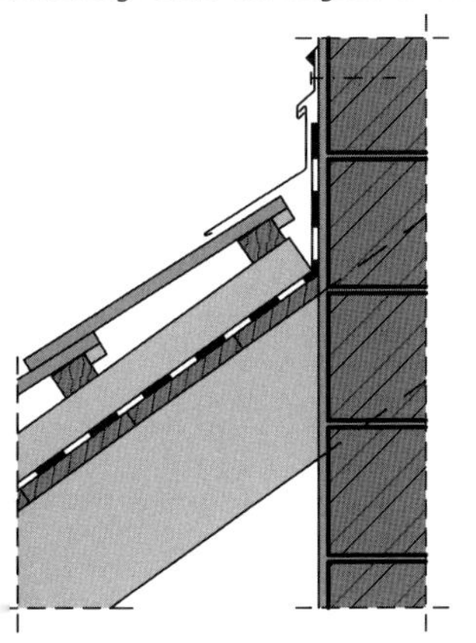

Kaminanschluss unten

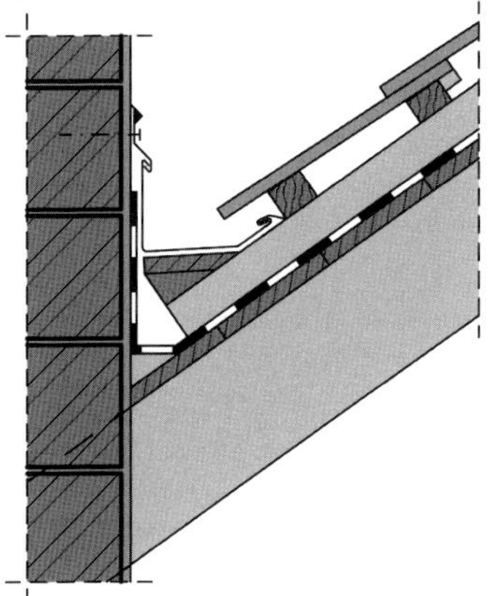

Kaminanschluss oben

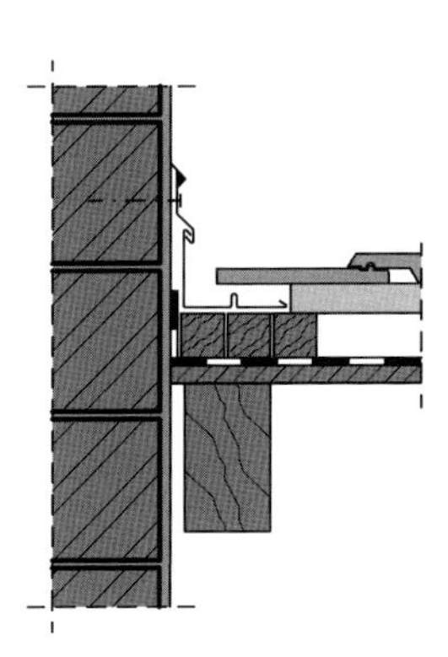

Kaminanschluss seitlich

Massivkonstruktionen

080|3|2

Bei modernen Dachgeschoßneubauten in Stahlbeton werden Dächer oftmals als sogenannte Sargdeckelkonstruktionen ausgeführt. Dabei ist oft auch ein Übergang zu unbelüfteten Zwickelräumen über der letzten Dachdecke zu finden. In der Regel sind diese Dachaufbauten aber gedämmt. Ungedämmte Ausführungen gibt es z. B. bei den oben erwähnten Zwickelräumen oder bei Industriebauten.

Stahlbetonplatten sind wenig sensibel auf Feuchtigkeit, sind jedoch recht schwer, weshalb im Industriebau bei größeren Spannweiten auch Lösungen mit Tragbalken und füllenden, zarten Betonfertigteilen realisiert werden – für die Dachstruktur hat das aber keinen Einfluss.

Tabelle 080|3-03: ungedämmte Dachflächen auf Massivkonstruktionen

Massivplatte – mit Unterdach (selten ausgeführt)

Dachdeckung
Lattung
Konterlattung
Unterdach - Abdichtung
Betonplatte

Massivplatte – mit Metalldeckung (selten ausgeführt)

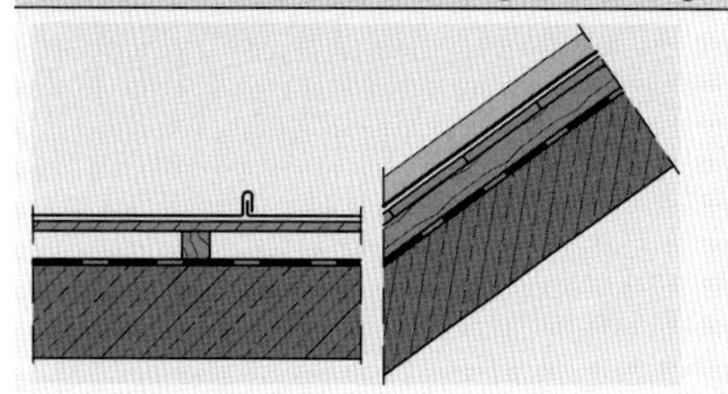

Dachdeckung (Blech)
Schalung
Konterlattung
evtl. Unterdach - Abdichtung
Betonplatte

Dachaufbauten

080|3|2|1

Auf der Betonkonstruktion ist – schon als Bauabdichtung – praktisch immer eine Abdichtungsbahn aufgeflämmt. Diese wird dann für den Endausbau als Unterdach verwendet. Die Realisierung einer funktionierenden Hinterlüftungsebene ist jedenfalls zu empfehlen, obwohl bei untergeordneten Bauten die Lattung auch direkt am Beton (auf der Bitumenbahn) aufgelegt und befestigt wird. Die Lebensdauer solcher Ausführungen ist aber nur beschränkt. Die Dachhaut ist in jedem gewünschten Material ausführbar, die Detailausbildungen entsprechend denen bei Holzunterkonstruktionen.

Metallkonstruktionen

080|3|3

Gerade im Gewerbe- und Industriebau werden oft leichte und nur eine Wetterschutzschale bildende Dächer errichtet. Über der Tragstruktur aus Stahl liegen direkt verlegte, tafelförmige Blechelemente – hauptsächlich Trapezbleche – zur Wasserableitung. Natürlich gibt es auch andere Deckungsformen, jedoch wird hier zumeist die kostengünstigste (= einfachste) Lösung bevorzugt.

ine Sonderform bilden Dächer für Tribünenüberdachungen oder im ahnhofsbereich, wo zur Schutzfunktion oftmals noch gestalterische nforderungen kommen. Bei großflächigen Strukturen wird dann die wängungsfreie Beweglichkeit der Dächer bedeutsam, weshalb oft z. B. Gleitügeldächer oder ähnliche Konstruktionen realisiert werden. Bei historischen berdachungen findet man Stehfalzdächer auf Schalungen, womit auch ekrümmte Flächen langfristig dicht hergestellt werden konnten.

achaufbauten

080|3|3|1

rapezblechdeckungen ermöglichen das stützenfreie Überspannen von bständen bis zu 6 m. Wird eine enger liegende Unterkonstruktion hergestellt, ann kann auch eine Deckung mit Faserzement-Wellplatten realisiert werden, as eine ebenfalls kostengünstige Lösung darstellt. Gleitbügeldächer oder alzdeckungen brauchen ebenfalls eine enge oder sogar flächige Jnterstützung.

abelle 080|3-04: ungedämmte Dachflächen auf Metallkonstruktionen

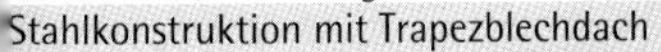

Stahlkonstruktion mit Trapezblechdach

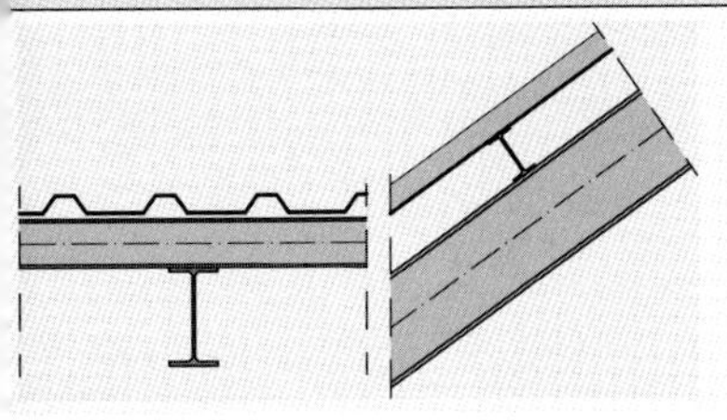

Dachdeckung
Pfetten (Sekundärtragkonstruktion)
Träger (Primärtragkonstruktion)

Stahlkonstruktion mit Blechdach auf Schalung

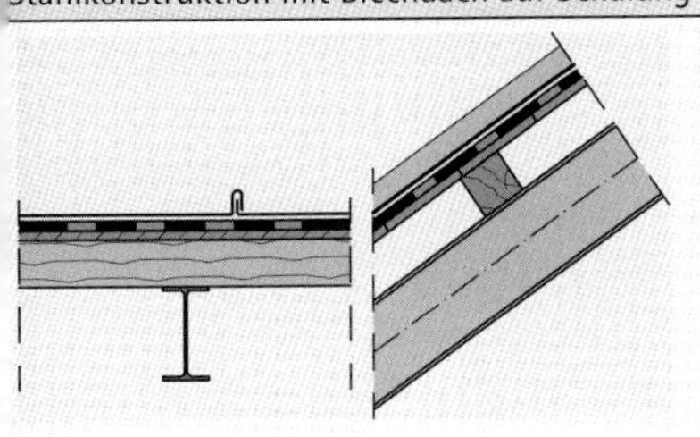

Dachdeckung (Blechfalzdeckung)
Bitumenpappe (Rohpappe)
Holzwerkstoffplatte
Pfetten (Sekundärtragkonstruktion)
Träger (Primärtragkonstruktion)

etailausbildungen

080|3|3|2

ei den nicht gedämmten Metalldeckungen wird in Abbildung 080|3-06 kein Jnterdach dargestellt, da ein solches in den meisten Fällen auch nicht gebaut vird.

raufe

080|3|3|2|1

)ie Traufausbildung bei profilierten Metalltafeln – direkt über Metallprofilen ufgelegt und befestigt – wird durch vorgekantete Traufbleche, der)eckblechtafel mit nach unten abgekanteten Blechrändern sowie darüber iegenden Profilfüllern beschrieben. Diese Blechränder überdecken die)achrinnen-Hinterkante und die Traufbleche schließen die Dachfläche zur neist bündig darunter stehenden Fassade ab. Ähnliches gilt für Gleitbügeldächer, aber auch für z. B. Faserzement-Wellplatten (die anstelle der Abkantung Formsteine nutzen). Bei Stehfalzdachtraufen werden die Falze gekürzt und der vordere Blechrand abgebogen, wie bei den Holzdachkonstruktionen dargestellt wurde.

First

080|3|3|2|2

Auch die Firstausbildung erfolgt in grundsätzlich zwei Arten – handwerklich bei den Stehfalzdächern durch Einfalzen oder vorgefertigt durch Abdecken der Blechtafel mit vorgefertigten Abdeckprofilen und unter Einlage von Füllprofilen bzw. füllenden Zahnleisten. Bei Gleitfalzdächern aus dünnen Blechen und mit breiten Blechteilen ohne oder mit geringer Profilierung werden diese Blechteile zuvor aufgekantet. Das gilt auch für Trapezblechtafeln, jedenfalls bei flacheren Neigungen. Analog zur Traufe werden Wellplatten mit an die Plattenform angepassten Formsteinen abgedeckt.

Ortgang

080|3|3|2|3

Beim Ortgang wird eine übliche Verblechung ausgeführt, die durch mindestens zwei Wellen abgedeckt werden sollte. Bei Wandanschlüssen muss die Wandverblechung ebenfalls zwei Wellen der Profilblechtafel überdecken oder entsprechend weit über die mit Füllelementen geschlossenen Sicken überstehen. Gleitfalzdächer überlappen Anschlussbleche ähnlich, jedoch nur mit einer Welle. Dazu gibt es vorbereitete Blechelemente als Systemergänzung.

Abbildung 080|3-06: ungedämmte Dachflächen auf Metallkonstruktionen – Traufen, First, Ortgang

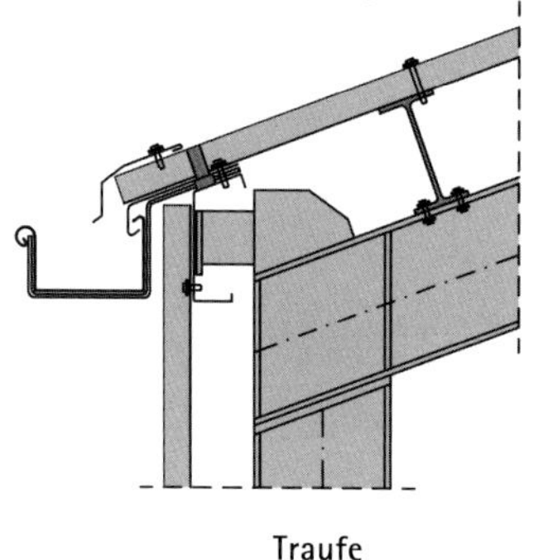

Traufe

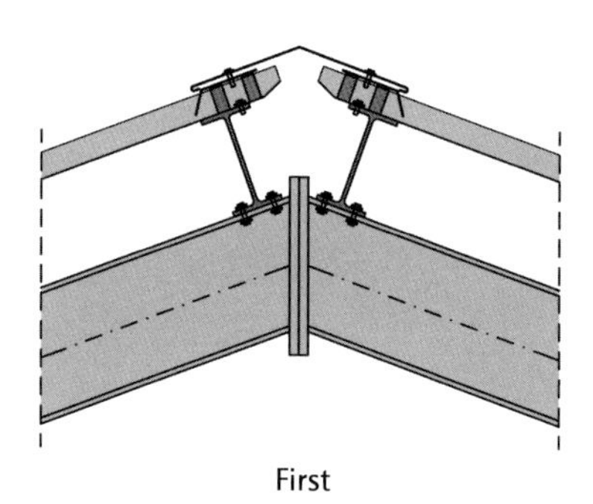

First

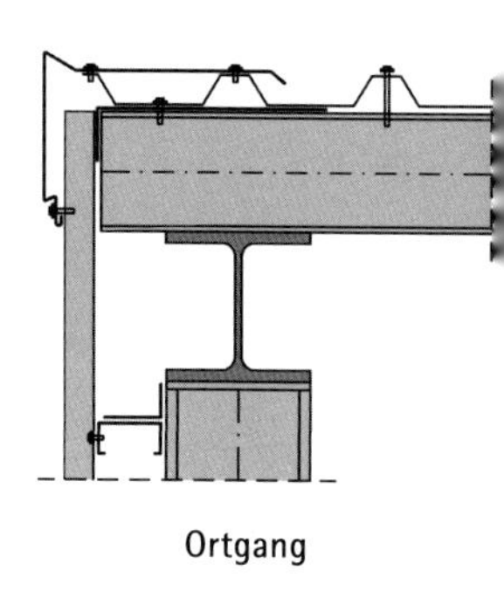

Ortgang

edämmte Dachflächen

080|4

m errichtete Bauvolumen optimal auszunutzen, werden auch früher nicht enutzte Dachräume hochwertig genutzt. Damit sind alle Anforderungen an nergieeinsparung wie natürlich auch die recht komplexen bauphysikalischen spekte zu berücksichtigen. Mit zunehmend guten Dämmwerten wächst die rforderliche Dämmstoffdicke, dennoch soll der Dachaufbau aus irtschaftlichen Gründen in seiner Aufbaustärke beschränkt bleiben, leichzeitig werden örtliche Wärmebrücken bedeutsamer. Moderne estaltungsvorstellungen verändern traditionelle Materialien, neu auf den larkt drängende Materialien versprechen Lösungen, ohne aber eine ntsprechende Langzeiterprobung durchlebt zu haben.

omit kann mit Recht gesagt werden, dass das Thema gedämmte Dachflächen omplex ist und bautechnisch „sichere" Lösungen durch Anforderungen an die ormgebung der Dachflächen noch zusätzlich erschwert werden. Dennoch gibt s eine Vielzahl von Konstruktionen, die bei sorgsamer Realisierung die ihnen ugedachten Anforderungen mit Verlässlichkeit erfüllen und sogar in hohem laße die oft nicht optimale Umsetzung in der Baupraxis ertragen.

edämmte Dächer müssen folgende Anforderungen erfüllen:

- Tragfähigkeit, Witterungsschutz und Wärmeschutz als „basics"
- Winddichtheit, Luftdichtheit und passende Dampfdichtheit
- Hinterlüftung zur Feuchtigkeitsabfuhr und Sicherheitsebene gegen ungeplante Feuchtigkeitszutritte aus Fehlstellen oder außerordentlichen Wettersituationen
- Lagesicherheit aller Schichten bei sämtlichen Lastsituationen, z. B. auch bei Windsog an den Dachrändern
- Schallschutz und Wärmespeichervermögen als erweiterte bauphysikalische Anforderungen
- Einfache, rasche, kostengünstige und vor allem möglichst fehlersichere Herstellung

ärmedämm- und Hinterlüftungsebenen

080|4|1

ei belüfteten Dächern wird die Dachdeckung (und Lattung/Schalung) über der ärmegedämmten Unterkonstruktion als innere Schale angeordnet und durch inen Zwischenraum getrennt. Dieser Zwischenraum steht über Be- und ntlüftungsöffnungen mit der Außenluft in Verbindung, bildet einen hermischen Puffer und ermöglicht eine thermische oder druckdifferenz-nduzierte Durchströmung. Früher vertrat man die Ansicht, dass das durch die nnenschale durchdiffundierte gasförmige Wasser über die Hinterlüftung nterhalb der Deckschale problemlos abgeführt werden kann. Heute weiß man, ass eine Vielzahl von Einflussfaktoren die Belüftung des Dachzwischenraumes ber der Dachdämmung negativ beeinflussen können, so beispielsweise zu roße Belüftungslängen, zu geringe Thermik bei geringer Dachneigung, omplizierte Geometrie des Dachaufbaus oder unvermeidbare nterbrechungen des Belüftungsraumes. Deshalb wird bei gedämmten Dächern rundsätzlich empfohlen, durch den Einbau einer Dampfbremse an der nnenseite der Konstruktion das Eindiffundieren von Feuchte hintanzuhalten.

Mit dem Einbau einer Unterdachebene zur Gewährleistung der Dichtigkeit der Dachdeckung unter Verwendung von Dichtungsbahnen werden konsequenterweise zwei Belüftungsebenen erforderlich (Prinzip „Kaltdach"). Das erfordert mehr Platz und auch aufwändigere Lösungen bei allen An- und Abschlüssen. Da heute eine innenseitige Dampfbremse jedoch immer angeordnet wird und die Unterdeckbahnen durchaus auch diffusionsdurchlässig sind (bzw. sein können), hat sich ein Dachaufbau mit nur einer Hinterlüftungsebene unterhalb der Dachdeckung (Prinzip „Warmdach") in der Praxis durchgesetzt. Das heißt, die Dämmschicht dämmt den Sparrenzwischenraum komplett aus. Diese Ausführung erfordert eine entsprechende Abstimmung der Diffusionswiderstände der eingebauten Schichten. Dann ist, trotz vorhandenem Unterdach Restfeuchtigkeit aus der Bauphase, Nässe aus Kondensatvorgängen oder zufolge Fehlern an den Sperrschichten nicht eingesperrt, sondern kann nach außen durch diese Belüftungsebene entspannt oder sogar nach innen abdiffundiert und letztlich schadlos abgeführt werden.

Die Wärmedämmung zwischen den Sparren ist im Regelfall eine weiche Faserdämmung, die ein möglichst vollständiges Füllen der Zwischenräume ermöglicht. Harte Dämmplatten wie Hartschaumelemente bergen das Risiko von Spaltenbildung, auch aus Schwindprozessen. Zur Verringerung von Fehlerfolgen und vor allem zur Kompensation der Wärmebrücken der Sparren (obwohl Holz eine durchaus niedrige Wärmeleitzahl aufweist) wird zumeist eine querlaufend orientierte zweite, dünnere Dämmebene angeordnet. Rauminnenseitig wird in der Regel auch mit weichen Faserdämmungen gearbeitet. Außenseitig ist eine steife Dämmung als Aufsparrendämmung gebräuchlich. Bei den dargestellten Varianten ist der Dachaufbau ab dem Unterdach gleich, ebenso ist die Innenschale ab der Unterkante der Wärmedämmung gleich.

Abbildung 080|4-01: Anordnung von Wärmedämmebenen

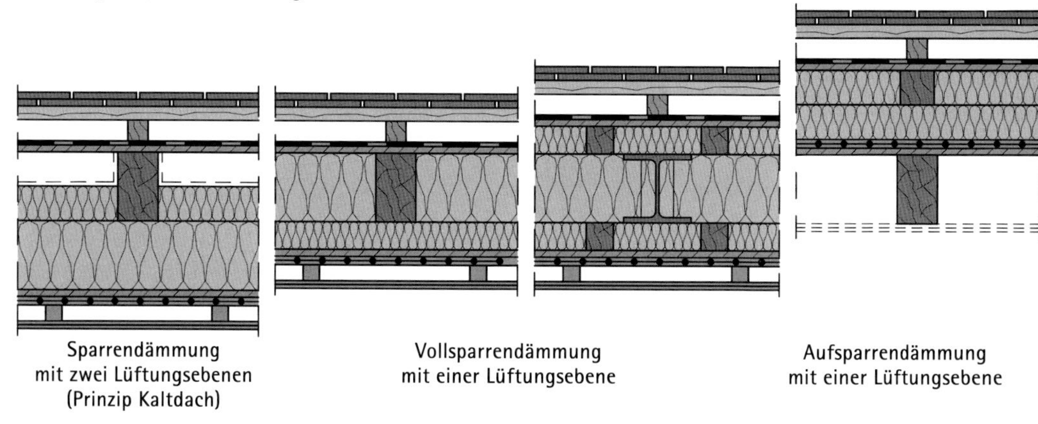

Sparrendämmung mit Lüftungsebene (Prinzip Kaltdach)

Diese Art des Aufbaues wird in der Literatur auch als „gedämmtes Dach mit Hinterlüftung" bezeichnet, wobei hier als Hinterlüftung die Lüftungsebene unter dem Unterdach gemeint ist. Diese Ausführung kann auch als „frühe Dachaufbauvariante" bezeichnet werden. Dieser Aufbau wurde auch ohne Dampfbremse an der Warmseite der Wärmedämmung realisiert, bei einer funktionierenden Durchströmung oberhalb der Dämmung auch sehr oft ohne Folgeprobleme. Die Durchströmung über der Dämmung führte jedoch öfters zu einer verminderten Dämmwirkung von Faserdämmungen. Heute wird deswegen eine hydrophobierte, diffusionsoffene Windsperre über der Dämmung gefordert. Solche Dachausbauten erfordern aufwändige Lösungen beim Anschluss der beiden Hinterlüftungsebenen im Bereich des Firstes sowie bei aufgehenden Bauteilen und der Traufe. Eine Dampfbremse innen muss heute wegen der geforderten Luftdichtigkeit ebenfalls angeordnet werden.

ollsparrendämmung

Die schon zuvor beschriebene Vollsparrendämmung ist einfacher, platzsparender und kostengünstiger herzustellen und hat sich auch vielfach bewährt. Eine querlaufende zweite Dämmebene kann zusätzlich angeordnet werden, was bei integrierten Stahltragelementen Sinn macht. Die obere Dämmebene kann auch als (zusätzliche) Aufsparrendämmung bezeichnet werden.

ufsparrendämmung

Diese Ausführungsform wird zumeist bei nachträglicher Dämmung von nicht oder nur sehr schlecht gedämmten Dächern realisiert oder wenn man eine sichtbare Dachkonstruktion erhalten möchte. Ihr Vorteil ist eine lückenlose Dämmebene ohne Schwachstellen und eine einfach herzustellende Dampfbremse. Ihr Nachteil eine maßgeblich Veränderung des Dachumrisses. Oft wird die Aufsparrendämmung wie schon zuvor beschrieben mit einer Zwischensparrendämmung kombiniert, wenn die Zwischensparrendämmung die gewünschte Dämmstoffstärke nicht realisieren lässt und die Platzverhältnisse im Innenraum knapp sind.

.uftdichtheit 080|4|2

ie Luftdichtheit eines Gebäudes ist neben der Ausführung der Värmedämmung ein Kriterium für einen effizienten Energieeinsatz bei einem iebäude. Deshalb werden in der ÖNORM B 8110-1 [54] wie auch in der erpflichtenden OIB-Richtlinie 6 [32] diesbezügliche Anforderungen bei eubauten gestellt.

iebäude, aber auch Dachausbauten mit Fensterlüftung dürfen maximal einen -fachen Luftwechsel bei einer Druckdifferenz von 50 Pa aufweisen (Gebäude nit Wohnraumlüftung maximal 1,5-facher, Passivhäuser maximal 0,6-facher uftwechsel), es sind aber auch dort bei halbwegs sorgfältiger Bauausführung Verte weit unter dem 1,0-fachen Luftwechsel ohne Zusatzmaßnahmen zu rreichen.

)ie Luftdichtheit der Gebäudehülle wird mittels „Blowerdoor-Test" im)ifferenzdruckverfahren bei 50 Pa zwischen innen und außen gemessen, wobei ie Luftmenge, die durch den in die dichte Hülle eingebauten Ventilator strömt, er Luftmenge entspricht, die durch Leckagen der Gebäudehülle nachströmt.)abei ist nach Verfahren A, das heißt der „Prüfung des Gebäudes im lutzungszustand" vorzugehen. Das bedeutet, dass der Zustand der iebäudehülle jenem während der Heizperiode entsprechen soll. Ergänzend väre jedoch eine zusätzliche Messung zur Qualitätsüberwachung von urchgeführten Baumaßnahmen zu empfehlen, z. B. nach Fertigstellung der uftdichten Hüllfläche, wobei dann alle vorhandenen Öffnungen dicht bgeklebt werden müssen (Verfahren B).

)ass jede Wohnung / jeder Brandabschnitt „luftdicht" ausgeführt werden muss, rklärt sich auch durch Aspekte der Qualmsperre und der Vermeidung von

Geruchsbelastung durch Fremdluft. Ein weiterer wesentlicher Aspekt der Luftdichtheit ist die Vermeidung von Bauschäden durch Feuchteeintrag in die Hüllebene mit darauf folgendem Tauwasserausfall.

Holzkonstruktionen

080|4|3

Ausgebaute Dächer mit Holztragstrukturen bestehen entweder aus einem Stabwerk aus Holz – als Dachstuhl mit Pfetten und/oder Sparren, aus Tragelementen aus Stahl und füllenden Tragbalken aus Holz oder seltener als modernere Konstruktion aus Massivholzplatten. Vorteil von Holz ist die schlechte Wärmeleitung und damit die nur geringe Sensibilität der Konstruktion hinsichtlich Wärmebrücken im gedämmten Dachpaket. Nachteilig sind seine Sensibilität hinsichtlich länger wirkender zu hoher Feuchtigkeit und die daraus resultierende Schädigung der Substanz. Massivholzplatten bieten zusätzlich einen besseren Schallschutz und eine leichter realisierbare Dichtigkeit der Gebäudehülle.

Dachaufbauten

080|4|3|1

Vollsparrendämmung bedeutet, dass die Sparrenzwischenräume vollständig mit – in der Regel nicht brennbare – Dämmung, z. B. Steinwolle ausgefüllt sind. Der Aufbau bis zur Unterdachebene bzw. unterhalb der Sparren kann unterschiedlich erfolgen und ist zur Erhöhung der Dämmstoffstärke und zur Überdämmung von thermischen Schwachstellen im Bereich der Konstruktionshölzer sinnvoll. Die Möglichkeiten sind in Tabelle 080|4-01 dargestellt und können beliebig getauscht bzw. ergänzt werden. Auch die dargestellte Dachdeckung ist vom gewählten „Dämmpaket" weitgehend unabhängig. Als Fixpunkt ist jedoch die Lage der Dampfsperre oder Dampfbremse an der Innenseite der Dämmschicht zu sehen.

Installationen (Elektro-/Haustechnikleitungen etc.) sollen die Dampfbremse nicht durchdringen. Die Schaffung einer eigenen Installationsebene mit zumindest 30 mm, besser 50 mm Höhe ist empfehlenswert, diese ist unterhalb, also rauminnenseitig der Dampfsperre anzuordnen. Ein Beschädigen der Dampfbremse durch in die Gipskartonebene eingesetzte Hohlwanddosen etc. ist zu vermeiden. Müssen einzelne Bauelemente die Dampfbremse durchdringen, ist die Sperrebene sorgfältig und dicht mit den Bauelementen zu verkleben. Generell gilt, dass die Verklebung der Dampfbremsbahnen für das langfristige Erfüllen der Luftdichtheitsanforderung essentiell ist. Deshalb wird auch empfohlen, unter der Dampfbremse zumindest eine Sparschalung anzuordnen und nicht frei über die Dämmstofffüllung zu spannen.

Die ordnungsgemäße Verlegung der Dampfsperre ist ein wesentlicher Bestandteil für eine dauerhafte Zuverlässigkeit der Wärmedämmung sowie der tragenden Teile der Holzkonstruktion. Bei allfälligen Undichtigkeiten (Verklebefehler, Beschädigungen) dringt Dampf in die Wärmedämmebene, kondensiert und kann dort langfristig Schaden anrichten. Besonders bei relativ dichten Unterdächern kann die eingedrungene Feuchtigkeit in keine Richtung mehr ausreichend verdunsten. Merkbar wird dies später durch Schimmelbildung oder Feuchtigkeitsflecken, in weiterer Folge durch das Nachlassen der Wärmedämmwirkung oder durch eine verminderte Tragfähigkeit von Holzbauteilen.

belle 080|4-01: gedämmte Dachflächen auf Holzkonstruktionen

olzsparren – Vollsparrendämmung

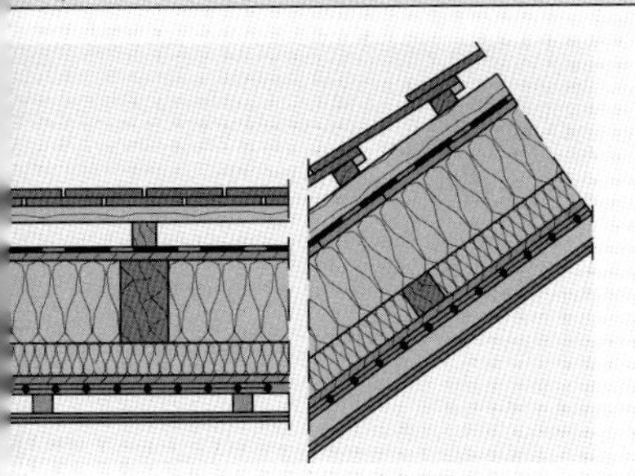

Dachdeckung (Dachsteine)
Lattung
Konterlattung
Unterdach - Abdichtung
- Vollschalung
Sparren / Volldämmung
evtl. zusätzliche Wärmedämmung
evtl. Innenschalung
Dampfsperre / Dampfbremse
ev. Installationsebene
Innenverkleidung

olzsparren – Vollsparrendämmung – Blechdach

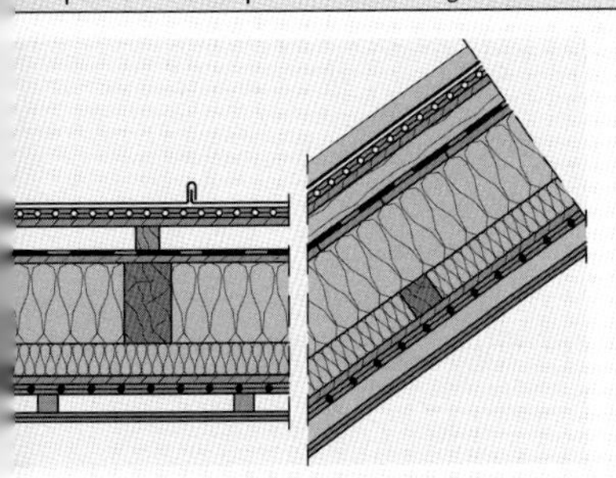

Dachdeckung (Blechbahnen)
Wirrgewebematte
Schalung
Konterlattung
Unterdach - Abdichtung
- Vollschalung
Sparren / Volldämmung
evtl. zusätzliche Wärmedämmung
evtl. Innenschalung
Dampfsperre / Dampfbremse
evtl. Installationsebene
Innenverkleidung

olzsparren – Aufsparrendämmung

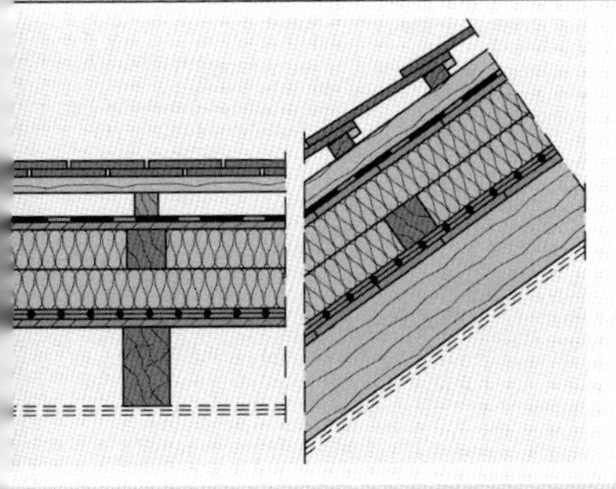

Dachdeckung
Lattung
Konterlattung
Unterdach - Abdichtung
- Vollschalung
Wärmedämmung
Dampfsperre / Dampfbremse
Schalung
Sparren
evtl. Innenverkleidung

olzsparren mit Belüftungsebene (Prinzip Kaltdach)

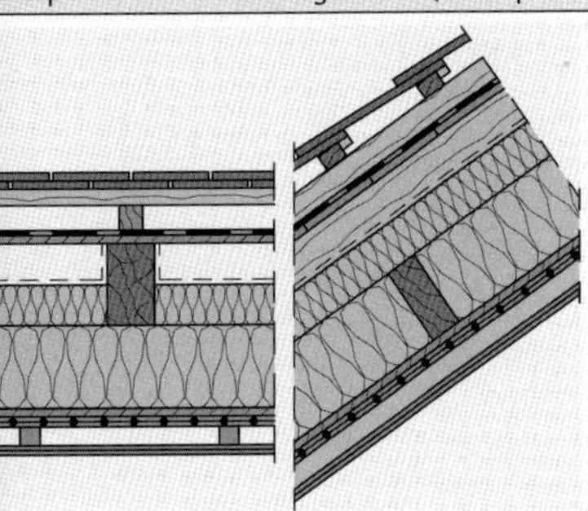

Dachdeckung
Lattung
Konterlattung
Unterdach - Abdichtung
- Vollschalung
Sparren / Luftraum
Sparren / Windsicherung
Sparren / Dämmung
zusätzliche Wärmedämmung
evtl. Innenschalung
Dampfsperre / Dampfbremse
evtl. Installationsebene
Innenverkleidung

ne Überprüfung der ordentlichen Verlegung und der dichten Anschlüsse der ampfbremse soll immer vor dem endgültigen Finalisieren des Ausbaus mittels owerdoor-Test erfolgen (siehe 080|4|2). Zu diesem Zeitpunkt hat man noch ie Möglichkeit, allfällige Leckagen zu finden und „nachzukleben". Die erschraubung der Montagelattung des Innenausbaus durchlöchert die

Dampfbremse auch, durch die Schraube wird jedoch die Durchlöcherung ausreichend gut „abgedichtet", Zusatzmaßnahmen sind deshalb nicht erforderlich.

Tabelle 080|4-02: gedämmte Dachflächen auf Massivholzkonstruktionen

Massivholzplatte – Aufsparrendämmung

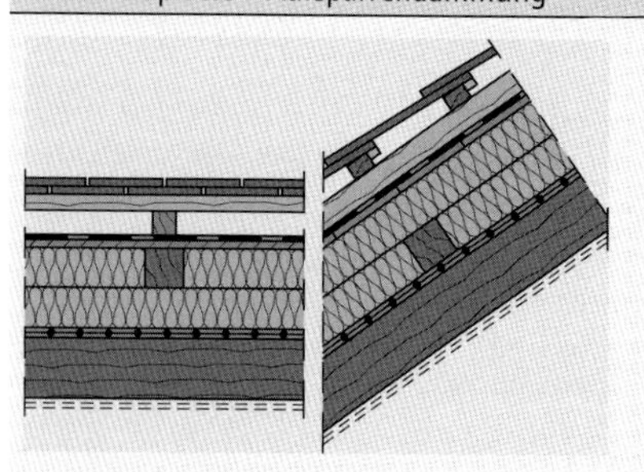

Dachdeckung
Lattung
Konterlattung
Unterdach - Abdichtung
- Vollschalung
Wärmedämmung
Dampfsperre / Dampfbremse
Massivholzplatte
evtl. Innenverkleidung

Die Innenverkleidung schließt den Dachraum nach innen ab und wird im Regelfall durch Gipskartonplatten hergestellt, wobei natürlich jede Form der Innenverkleidung denkbar ist. Die Regeln für den Brandschutz sind je nach Anforderung für das jeweilige Bauvorhaben einzuhalten. Üblicherweise ist für die Dachkonstruktion eine Feuerwiderstandsklasse REI-60 erforderlich, das heißt, die Innenverkleidung hat EI-60 zu erfüllen. Dies würde bedeuten, dass zwei Gipskartonplatten, entsprechend den Vorschriften der Produktdatenblätter des Herstellers, zu montieren sind. Die Innenverkleidung wird direkt auf eine Holzkonstruktion montiert (Latten und Konterlatten) bzw. auch auf eine metallene Zwischenkonstruktion, welche die Installationsebene bildet. Durch eine einfache Lattenebene wird die Installationsebene in Bereiche unterteilt, Querungen unter den Latten können nur in Spaltbereichen der Sparschalung oder bei zusätzlicher Distanzierung der Montagelatten bzw. Montageprofile stattfinden.

Beispiel 080|4-01: Wärmeschutz von gedämmten Dachaufbauten mit Holzkonstruktionen

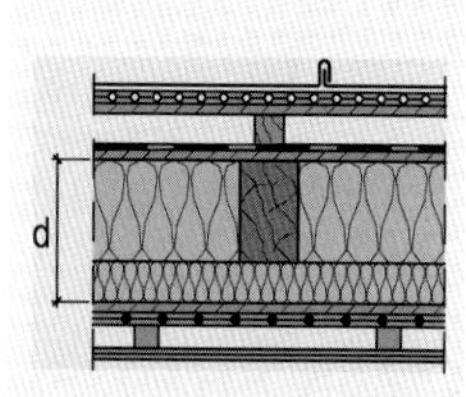

Dicke [cm]	Schichtbezeichnung	λ [W/m·K]
-	Dachdeckung	-
-	Lattung, Konterlattung	-
2,4	Unterdach-Holzschalung	0,130
15,0–40,0	Dämmung zw. Sparren	0,030–0,060
2,4	Schalung	0,130
-	Innenverkleidung	-

Anmerkung: Sparrenbreite 10 cm, Dämmstoffbreite 80 cm

	U-Wert in W/(m²·K) bei Wärmeleitfähigkeit Dämmstoff in [W/m·K]						
d [cm]	0,030	0,035	0,040	0,045	0,050	0,055	0,060
15	0,22	0,24	0,27	0,29	0,31	0,34	0,36
20	0,17	0,19	0,21	0,23	0,25	0,26	0,28
25	0,14	0,15	0,17	0,19	0,20	0,22	0,23
30	0,11	0,13	0,14	0,16	0,17	0,18	0,20
35	0,10	0,11	0,12	0,14	0,15	0,16	0,17
40	0,09	0,10	0,11	0,12	0,13	0,14	0,15

Tabelle 080|4-01 und Tabelle 080|4-02 des Wärmeschutzes von Steildächern beziehen sich auf übliche Konstruktionsformen in Holz und mit massiver Unterkonstruktion, wobei die Qualität der Wärmedämmung praktisch ausschließlich von der Dicke und Art der gewählten Wärmedämmung abhängt. Die Innenausbauschale kann durch Berücksichtigung der Luftschicht sowie des entuellen Dämmvermögens der Platten Berücksichtigung finden, sie ist doch für den Wärmeschutz nur untergeordnet bedeutsam. Wesentlicher ist e Innenschale für die Beurteilung des Wärmespeichervermögens und des ftschallschutzes (siehe Band 1: Bauphysik [10]).

etailausbildungen

080|4|3|2

i den nachfolgenden Details können alle Dachaufbauten aus Kapitel 080|3 it Ausnahme der Paneel-Elemente) auf die dargestellte Dämmschale fgesetzt werden, wobei die Unterdachebene die Schnittstelle bildet. Wichtig , dass die Dämmebene sowie die innere Sperrebene konsequent durchgeführt d sauber angeschlossen werden. Die Hinterlüftungsebene ist an der Traufe d im Dachfirst mit dem unverschwächten Mindestquerschnitt auszubilden, obei die Vogelschutzgitter berücksichtigt werden können.

aufe

080|4|3|2|1

i gedämmten Dachausbauten ist die Traufausbildung in zwei Punkten nsibel. Einerseits sind bei Gesimsen die Dämmung der Wandfläche und der ärmebrückenfreie Übergang zur Dachfläche sauber zu lösen und andererseits e Schwächung der Dachdämmung im Bereich der Mauerbank möglichst ring zu halten.

bbildung 080|4-02: gedämmte Dachflächen auf Holzkonstruktionen – Traufe

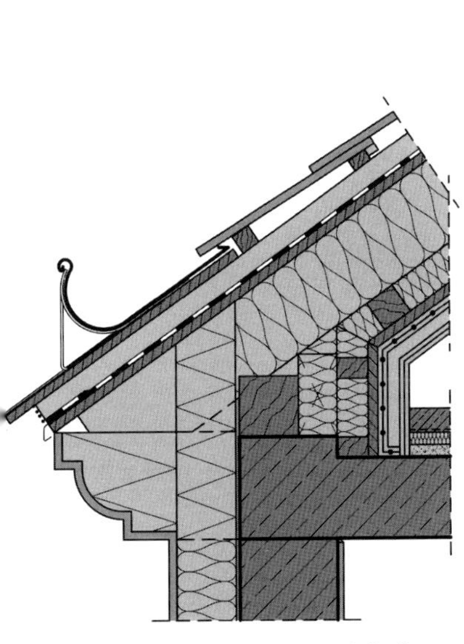

Ausbildung mit Saumrinne und Gesimse

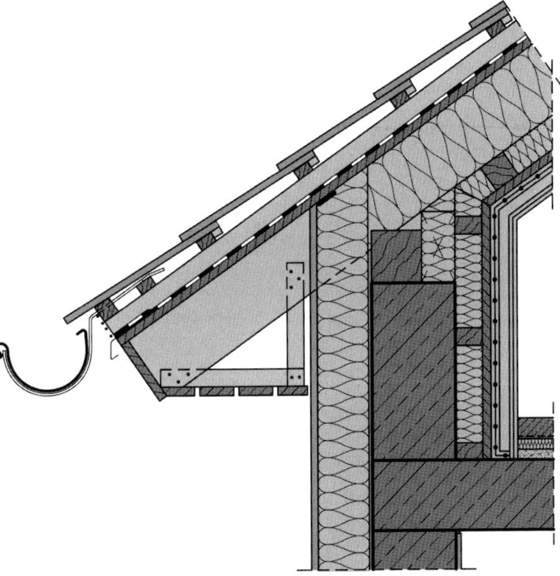

Ausbildung mit Drempelwand und Dachüberstand

ei der Sonderlösung „Attikarinne" wird im Rinnenbereich aus Gründen der öhenentwicklung oftmals die Dämmung schwächer als in der Dachfläche usgeführt, was an der Bauteilecke zu Temperatureinbrüchen führt. Auch aus iesem Grund ist eine Attikarinne nur als Sonderlösung zu sehen. Bei Situierung on Hängerinnen muss eine unverschwächte und auch im Winter sicher freie uluftführung zur Unterdachebene möglich sein, weshalb einer Montage der inne oberhalb der Lüftungsebene der Vorzug zu geben ist.

Ortgang

080|4|3|2|2

Bei der Ortgangausbildung ist kein Unterschied zwischen gedämmten und ungedämmten Dächern zu sehen. Bei Dachausbauten ist natürlich ein erhöhter Qualitätslevel der Ausbildung des Unterdaches anzulegen. Diese müssen an den Rändern hochgezogen werden, und zwar mindestens 2 cm über die Höhe der Konterlattung, was auch bei Ortgangabschlüssen zu beachten ist. Durchdringungen von Konstruktionshölzern durch die Wand sind hinsichtlich der Winddichtigkeit ordnungsgemäß auszuführen. Fassadendämmungen müssen ordnungsgemäß abgeschlossen und mit Dichtband an das Dach angeschlossen werden (siehe Band 13: Fassaden [11]).

Abbildung 080|4-03: gedämmte Dachflächen auf Holzkonstruktionen – Ortgang

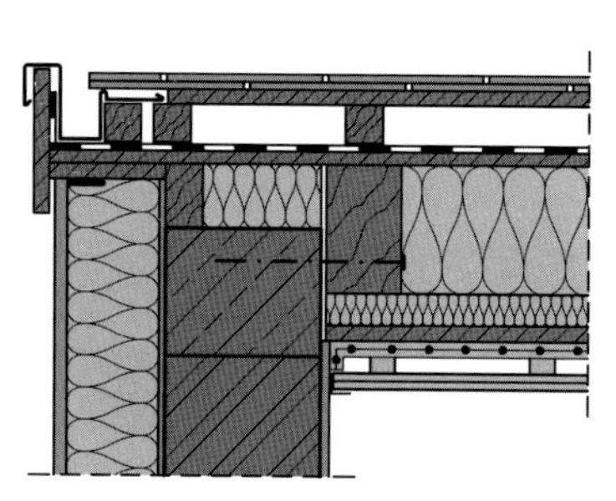

Dachrand fassadenbündig

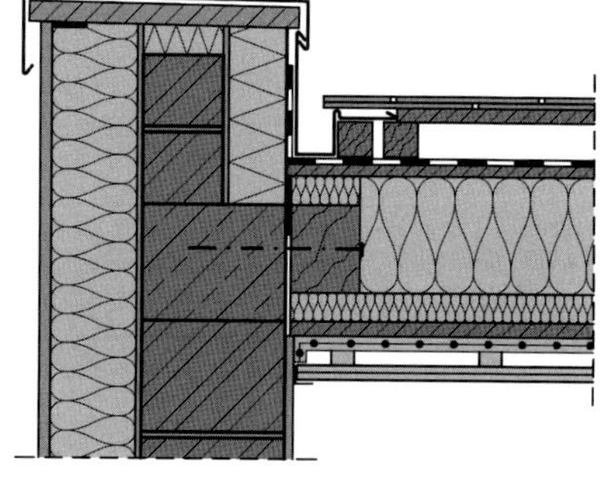

Ortgang mit Wandhochzug

First und Halbfirst

080|4|3|2|3

Der First als höchste Kante übernimmt die Aufgabe, hier eine idealerweise kontinuierliche Entlüftung der Unterdachebene zu ermöglichen, die im Allgemeinen von der Traufe Zuluft erhält. Dächer unter 10° Dachneigung sind hinsichtlich thermischer Effekte jedenfalls benachteiligt, hier wird die Querlüftung hauptsächlich durch Strömungsdruckdifferenzen zwischen den Gebäudeseiten angetrieben und benötigt deshalb praktisch nur, dafür aber mit großem Querschnitt, funktionierende Lüftungsöffnungen an den Traufen.

Eine alternative Ausbildung der Firstentlüftung erfolgt durch Lüftungsöffnungen (Froschaugen), die unmittelbar unterhalb der Firstkante in die Dachfläche eingebaut werden, wobei das Herstellen einer echten Firstentlüftung zu bevorzugen ist. Eine solche wird entweder durch die Firstdachsteine oder Firstkappen selbst gewährleistet, oder es wird die Unterkonstruktion so weit gehoben, dass der Firststein einen ausreichenden Abstand zur Dachhaut bekommt. Bei dieser Lösung ist darauf zu achten, dass Wassereintrieb bei Schlagregen oder der Zutritt von Flugschnee durch die gewählte Lösung möglichst hintangehalten werden.

Bei Plattendeckungen (Faserzement, aber auch Aludachplatten) gibt es ebenso eigene Firststeine. Dabei wird, um eine durchgängige Entlüftung zu erhalten, die letzte Dachplatte vom First abgerückt. Bei einer Ausbildung des Firsts mit Platten muss die den Spaltraum überdeckende Platte ausreichend überstehen und mit einer Wassernase ein etwaiges Zurückfließen des Wassers verhindern. Das einfache Überlappen von Dachplatten über die Firstlinie ist nur bei untergeordneten kleinen Dächern sinnvoll. Grundsätzlich besteht immer die Möglichkeit, dass ein First aus Blech mit Entlüftungsöffnungen ausgebildet wird

:w. sind solche Lösungen naturgemäß bei Blechdeckungen erforderlich. Dabei : die Firstlüfterausbildung von der Deckungsart abhängig und besteht in nfachster Form aus einer Aufkantung vor dem Luftspalt und einem darüber ontierten Abdeckblech.

bildung 080|4-04: gedämmte Dachflächen auf Holzkonstruktionen – First, Halbfirst

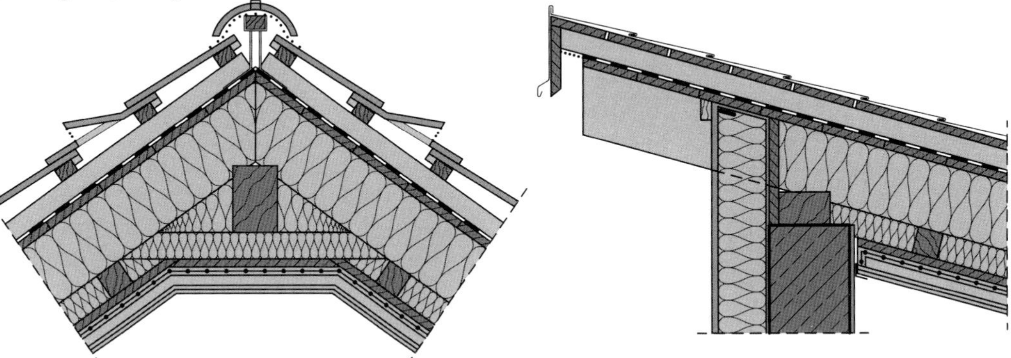

renzt ein Dach an eine Wand an, wie das beispielsweise bei Feuermauern oder ei Durchdringungen und Kaminen möglich ist, ist der Anschluss an diese 'ände durch eine Verblechung mit einer Oberkante mindestens 15 cm höher s die Dachfläche herzustellen. Das Blech ist mit einer Putz- oder Kittleiste zu :rwahren.

as Unterdach muss ebenfalls hochgezogen werden (2 cm über die onterlattung) und ist am aufgehenden Mauerwerk dicht zu verkleben, was ner Vorbehandlung des Untergrundes bedarf. Sofern aufgehendes Mauerwerk ie bei Kaminen einen Tiefpunkt bildet, sollte das Unterdach so ausgeführt erden, dass Wasser am Hindernis vorbei abgeleitet wird. Anschließendes 'auerwerk ist an die innere Sperrebene dicht anzuschließen.

rat und Kehle

080|4|3|2|4

bildung 080|4-05: gedämmte Dachflächen auf Holzkonstruktionen – Kehle

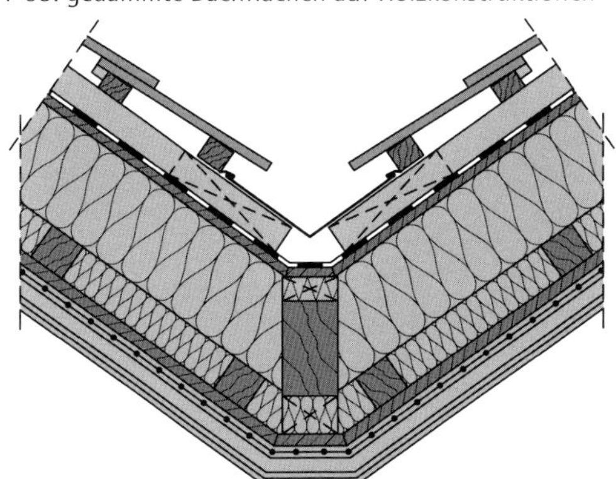

ei gedämmten Dächern ist die wärmebrückenfreie Einbindung des ratsparrens, noch mehr aber die des Kehlsparrens und der eventuell efergesetzten Kehlrinne besonders zu bedenken. Für die anderen Bereiche sind e Ausführungen der Dachhaut wie bei den ungedämmten Dächern eschrieben.

Dachflächenfenster

080|4|3|2|5

Dachflächenfenster können entweder über die Dachhaut herausgehoben oder „in tiefer Lage" in die Dachhaut „integriert" eingebaut werden. Dazu gibt es zwei unterschiedliche Einbausituationen. Wichtig ist aber immer, dass die Dämmung der Leibung lückenlos durchgezogen wird und natürlich die Dampfsperre – hier sind vorgefertigte Manschettenlösungen am Markt – dicht angeschlossen werden.

Massivkonstruktionen

080|4|4

Die oft als „Sargdeckelkonstruktionen" bezeichneten Dachkonstruktionen besitzen Vorteile beim Schall- und Brandschutz bzw. besitzen durch die große, innerhalb der Dämmung angeordnete Masse ein gutes Wärmespeichervermögen, was sich gegen eine sommerliche Überwärmung sehr günstig auswirkt.

Dachaufbauten

080|4|4|1

In der Regel werden auf der Massivkonstruktion „Sparren" aufgebracht, die die Dämmkonstruktion und das darüber befindliche Dach mit dem Untergrund verbinden. Je nach gewählter Dämmstoffart sind die Hölzer unterschiedlich zu orientieren. Die Betonkonstruktion samt der darauf liegenden Dichtungsbahn stellt eine relativ sperrende Konstruktion dar, weshalb hier ein Rücktrockenen von in den Dämmkörper eingetretenem Wasser praktisch nicht möglich ist.

Tabelle 080|4-03: gedämmte Dachflächen auf Massivkonstruktionen

Betonplatte – Aufsparrendämmung (Prinzip Warmdach)

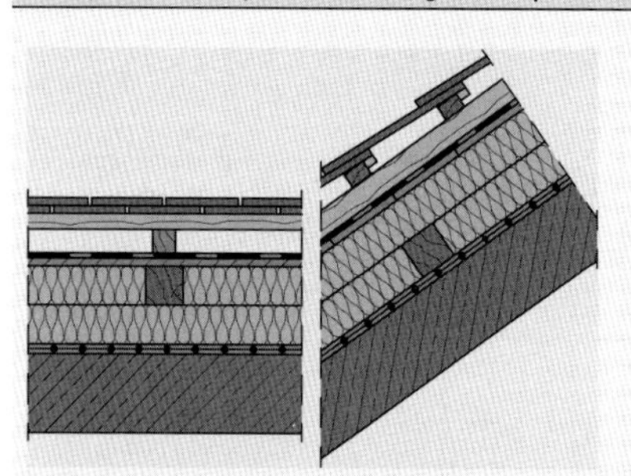

Dachdeckung
Lattung
Konterlattung
Unterdach - Abdichtung
- Vollschalung
Wärmedämmung zw. Staffel
Dampfsperre / Dampfbremse
Betonplatte

Betonplatte mit Belüftungsebene (Prinzip Kaltdach)

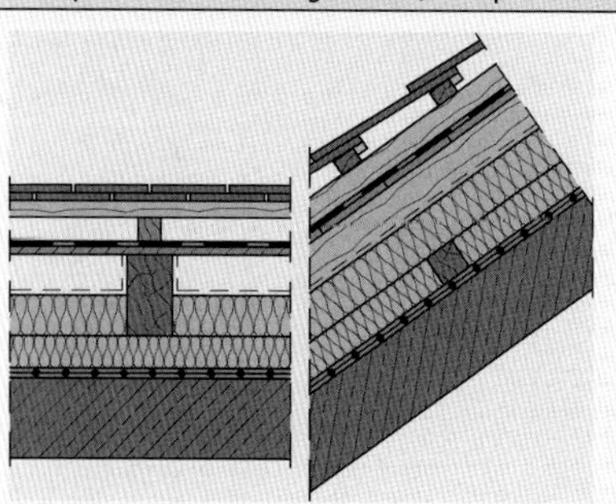

Dachdeckung
Lattung
Konterlattung
Unterdach - Abdichtung
- Vollschalung
Sparren / Luftraum
Sparren / Windsicherung
Sparren / Dämmung
evtl. Wärmedämmung zw. Staffel
Dampfsperre / Dampfbremse
Betonplatte

ispiel 080|4-02: Wärmeschutz von gedämmten Dachaufbauten mit Massivkonstruktionen

Dicke [cm]	Schichtbezeichnung	λ [W/m·K]
-	Dachdeckung	-
-	Lattung, Konterlattung	-
2,4	Unterdach-Holzschalung	0,130
15,0–40,0	Dämmung zw. Staffel	0,030–0,060
-	Dampfsperre	-
20,0	Stahlbeton	2,300

Anmerkung: Staffelbreite 10 cm, Dämmstoffbreite 80 cm

d [cm]	U-Wert in W/(m2·K) bei Wärmeleitfähigkeit Dämmstoff in [W/m·K] 0,030	0,035	0,040	0,045	0,050	0,055	0,060
15	0,22	0,25	0,27	0,30	0,32	0,35	0,37
20	0,17	0,19	0,21	0,23	0,25	0,27	0,29
25	0,14	0,16	0,17	0,19	0,21	0,22	0,24
30	0,12	0,13	0,15	0,16	0,17	0,19	0,20
35	0,10	0,11	0,13	0,14	0,15	0,16	0,17
40	0,09	0,10	0,11	0,12	0,13	0,14	0,15

etailausbildungen

080|4|4|2

ei Massivkonstruktionen unterscheidet sich der Dachaufbau von jenen bei olzkonstruktionen hauptsächlich durch den Wegfall der Innenschale. Die ampfbremse wird durch die Abdichtung der Massivkonstruktion ersetzt. achteilig ist die fehlende Möglichkeit einer Rücktrocknung ins Rauminnere, as erhöhte Anforderungen an die Diffusionsoffenheit der Unterdachbahn zw. des gesamten Dämmstoffpaketes mit sich bringt. Vorteilhaft ist die hohe uftdichtheit, die nur im Bereich der Durchdringungen einen dichten Abschluss s Rauminnere durch Abkleben der Anschlüsse erfordert.

raufe, Ortgang, First

080|4|4|2|1

Vird mit einer Aufsparrendämmung gearbeitet, sind die Montagehölzer parallel ur Traufe angeordnet. Die dazwischenliegenden, im Allgemeinen harten ämmplatten können direkt als Untergrund für das Unterdach herangezogen erden, sodass die Konterlattung die gewohnte Orientierung einnehmen kann. eachtet werden muss, dass für die Abschlüsse Randhölzer gesetzt werden. Alle nderen Details sind wie bei Holztragkonstruktionen herzustellen.

bbildung 080|4-06: Traufe, First Ortgang

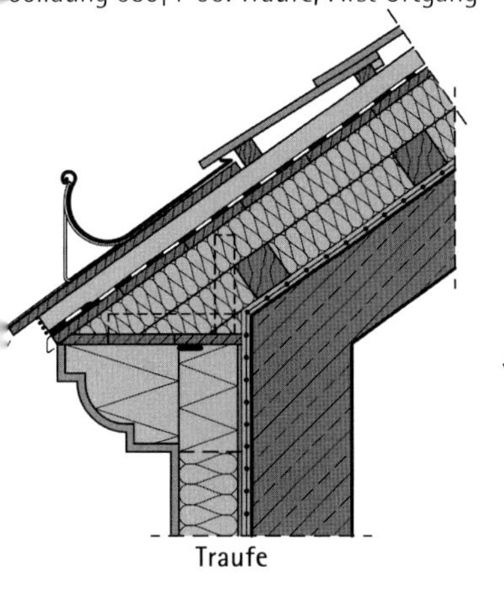

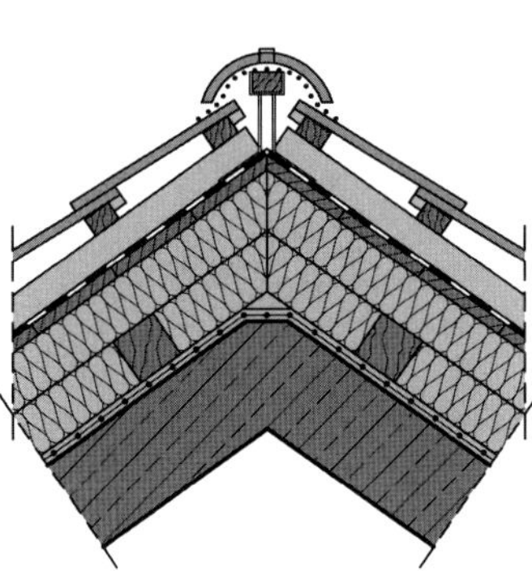

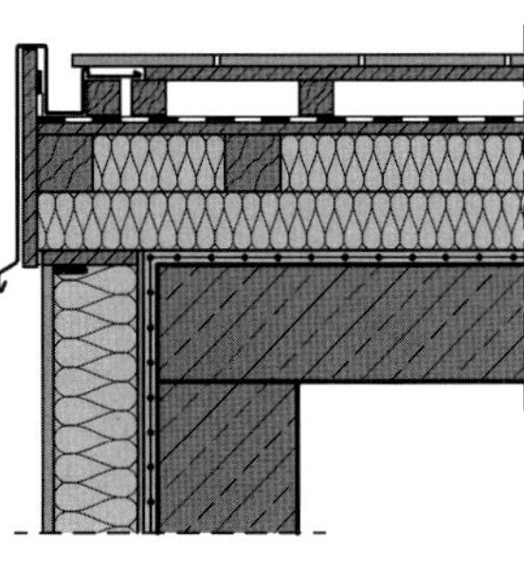

Dachterrassen

080|4|4|2|2

Bei Sargdeckelkonstruktionen in Betonbauweise wird häufig eine Terrasse ausgeführt, die am Rand, meist dem Knick des Sargdeckels eine entsprechende Absturzsicherung (Geländer oder Brüstung) benötigt.

Abbildung 080|4-07: Anschluss an Steildach an Flachdach bzw. Terrasse

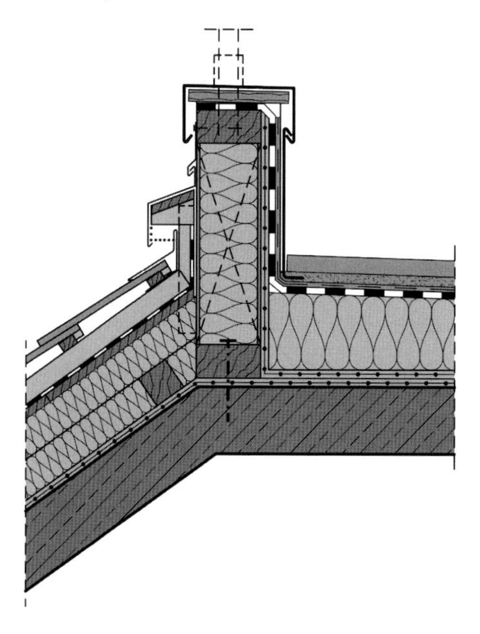

Dachübergang mit Attikaaufbau
Flachdach mit Warmdach

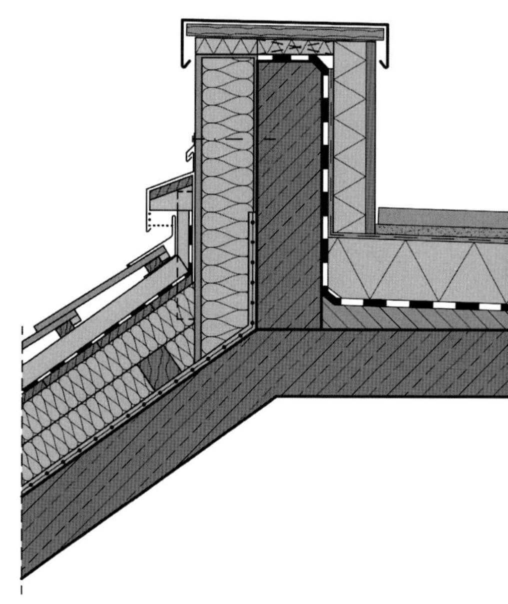

Dachübergang mit massiver Brüstung
Flachdach mit Umkehrdach

In der Planung ist besonderes Augenmerk auf eine durchgängige Wärmedämmung zu legen. Eine bewährte Lösung ist das wärmetechnische Einpacken der massiven Brüstungsmauer oder des Attikahochzuges.

Ausführungen in Holzkonstruktionen sind zwar möglich, bergen aber im Bereich des Flachdachanschlusses ein gewisses Schadensrisiko (siehe Band 9: Flachdach [8]). Ebenso zu beachten ist, dass die Lüftungsebene des Steildachs (Lüftungsebene der Dachfläche) am oberen Ende entlüften kann. Auch im Falle einer Brüstung ist der Mindestlüftungsquerschnitt zu gewährleisten.

Metallkonstruktionen

Auch bei „konventionellen" Dächern werden Metallkonstruktionen als Haupttragstruktur oft eingesetzt – so bei praktisch allen nachträglichen Dachgeschoßausbauten in der Altbausubstanz. Die Stahlprofile werden zur Füllung der zwischenliegenden Felder mit Holzbalken ergänzt, sodass tatsächlich Mischstrukturen entstehen. Reine Metallkonstruktionen findet man demgegenüber bei einfachen Gewerbebauten oder bei Industriehallen, wobei hier oftmals Füllung und Deckung ebenfalls in Blechelementen realisiert werden.

·achaufbauten

·ei den Stahl-Holz-Tragstrukturen ist die Dachausbildung gleich wie bei reinen ·olzkonstruktionen. Der einzige Unterschied ist die bessere Wärmeleitung der ·tahlelemente, die die Dämmebene dort nicht unmaßgeblich schwächen.

·ier ist besonders auf eine ausreichende Überdämmung ohne Fehlstellen zu ·chten. Gedämmte Dachstrukturen im Industriebau werden sehr oft durch Iso- ·aneele gebildet oder aber durch Trapezblechtragschalen mit Dämmung und ·arüber liegender Blechschale als Wetterschutz.

·belle 080|4-04: gedämmte Dachflächen mit Metall-Holz-Konstruktionen

·rimärstahlkonstruktion gedämmt – Dachsteine (Prinzip Warmdach)

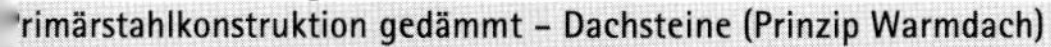

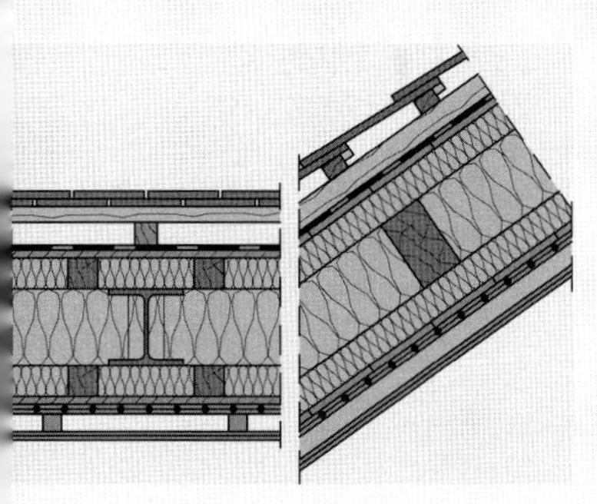

Dachdeckung (Dachsteine)
Lattung
Konterlattung
Unterdach - Abdichtung
- Vollschalung
Holz-Pfetten / Volldämmung
Stahlträger / Volldämmung
evtl. zusätzliche Wärmedämmung
evtl. Innenschalung
Dampfsperre / Dampfbremse
evtl. Installationsebene
Innenverkleidung

·rimärstahlkonstruktion gedämmt – Blechbahnen (Prinzip Warmdach)

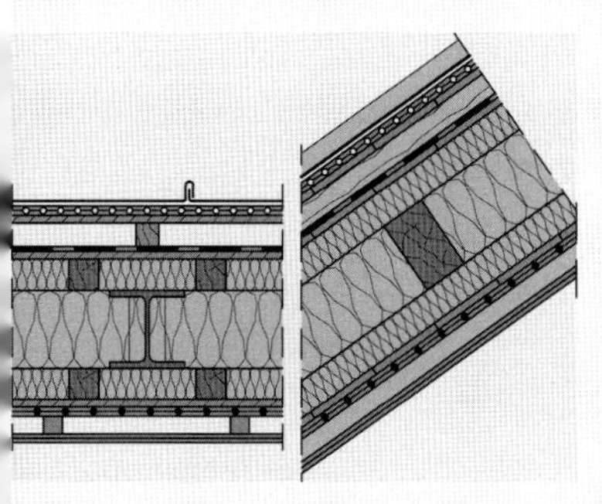

Dachdeckung (Blechbahnen)
Wirrgewebematte
Schalung
Konterlattung
Unterdach - Abdichtung
- Vollschalung
Holz-Pfetten / Volldämmung
Stahlträger / Volldämmung
evtl. zusätzliche Wärmedämmung
evtl. Innenschalung
Dampfsperre / Dampfbremse
ev. Installationsebene
Innenverkleidung

·rimärstahlkonstruktion gedämmt – Dachsteine (Prinzip Kaltdach)

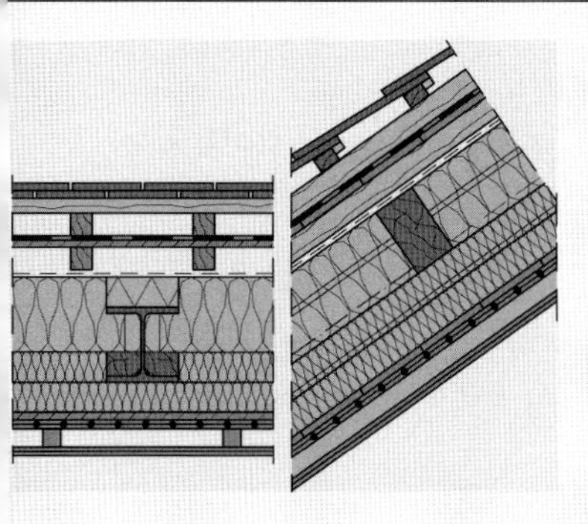

Dachdeckung (Dachsteine)
Lattung
Konterlattung
Unterdach - Abdichtung
- Vollschalung
Konterlattung
Windsicherung
Holz-Pfetten / Volldämmung
Stahlträger / Volldämmung
evtl. zusätzliche Wärmedämmung
evtl. Innenschalung
Dampfsperre / Dampfbremse
evtl. Installationsebene
Innenverkleidung

Tabelle 080|4-05: gedämmte Dachpaneele auf Metallkonstruktionen

Stahlkonstruktion und Aufdachdämmung

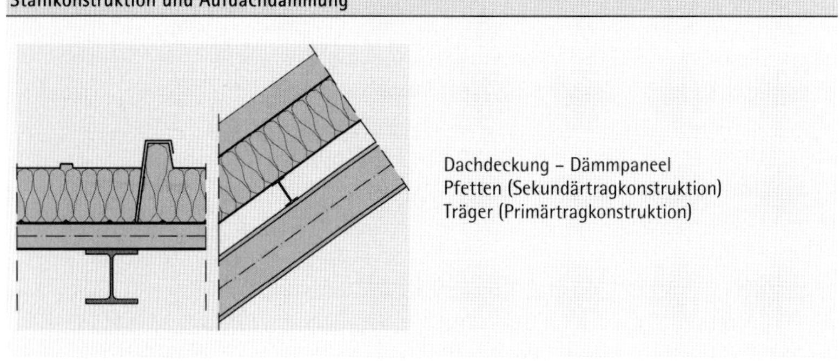

Detailausbildungen

080|4|5|2

Alle Abschlusselemente der Wetterschutzschale wie Winkel- und Zahnbleche sind vorgefertigt. Vor Ort wird nur der Blechtafelrand an Traufe und First ab- bzw. aufgebogen, um einen definierten Wasserablauf zu ermöglichen. Der Ortganganschluss ist immer auf einer Hochsicke, wo Abdeckwinkel angeschraubt werden können. Die Hauptschwachstelle bei gedämmten Paneelen ist die Anschlussdichtung zwischen den einzelnen Elementen und generell die Abschlussdichtung zwischen dem warmen Innenraum und der Dachschale.

Abbildung 080|4-08: Traufe, First, Ortgang – Gleitbügeldach

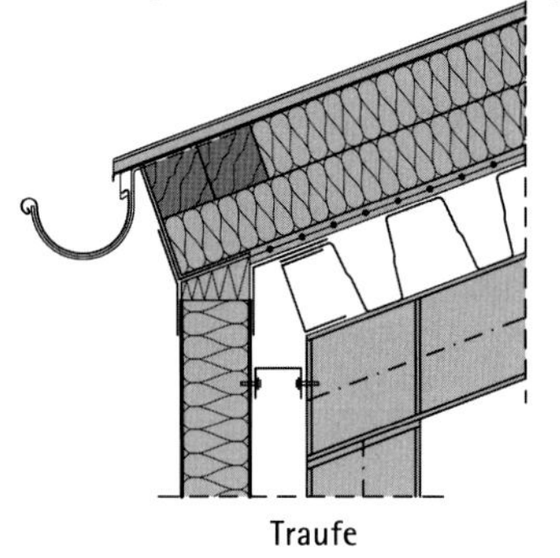

Traufe

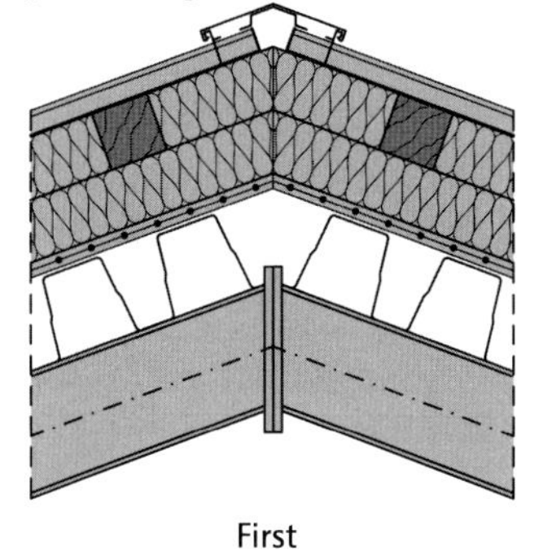

First

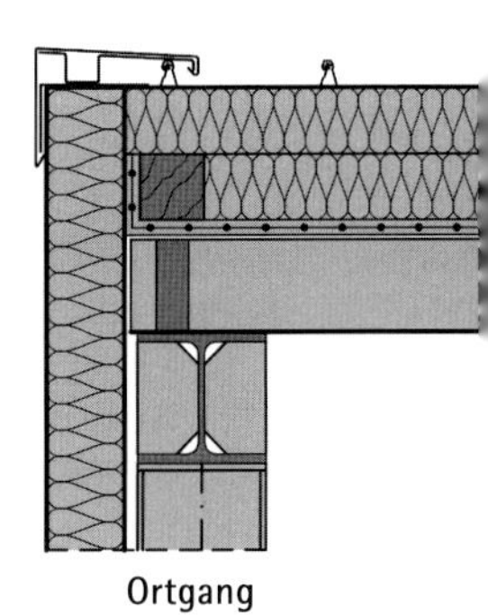

Ortgang

Abbildung 080|4-09: Traufe, First, Ortgang – Isodach

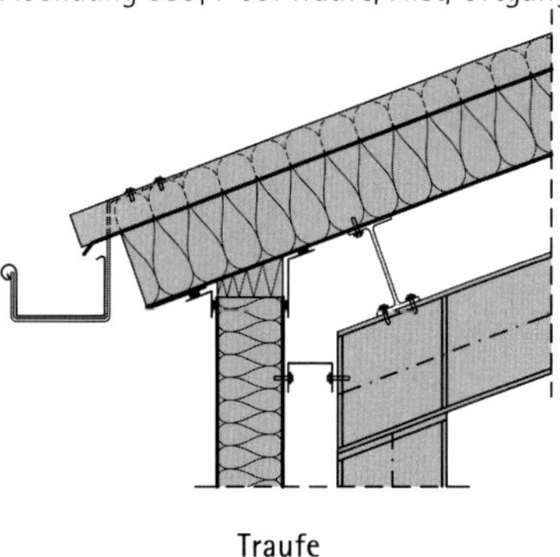

Traufe

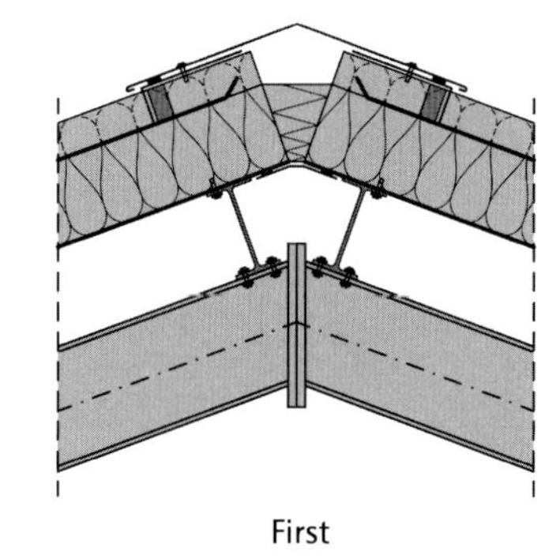

First

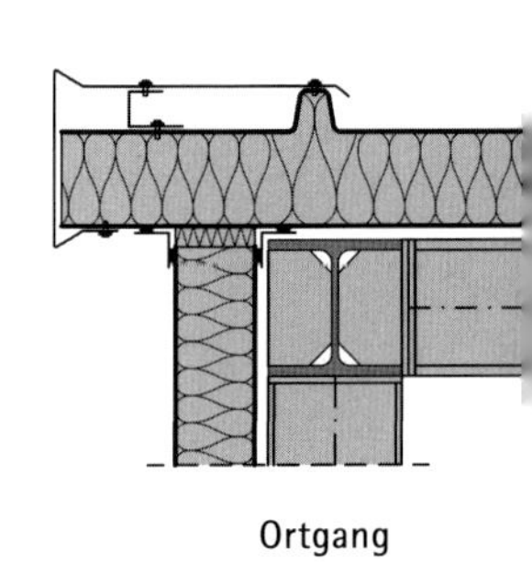

Ortgang

etalldeckungen

080|5

letalldeckungen auf Dächern sind seit Generationen bekannt, wobei aditionell unter „Blechdach" ein Dach mit Stehfalzdeckung verstanden wurde. s gibt aber eine ganze Reihe von traditionellen (Bleischindeln) bis modernen andwichpaneelen) Deckungsformen, die ihre Stärken unter bestimmten andbedingungen ausspielen. Die Planung und Ausführung von bauspengler-näßig hergestellten Dacheindeckungen wird in der ÖNORM B 3521-1 [48] owie zahlreichen weiteren Normen geregelt.

ie wesentlichen Vorteile aller Metalldeckungen sind ihr geringes Gewicht 2 kg/m² bis 10 kg/m²) und ihre Unbrennbarkeit. Metalldeckungen entsprechen iner „harten Bedachung" und sind widerstandsfähig gegen Flugfeuer. Wie alle teildachdeckungen sind sie nicht wasserdicht und benötigen deshalb über öherwertig genutzten Innenräumen ein Unterdach.

ichtig für das längerfristige „Funktionieren" der Metalldeckungen ist inhaltung der in Normen und von Herstellern vorgegebenen Mindest-eigungen samt allenfalls erforderlichen Zusatzmaßnahmen.

onstruktionsformen

080|5|1

ei den Metalldeckungen gibt es eine Reihe unterschiedlicher Ausbildungs- und onstruktionsformen der Dachhaut.

ahnendeckung – nicht tragend

080|5|1|1

lechbänder bzw. Blechbahnen mit Breiten um ca. 60 cm und bis zu 14 m Länge erden dem Gefälle folgend auf Schalung verlegt. Die Verbindung dieser ogenannten Schare – das sind die von den Blechrollen (Coils) abgewickelten nd vorkonfektionierten Blechteile – wird durch „Verfalzen" oder über bgedeckte Leisten ausgeführt (Falzdach, Leistendach, Schnappfalzdach). Diese erlegeform ist wenig sensibel auf Nässeeintrag, was sich in einer möglichen achen Dachausführung ab 7° (mit Dichteinlagen und ohne Querfalze nach NORM B 3521-1 [48] bei günstigen Umständen auf bis zu 3° – vor 2012 nur ° – reduzierbar) widerspiegelt. Die Deckungen sind nicht selbsttragend, die leche mit Dicken von 0,6 mm bis 0,8 mm benötigen eine flächige Interstützung.

in Übergang zu den tragenden Bahnendeckungen einerseits, aber auch zu den achpaneelen andererseits bilden zumeist industriell vorgefertigte oder auf der austelle durch „Rollforming" profilierte Blechtafeln, die in höheren, nur esteckten Falzen verankert werden und die durch Einsatz von vorgefertigten n- und Abschlussteilen den handwerklichen Einsatz auf ein absolutes linimum reduzieren. Eine vollflächige Auflagerung ist wegen der besseren teifigkeit der schon Kassetten ähnelnden Blechbahnen nicht mehr notwendig, ie können auch nur über Lattungen oder Querträger verlegt werden, wobei je ach System Tragelementabstände zwischen 40 cm und 200 cm möglich sind. ine Sonderstellung nehmen die, auf in 50 cm Abstand montierten lemmleisten aufgesetzten, trapezblechförmigen Fural-Bahnen ein, die mit iner Baubreite von bis zu 5,0 m überlappend parallel zur Traufe verlegt werden nd ab 10° Neigung eingesetzt werden dürfen.

Bahnen- oder Tafeldeckung – tragend

080|5|1|2

Metalltafeln mit Profilierung und oft größerer Blechdicke zur Erreichung einer Eigentragfähigkeit (ÖNORM EN 508-1 [86]) können ohne durchgehende Schalungsebene verlegt werden. Die bekannteste Form ist die vor allem im einfachen Industriebau verbreitete Trapezblechdeckung mit Spannweiten bis 6 m und Mindestblechdicken von 0,88 mm (bei Bohrbefestigung). Durch Überlappen der Tafeln und eingelegte Dichtschnüre wird eine gute Regendichtheit auch bei flachen Neigungen erreicht. Nachteilig ist die Erfordernis, die Tafeln mit Schrauben zu befestigen, was einerseits Dichtigkeitsprobleme bringt und andererseits die freie Beweglichkeit der Blechelemente reduziert. Deshalb müssen die Befestigungen immer an den Obergurten und mit zusätzlichen Kalotten und Dichtscheiben realisiert werden. Diese Bedingung umschiffen die schon zuvor genannten industriell gefertigten profilierten Blechbahnen, die auf hafterähnlichen Bügeln oder Profilen aufgeklemmt werden (z. B. System Kalzip oder RIB-Roof), so gegen Windsog gesichert werden und dennoch verschieblich bleiben. Ihr Tragvermögen ist jedoch geringer und die überspannbaren Stützabstände mit bis in etwa 200 cm beschränkt. Jedenfalls benötigt man für die Blechschale einen Trag- und Gebrauchsfähigkeitsnachweis.

Diese Systeme ermöglichen wegen ihrer leichten Formbarkeit gekrümmte Dachformen und können auftragsspezifisch individuell an die Dachform angepasst werden. Längenbeschränkungen der Schare gibt es nur aus der Verarbeitbarkeit vor Ort und den thermischen Dehnungen.

Vorgefertigte Dacheindeckungsprodukte – Dachplatten

080|5|1|3

Einfache Metalldachplatten werden ähnlich traditioneller Dachplatten in Schuppendeckung auf Schalung oder Lattung verlegt und erfordern demnach ähnliche Dachneigungen wie einfache Ziegeldächer, da auch hier das Abrinnen ohne zusätzliche Dichtung möglich sein muss. Die Gestaltung verfalzter, größer überdeckender und damit dichter verlegbarer Einzelelemente ermöglicht geringere Dachgefälle bis hinunter zu 12°. Kleinflächige Schindel und Platten können auf den Untergrund genagelt oder mit Patenthafter gehalten werden, die Befestigung wird jeweils vom darüber liegenden Element verdeckt. Infolge der Kleinflächigkeit und der Befestigung jedes Elementes entstehen keine Probleme bei Temperaturbeanspruchung und Windsogsicherung (ÖNORM EN 505 [84]).

Die Produktentwicklung geht aber weiter bis zu Imitationen von Ziegeldachteilen mit mehreren m² Größe durch strukturierte Bleche mit Breiten von bis zu 1 m und Längen von 6 m, wobei hier schon die Problematik der Befestigung und der Wärmedehnungen kritisch zu betrachten ist. Integrierte Regensperren ermöglichen bei diesen Systemen flache Regeldachneigungen bis hinunter auf 8°.

Paneele

080|5|1|4

Eine andere Möglichkeit ist, das Verankern der Blechtafeln nur in verstärkten und mit einer dichtenden Profilierung versehenen Tafellängsstößen durchzuführen. Trapezblechtafeln besitzen dafür aber eine zu kleine Querbiegesteifigkeit. Deshalb werden Dach-Verbundpaneele mit integrierter schubübertragender Schaumdämmung/Mineralfaserdämmung und/oder über Distanzprofile verbundene Kombielemente – Blechdachschalen über tragenden lechkassetten oder Trapezblechen – verwendet (ÖNORM EN 14782 [74], NORM EN 14783 [75], ÖNORM EN 14509 [73]).

achpaneele
Sind einschalige, gedämmte Dacheindeckungen, industriell gefertigt als Verbund- oder Sandwichelemente. Die Elemente werden direkt auf die Unterkonstruktion befestigt und sind bei fachgerechter Montage in der Lage, alle Funktionen der Gebäudehülle (Tragwirkung, Strömungsdichtheit, Wärmedämmung, Schall-, Brand- und Witterungsschutz etc.) zu erfüllen. Sie sind somit „Warmdächer im eigentlichen Sinn". Sandwichpaneeldächer gelten als regendicht. Paneele sind in Längen von 18 bis zu 24 m erhältlich, aus Transportgründen jedoch zumeist mit 13 m begrenzt. Sie werden bei Bedarf in der Gefällerichtung überlappend verlegt, wobei die Überlappungslänge die Regeldachneigung bestimmt und baupraktisch mindestens 5° betragen muss. In den Fugen sind drei Dichtbänder (in der Hochsicke, mittig und innenliegend – dampfdicht) anzuordnen.

ombielemente
Die zweischaligen Dachelemente (Blechdachschalen) bestehen aus gering selbsttragenden vorgefertigten Blechscharen mit Befestigung in den Falzen, wobei die Falzträger/Hafter auf Blechkassetten oder Trapezblechen bzw. einem durch die Dämmung ragenden Zwischenprofil befestigt sind. Auch diese Dachform ist ein Warmdach und bedarf einer durchgängigen, funktionierenden Dampfsperre auf der unteren Kassettenebene.

Planungsgrundsätze

080|5|2

ei allen Metalldächern gilt die Unterdachnorm ÖNORM B 4119 [51]. Hier muss ann auf die Sonderstellung besonders der Dachpaneele hingewiesen werden, ie als Warmdach gelten und wegen der fehlenden Belüftung nicht in das egulierungsregime der Unterdachnorm hineinfallen.

Dachneigungen

080|5|2|1

)ie Art der Blechdeckung bzw. sogar das gewählte Produkt bestimmt die rforderliche Mindestdachneigung, weshalb Regel- oder Mindestdachneigungsangaben nur Richtwertangaben sein können. Aus der Baupraxis wird mpfohlen, eine Dachneigung von 5° (= 8 %) jedoch nicht zu unterschreiten. ür die tatsächliche Gefällewahl ist jedenfalls die lokale Gegebenheit mit zu erücksichtigen und es ist die Grundregel zu beachten: „Größere Gefälle bieten rößere Sicherheit gegen Wassereintritte und lassen eine längere Lebensdauer rwarten." In der Fachliteratur werden auch Angaben zum Mindestgefälle in Abhängigkeit des Abstandes von Traufe und First, d. h. bezogen auf die zu ntwässernde Dachlänge, angeführt. Moderne Dachsysteme ermöglichen als ondersysteme ohne Stöße und Durchdringungen in der Entwässerungsebene)achneigungen bis zu 1,5°.

abelle 080|5-01: Mindestdachneigungen von Metalldeckungen [13]

Mindestdachneigung		Metalldeckungen
Grad	%	
5	8	Abstand First-Traufe ≤6 m
6	10	Abstand First-Traufe ≤10 m
8	14	Abstand First-Traufe ≤15 m
10	18	Abstand First-Traufe >15 m
10	18	Metallschuppen

Tabelle 080|5-02: Mindestdachneigung nach Brucha-Richtlinien Paneele für Profilhöhe mit mindestens 32 mm

Mindestneigung		Querstöße	Ichsen	Durchdringung	Längsstöße
≥3°	≥5 %				
<5°	<8 %	keine Querstöße	versenkt, gem. ÖNORM B 3521-1	„Schleppblech" bis zum First entweder als Stehfalzdeckung gemäß ÖNORM B 3521-1 [48] oder Abdichtung gemäß ÖNORM B 3691 [50] oder aufgeschraubte Dichtflansche für Durchdringungen bis 250 mm Durchmesser.	Längsstöße gedichtet
<7°	<12 %	200 mm mit Dichtung			
<12°	<21 %				
<20°	<36 %	150 mm mit Dichtung			Überlappung
≥20°	≥36 %	150 mm	gemäß ÖNORM B 3521-1 [48]		

Paneele sollten ohne Querstöße verlegt werden, wenn diese unvermeidbar sind und auch nicht geschweißt werden können, dann sind Gefällestufen anzuordnen. Bei ungünstigen Verhältnissen wie z. B. schneereiche Gebiete mit s_k ≥3,25 kN/m², Eisrückstaugefahr, extreme Windposition, große Regenspenden oder Einbauten in die Dachfläche ist die Dachneigung um mindestens 3° zu erhöhen, da die sonst geforderte Ausbildung eines Unterdaches in der Regel nicht realisierbar ist.

Thermische Längenänderungen – die freie Verformbarkeit 080|5|2|2

Ein maßgeblicher Aspekt von Blechelementen am Bauwerk wurde schon angesprochen – die Wärmedehnung. Durch Einstrahlung der Sonne und Abstrahlung bei klarem Nachthimmel sind Blechtemperaturen von ca. –40 °C bis +80 °C möglich, die durch die geringe Masse der Elemente auch nicht abgepuffert werden können.

Temperaturbedingte Längenänderungen müssen konstruktiv berücksichtigt werden, die Blechelemente beweglich bzw. verschiebbar befestigt sein. Je größer die Blecheinzelelemente, desto bedeutsamer ist die Möglichkeit der freien Beweglichkeit. Das heißt, gegen alle Fixpunkte (z. B. Durchbrüche oder Kehlen) und querlaufenden Blechflächen müssen Schare und Profile dehnungstechnisch spannungsfrei montiert werden. Das ist besonders bei heute möglichen Blechlängen von 30 m sorgfältig umzusetzen.

Tabelle 080|5-03: Ausdehnungskoeffizienten in mm/(m·K)

Material	Ausdehnungskoeffizient α_T [mm/m·K]	Material	Ausdehnungskoeffizient α_T [mm/m·K]
Aluminium	0,0240	Messing	0,0190
Baustahl	0,0120	Polystyrol-Hartschaum	0,0700
Beton	0,0120	PVC	0,0800
Blei	0,0290	Silber	0,0200
Bronze	0,0180	Titanzink	0,0220
Edelstahl	0,0160	Ziegelmauerwerk	0,0050
Gusseisen	0,0104	Zink	0,0290
Kupfer	0,0170	Zinn	0,0230

$$\Delta l = l_0 \cdot \Delta T \cdot \alpha_T \qquad (080|5\text{-}01)$$

Δl	Längenänderung	mm
l_0	Bemessungslänge	m
ΔT	Temperaturdifferenz zur Verlegetemperatur	K
α_T	Ausdehnungskoeffizient	-

Die thermischen Längenänderungen müssen vor allem gegenüber starren Bauteilen – wie Lichtkuppeln oder Kaminen – durch ausreichende Dehnmöglichkeit schadlos aufgenommen werden können. Keinesfalls darf eine Durchführung durch die Dachhaut einen Blechstoß (z. B. Falz) durchstoßen und dort starr eingelötet werden.

ispiel 080|5-01: Thermische Ausdehnung Titanzinkblech

laterial Titanzinkblech:		$\alpha_T = 0{,}0220$	
erlegung Metalltemperatur:		$T_{verl} = 10\ °C$;	
emessungstemperaturen:		$T_{min} = -40\ °C$	$T_{max} = +80\ °C$
charlänge:		$l_0 = 12\ m$	
usdehnen:	12·(80–10)·0,0220 =	18,5 mm	
usammenziehen:	12·(40+10)·0,0220 =	13,2 mm	

ondensat an Blechen

080|5|2|3

ei Abkühlung der Bleche kann an luftunterspülten Blechunterseiten immer ieder Kondensat auftreten. Auch Dachkonstruktionen mit Hinterlüftung ohne ffiziente innenliegende Dampfsperre verursachen oftmals hohe euchtigkeitsanreicherung unter der Blechdeckung. Die dabei entstehende ünne Wasserschicht muss rasch abgeführt werden, wobei hier speziell inkblech sehr sensibel ist. Es gibt eine Reihe von Regeln für das Auflegen von lechen, speziell bei Zinkblechen ist besonders auf den Untergrund zu achten.

- Auflager nur auf rauer Schalung – Nässe kann „aufgesaugt" werden – Schalung ist „luftumspült" (unterlüftete Dachhaut, Brettabstand mindestens 5 mm) und trocknet rasch ab.
- Zinkblech keinesfalls direkt auf OSB-Platten oder andere Holzwerkstoffplatten auflegen – geringes Saugvermögen.
- alternativ Verlegung auf strukturierter Trennlage mit „Drainagefunktion".

lechtafeln werden oft mit Antikondensatbeschichtungen verkauft, die ein ohes Absorptionsvermögen von Wasser aufweisen und verhindern, dass sich Wasser" niederschlägt. Das gebundene Wasser wird bei geändertem Umfeld ieder an die Luft abgegeben. Antikondensatbeschichtungen haben auch einen ämpfenden „Antidröhneffekt".

orrosion und elektrochemische Korrosion

080|5|2|4

orrosion als Überbegriff umfasst zusätzlich zur elektrochemischen Korrosion uch andere „Zerfallsprozesse" wie die interkristalline Korrosion bei egierungen oder die Spannungsrisskorrosion bei zugbeanspruchten Verkstoffen. Bei Metallen im Dachbau sind aber immer elektrochemische ffekte für auftretende Zerstörungen oder besser „Umbildungen" gegeben. euchtigkeit ist bei allen Dachmaterialien korrosionsfördernd, da Metallionen n Wasser gelöst und dadurch elektrochemische Prozesse in Gang gesetzt verden. Am sensibelsten reagieren Zinkbleche bei falscher Verarbeitung, wo bgeschlossene Feuchtbereiche zu Weißrostbildung führen. Generell ist zu eachten, dass eingebaute Metallteile vor jeweils korrosionsfördernden Stoffen us angrenzenden Bauteilen geschützt sein müssen, so vor:

- Kalk und Zement (z. B. in Putzen)
- bewitterten bituminösen Stoffen (Bitumenkorrosion – UV-Strahlung und Feuchtigkeit bilden auf Bitumen schädigende Säuren, die zu einer Zerstörung der Metalle führen)
- unedleren Metallen im direkten Kontakt oder als darüber liegender Bauteil

ei Kombination verschiedener Blecharten (z. B. Deckung/Rinne) ist unbedingt las elektrochemische Verhalten zu berücksichtigen, um Korrosionsschäden zu ermeiden.

Korrosion am Beispiel Rost

In Wasser gehen Metallionen in Lösung, bei Eisen an sogenannten Lokalelementen (kleine kristalline Bereiche). Es entsteht eine kurzgeschlossene galvanische Zelle. Die gelösten Metallionen werden in einer sekundären Reaktion oxidiert und eventuell abgetragen. Der an der Anode entstehende Elektronenüberschuss fließt zu den kathodischen Stellen, wo eine Reduktion der Wassermoleküle zu Hydoxylionen eintritt, die für die Primärreaktion (Bildung von Eisenhydroxid) an der Anode erforderlich sind.

Ähnliche elektrochemische Prozesse finden auch zwischen unterschiedlichen Metallen z. B. bei Schweißnähten oder Nietkontakten statt, wobei hier die galvanische Zelle aus den beiden Metallen (und demnach deren Potentialdifferenz) gebildet wird. Bei Verbindung der Metalle = Kurzschluss wird ein Potentialausgleich erzwungen, der das elektrochemische Gleichgewicht verändert – es kommt zu einem Elektronenfluss von der Anode zur edleren Kathode, was dort Reduktionsprozesse mit Metallanlagerung hervorruft und an der Anode zu Oxidation mit Metallabtrag führt.

Das jeweilige Standardpotential (die Höhe des Lösungspotentials im Verhältnis zu Wasserstoff) bestimmt die Einordnung in der elektrochemischen Spannungsreihe. Es ist für Edelmetalle positiv (das Metall „strebt" nach Elektronenaufnahme und bildet deshalb die Kathode) und für unedle Metalle negativ (Elektronen werden von der Anode abgegeben).

Tabelle 080|5-04: Spannungsreihe der Metalle, Normalpotentiale [4]

Element	Na	Mg	Al	Zn	Cr	Fe	Sn	Pb	H	Cu	Ag	Au
Potential in V	−2,70	−2,40	−1,66	−0,76	−0,56	−0,44	−0,14	−0,13	±0	+0,34	−0,80	−1,36
	unedle Metalle									edle Metalle		

Aus Tabelle 080|5-04 ist zu erkennen, dass Zink unedler als Eisen ist und passivierte „nichtrostende Stähle" sich in ihrem elektrochemischen Verhalten ähnlich Silber verhalten. Für Korrosionsprozesse ist Wasser oder auch nur Feuchtigkeit als Elektrolyt notwendig – hier können sich auch die Metallionen lösen. Darin gelöste Salze sind für die Korrosionsprozesse förderlich. Typische Beispiele für Kontaktkorrosion sind Schrauben aus Kupfer in einem Aluminiumblech (Vorkehrung: Aluminium nur beschichtet oder anodisiert, Zwischenlagen) oder Edelstahlblech mit Stahlblech verschraubt.

Bei der Kontaktkorrosion ist auch das Flächenverhältnis von edel zu unedel für das Korrosionsergebnis bedeutsam, da die Stromdichte bei großer Oberfläche des unedlen Materials sehr klein und damit harmlos wird. Deshalb können z. B. feuerverzinkte Bleche auch mit nichtrostenden Schrauben befestigt werden, ohne dass es zu nennenswertem Abtrag der Zinkschicht kommt.

Tabelle 080|5-05: Elektrolytische Verträglichkeit von Metallen

	Al	Pb	Cu	Zn	NRS	St	
Al	+	+	–	+	+	+	Aluminium
Pb	+	+	+	+	+	+	Blei
Cu	–	+	+	–	+	–	Kupfer
Zn	+	+	–	+	+	+	Titanzink
NRS	+	+	+	+	+	+	Nichtrostender Stahl
St	+	+	–	+	+	+	Stahl verzinkt

Zu vermeiden ist die Anordnung von Kupferbauteilen oberhalb von Zink oder verzinktem Stahl, weil durch abfließendes Regenwasser mitgeführte Kupferionen zur Elementbildung auf dem Zink und zu dessen schneller Zerstörung führen. Die umgekehrte Anordnung von Zink oberhalb von Kupfer

t unbedenklich, es dürfen jedoch keine Berührungspunkte zwischen den
:iden Metallen vorhanden sein.

chall und Lärm

080|5|2|5

echdächer sind bei Regen oder Hagel „laut". Bei ungeeigneter nterkonstruktion und fehlender Lärmdämmung können Blechelemente ısätzlich auch frei schwingen und dadurch zusätzlich Lärm verursachen.

urch eine Dach-Unterkonstruktion, auf der die Blechelemente weitestgehend ollflächig aufliegen, durch eine Verringerung der Scharenbreite bei :ehfalzdeckungen oder durch die Verwendung von Schalldämmmatten kann e Lärmentwicklung jedoch stark reduziert werden, sodass der Unterschied zu assiven Deckungsmaterialien kaum merkbar ist.

rennlagen

080|5|2|6

lechbahnen werden in einfachster Form direkt auf Brettschalungen verlegt. ennlagen haben die Aufgabe, Bleche an der Unterseite von schädigenden nflüssen zu schützen, die Gleitfähigkeit bei thermischen Bewegungen zu rleichtern und eine Notabdichtung herzustellen. Heute werden auch aus challdämmgründen praktisch nur mehr strukturierte Trennlagen empfohlen. iese ermöglichen auch eine Luftdurchströmung und Feuchtigkeitsabfuhr nterhalb der Blechdeckung und haben sich besonders bei flachen achneigungen als sehr vorteilhaft erwiesen. Keinesfalls aber dürfen itumenflämmbahnen oder Vliese verwendet werden.

interlüftung der Dachhaut

080|5|2|7

ängige Begriffe in der Literatur zu Blechdächern, vergleichbar mit lachdächern sind die der „ein- oder zweischalige Konstruktion". In 080|1|2 erden diese als „Prinzip Warmdach" und „Prinzip Kaltdach" erläutert.

raditionell wurden unter belüfteten Dächern zumindest zweischalige onstruktionen verstanden, also Blechdeckung und Schalung (und evtl. rennlage) als äußere Schale über der wärmegedämmten Unterkonstruktion als nnere Schale angeordnet und durch Zwischenraum getrennt. Dieser wischenraum stand über Be- und Entlüftungsöffnungen mit der Außenluft in erbindung und sollte thermische Pufferschicht sein, Feuchte aus dem nnenraum abführen und gegebenenfalls die Abtrocknung der Schalungsebene Folge von Kondensat an der Blechrückseite) ermöglichen. Notwendige nterdachebenen mit diffusionshemmender Abdichtungsbahn bedingen dann wei Belüftungsebenen (wobei die obere Belüftungsebene bei steilen Dächern hne Anforderung an regendichte Unterdächer auch durch strukturierte rennlagen ersetzt werden kann). Bei einschaligen Konstruktionen ohne wischenraum kann planmäßig keine Feuchtigkeit abtransportiert werden, die iffusion aus dem Innenraum ist durch eine innenseitige diffusionsdichte ampfsperre zu verhindern. Restbaufeuchte und zutretende andere geringe euchtigkeitsmengen können dann nur über die nicht luftdichten Falze bei berdruck durch Sonnenerwärmung entfernt werden. Abgesehen davon, dass ei dieser Konstruktion nur Bleche ohne Korrosionsrisiko bei Nässe eingesetzt verden dürften, verblieb der Nachteil, dass eingetragene Feuchtigkeit praktisch ingesperrt wurde. Aus diesem Grund ist diese zwar theoretisch machbare ösung für die Praxis nicht zu empfehlen oder bestenfalls sehr kleinräumig wie

z. B. bei Gaupen. Jedenfalls aber muss Feuchtigkeit unter der Blechdeckung schadensfrei abgeführt werden können, was durch die Verwendung von Wirrgelegematten auf Unterdächern oder strukturierten Trennlagen möglich wird. Diese „Hinterlüftungsebene" ist nicht gleichwertig, wie in der ÖNORM B 4119 [51] definiert. Die Notwendigkeit eines Einbaues einer Dampfsperre oder -bremse an der Innenseite der Konstruktion ist natürlich davon unberührt.

Verbindungen

080|5|2|8

Bleche werden im Dachbau durch drei Methoden verbunden – durch Überlappen und Schrauben (bei größerer Neigung und profilierten Tafeln), durch Kleben, eventuell mit Nieten verstärkt, und durch Weichlöten.

Weichlot besteht aus Zinn und Blei, womit Zinkbleche, verzinkte Stahlbleche, verzinnte Edelstahlbleche und Kupfer oder Blei verbunden werden können, Aluminium und nicht vorbereitete Edelstähle jedoch nicht. Diese müssen mit Alunieten verbunden und geklebt bzw. gedichtet werden. Gelötete Bleche müssen 15 mm überlappen und dürfen keinen Spaltraum über 0,5 mm aufweisen. Durch ein Flussmittel wird der Lötspalt vorbereitet, der dann voll durchlötet werden sollte.

Klebe-/Dichtstoffe müssen witterungsbeständig sein und bei niedrigem Anpressdruck einen guten Haftverbund entwickeln und bei niedrigen Temperaturen aushärten können. Die Klebeflächen müssen fettfrei sein,

Niete werden aus Stahl, Kupfer, Messing, zumeist jedoch aus Aluminiumlegierungen hergestellt. Niete sind an sich nicht dicht, können aber dicht überlötet werden.

Hartlöten hat im Dachbau keine wesentliche Bedeutung, obwohl dabei in der Regel eine höhere Festigkeit als bei Weichlötverbindungen erreicht wird.

Deckungsmaterialien

080|5|3

Es konnte festgestellt werden, dass bei Metalldächern stärker als bei anderen Deckungsmaterialien die ordnungsgemäße und sorgfältige Verarbeitung entscheidend für eine lange Schadensfreiheit und damit für die Lebensdauer ist. Dabei sind letztlich auch die richtige Wahl des Deckungsmaterials und die entsprechende Ausführung der Unterkonstruktion wesentlich.

Tabelle 080|5-06: Blecharten und Abmessungen

Material Blecharten	übliche Blechdicken, die hauptsächlich verwendeten Dicken sind fett geschrieben						Tafelbreite bzw. Breite der Rollen
	mm						mm
Verzinktes Stahlblech	0,50	0,56	**0,63**	**0,75**	0,88	1,00	800, 1000
Stahlblech 18/8 (18/10)	**0,50**	0,60	0,70	0,80	0,90	1,00	800, 1000
Kupferblech	0,55	0,60	**0,70**	0,80	0,90	1,00	600, 1000
Aluminiumblech	0,60	0,70	**0,80**	0,90	1,00	1,20	600, 1000
Titanzinkblech	0,65	**0,70**	0,80	0,90	1,00	1,25	600, 1000
Zinkblech (in Tafel)	0,60	0,70	**0,80**	0,90	1,00		625

Kupfer

080|5|3|1

Dächer und Fassaden aus Kupfer bilden ein besonderes architektonisches Stilelement und werden oft bei hochwertiger Bausubstanz und bei Strukturen mit komplizierter Geometrie wie auch bei historischen Bauten eingesetzt. Kupfer hat die höchste Bruchdehnung von allen Baumetallen und ist deshalb

:rade bei komplizierten Anschlüssen mit starken Verformungen (auch bei edrigen Verarbeitungstemperaturen) sehr geeignet.

:r Herstellungspreis von Kupferdächern ist hoch, ebenso jedoch die bensdauer, da das Material hoch korrosionsbeständig ist. Bei Kombination mit ıderen Metallen ist jedoch große Vorsicht geboten. Kupfer weist gute :ständigkeit gegen Gips, Kalk und Zement auf. Das Phänomen der nterseitenkorrosion (verursacht durch Tauwasser oder Pfützenbildung) tritt im ıpferdach so gut wie nicht auf. Kupfer ist, auch in Verbindung mit ·uchtigkeit, unempfindlich sowohl gegen Holzinhaltstoffe als auch gegen lzhaltige oder ölige Imprägnierungsmittel von Schalungshölzern. Deshalb ären Trennlagen unter Kupferblechen nicht erforderlich.

ıpferbleche erhalten durch Oxidation in basisches Kupfersulfat eine Patina (= :hutzschicht), die witterungsbeständig, selbstheilend und sehr lange haltbar :. Um eine gleichmäßige Ausbildung zu ermöglichen, muss die Oberfläche uber sein. Die Schutzschicht wird innerhalb von 2 bis 3 Jahren braun bis ıthrazitfarbig, auf Dachflächen und bei wiederkehrender und längerer ässeeinwirkung bis zum Patinagrün. Da die Färbung der Oxidschicht zeit- und itterungsabhängig ist, kann es zu unregelmäßigen Farbausprägungen ımmen. Bei unvorsichtiger Arbeit können Flecken entstehen. Von ıpferdächern abtropfendes Regenwasser kann bei längerer Einwirkung infolge :r gelösten Kupfersalze zu grünlichen Verfärbungen des Bodens führen.

ıpferoberflächen können mit unterschiedlichen Verfahren gebeizt, gebrannt, oliert oder farblos lackiert werden, was für Außenbereichsanwendung jedoch cht zu empfehlen ist. Hierfür werden Blechbahnen oxidiert, vorbewittert oder giert angeboten. Künstlich patinierte Bleche haben im Gegensatz zu natürlich atiniertem Kupfer eine sehr gleichmäßige Färbung. Oxidierte Bleche sind ınkelbraun und verändern ihre Farbe nicht mehr.

ır Dachdeckung und Außenwandbekleidung wird nach ÖNORM EN 1172 [59] ısschließlich Kupfer Cu-DHP (üblicherweise R 240) verwendet. Die Vorteile eses Materials sind:

- gute Verformbarkeit (bei Anschlüssen das weiche Cu-DHP R 220)
- hohe Bruchdehnung
- Löten, Hartlöten bis Schweißen möglich

ie Zugfestigkeit von Kupfer wird durch wiederholte Verformungen erhöht und ann durch Erwärmen wieder vermindert werden.

ıbelle 080|5-07: Materialparameter Kupferbleche

Kupferblech	
;pezifisches Gewicht	8,00–8,90 kg/dm³
Värmedehnung	0,0170 mm/(m·K)
;chmelzpunkt	1083 °C
Värmeleitfähigkeit	394 W/(m·K)
3lechstärken	0,5–1,0 mm (meist 0,6–0,7 mm)
3andbreiten	bis 800 mm (Standard 520 mm)

irundsätzlich ist Kupfer mit Blei und Edelstahl (Werkstoff-Nr. 1.4301, 1.4401 nd 1.4571) unbedenklich kombinierbar. Kupferdächer werden fast usschließlich als Falz- oder Leistendach ausgeführt.

Aluminium

080|5|3|2

Dachdeckungen aus Aluminiumblechen sind kostengünstig und sehr leicht, eine Korrosionsgefahr durch Tauwasserbildung besteht nicht. Als Schutz vor Umwelteinflüssen reicht theoretisch (in pH-Bereichen 5 bis 8) die natürliche Patina, jedoch ist diese nur sehr dünn, somit kann es an Fehlstellen zu Lokalelementen kommen – generell ist Aluminium unedel und deshalb empfindlich im Zusammenbau mit edleren Metallen – wie Elektrolytkorrosion. Unbeständig ist Aluminium besonders im alkalischen Bereich (Mörtel, Zemente), wo die Schutzschicht rasch abgebaut wird (deshalb „Folienschutz" an Blechoberflächen beim Einbau). Aluminiumbleche werden deshalb zumeist auch oberflächenbehandelt, eloxiert und/oder beschichtet.

Aluminiumbleche müssen der ÖNORM EN 507 [85] entsprechen und bestehen aus Reinaluminium (EN AW-Al 99,5 %) oder, um die Verarbeitbarkeit zu verbessern, aus Aluminiumlegierungen mit Aluminium unter Zusatz von Mangan, Kupfer, Silizium, Eisen, Magnesium und Zink. Typische Aluminiumlegierungen für den Dachbereich entsprechen der Serie EN AW-3003 (Definitionen in den Werkstoffnormen ÖNORM EN 485-1 bis 4 [80] [81] [82] [83]), bandbeschichtete Bleche und Bänder sind in ÖNORM EN 1396 [71] definiert.

Tabelle 080|5-08: Materialparameter Aluminiumbleche

Aluminiumblech	
Spezifisches Gewicht	2,00–2,70 kg/dm³
Wärmedehnung	0,0240 mm/(m·K)
Schmelzpunkt	660 °C
Wärmeleitfähigkeit	120–240 W/(m·K)
Blechstärken	0,6–1,2 mm
Bandbreiten	bis 800 mm
Handelsbezeichnungen	Prefa, Falzonal, Kalzip, FalZinc

Die Bleche werden durch Kalt- oder Warmverformung bearbeitet, auf der Baustelle lassen sie sich auch bei geringen Außentemperaturen (unter 0 °C) verarbeiten. Dächer aus Aluminium lassen sich dadurch bestens auch an eine komplizierte Geometrie anpassen.

Aluminiumbleche lassen sich im Dachbau problemlos mit Titanzink, Blei, verzinktem Stahl, nichtrostendem Stahl (hier sollte das Flächenverhältnis um ca. 1,0 liegen) zusammenbauen, nicht jedoch mit Kupfer. Durch Beschichten sind Alubleche in vielen Farben am Markt verfügbar. Das ist auch einer der wesentlichen Vorteile dieses Materials. Nachteilig ist der geringe Widerstand gegen Verbiegen und damit gegen Beschädigung.

Bleche aus Aluminium sind nicht lötbar, das Beheben von Beschädigungen und das Herstellen von Verbindungen müssen durch Nieten und Kleben erfolgen und mit Flüssigkunststoffen anschließend abgedichtet werden.

Zink und Titanzink

080|5|3|3

Dächer aus Zinkblechen sind tradierte Dachdeckungen, witterungsbeständig und langlebig, da Zinkblech eine festhaftende, selbstheilende Schutzschicht aus Zinkcarbonat $ZnCO_3$, aufbaut – sie sind jedoch auch sehr empfindlich auf Fehler bei der Verarbeitung. Zinkbleche sind wegen der leichteren Biegbarkeit praktisch immer legiert. Die Zusammensetzung ist in ÖNORM EN 988 [90] geregelt. Heute wird Zinkblech oftmals schon patiniert (vorbewittert) ngebaut, da nicht vorbewitterte Oberflächen sehr empfindlich sind und leicht ecken bilden, was schon durch Handschweiß im Zuge der Manipulation rvorgerufen werden kann. Die natürliche Schutzschichtbildung durch Luft- ıd Wassereinwirkung braucht Monate und oft auch Jahre und hat eine rbliche Veränderung zur Folge. Durch Feuchteeinwirkung in Kombination mit ıderen Metallen wird Zink durch galvanische Korrosion angegriffen.

belle 080|5-09: Materialparameter Zink- und Titanzinkbleche

inkblech, Titanzinkblech		
pezifisches Gewicht		7,00–7,20 kg/dm³
ärmedehnung	Zink Titanzink	0,0290 mm/(m·K) 0,0220 mm/(m·K)
chmelzpunkt	Titanzink	418 °C
ärmeleitfähigkeit		120 W/(m·K)
lechstärken		0,7–1,2 mm
andbreiten		bis 700 mm
andelsbezeichnungen		Rheinzink, VMZinc, NedZink

er Einsatz von Titanzink verbessert die Verarbeitbarkeit, es ist gut formbar und tbar – muss aber bei Temperaturen unter 10 °C zur Vermeidung von rödrissen angewärmt werden.

- Bei Temperaturschwankungen treten bei Zinkblechen große Längenänderungen auf. Zinklegierungen sind von Ermüdungsbrüchen bei zyklischen Belastungen betroffen; infolgedessen müssen maximale Bewegungsmöglichkeiten vorgesehen werden (Schiebenähte, Bewegungsausgleicher).
- Gefahr von Weißrostbildung bei Nässe und Luftabschluss – unvollständige Schutzschichtbildung; Bildung von Zink-Hydroxid und Zerfall des Bleches.
- Alkalisches Umfeld zufolge Mörtel und Beton wirkt korrosiv, sensibel auf Salzsäureemissionen (z. B. aus PVC-Abdichtungsanschlüssen).
- Gefahr von Oxidationssäurekorrosion – Verwitterungsprodukt von ungeschützten Bitumenabdichtungen.
- Erfahrungsgemäß gibt es keinerlei Probleme durch den Zusammenbau mit Aluminium, Blei, verzinktem Stahl und nichtrostendem Stahl. Vorsicht bei gemeinsamem Verbau mit Kupfer, da es hier zu Elektrokorrosion kommt.
- Sehr anfällig auf Verlege- und Konstruktionsfehler, qualifizierte Spengler, die mit dem Material vertraut sind, sind ein Muss.
- Anstriche auf frischem Zink haften schlecht; erst durch Bewitterung oder Entfettung wird die Oberfläche haftfähig.

erzinkter Stahl 080|5|3|4

ächer und Fassaden aus verzinktem Stahlblech sind kostengünstig und recht agfähig. Verzinkte Stahlbleche sind weniger korrosionsbeständig (Zinkabtrag) nd schwerer zu bearbeiten als die weichen oder mittelharten untmetallbleche, sind aber ebenfalls lötbar.

tahlbleche im Dachbau müssen feuerverzinkt sein (Eisblumenmuster), orunter man das Überziehen von (vorbehandelten) Stahlteilen mit flüssigem ink aus einem Tauchbad bei 450 °C versteht. Dabei bilden Stahl und Zink gemeinsame Eisen-Zink-Legierungsschichten mit einer darüber liegenden Reinzinkschicht. Diese ist 50 µm-150 µm stark, jedoch für die erwünschte Lebensdauer eines Daches nicht ausreichend (Zinkabtrag 5 bis 15 µm pro Jahr, je nach Umgebungsbedingungen), weshalb in der Regel zusätzliche schützende Anstriche erforderlich werden.

Tabelle 080|5-10: Materialparameter verzinkte Stahlbleche

verzinktes Stahlblech	
Spezifisches Gewicht	7,00 kg/dm³
Wärmedehnung	0,0120 mm/(m·K)
Schmelzpunkt	1250–1460 °C
Wärmeleitfähigkeit	60 W/(m·K)
Blechstärken	0,5–1,25 mm
Bandbreiten	bis 1000 mm

- Bei Beschädigung der (an sich selbstheilenden) Zinkschicht oder nach deren Abtrag durch Alterung kommt es durch Rost rasch zu Materialzerstörung, Kontrolle und Erneuerung des Korrosionsschutzes bedingen erhöhte Instandhaltungskosten.
- Bei mangelhafter Konstruktion kann Unterseitenkorrosion auftreten, dies ist dann nicht sanierbar, schreitet aber wesentlich langsamer fort als bei einer Zinkblechdeckung.

Eine längere Lebensdauer erreichen verzinkte Stahlbleche mit einer zusätzlichen Pulverbeschichtung oder Pulvereinbrennlackierung auf einer Zwischenschicht aus z. B. Epoxidharz. Dadurch sind auch farbig gestaltete Stahlbleche in sehr vielen unterschiedlichen Farben möglich. Beschichtete Stahlbleche sind auf Verlege- und Konstruktionsfehler nur gering anfällig.

Edelstahl

080|5|3|5

Bleche aus Edelstahl zeigen eine sehr hohe Dauerhaftigkeit und Korrosionsbeständigkeit sowie vielfältige Einsatzmöglichkeiten. Edelstahl Rostfrei ist ein Sammelbegriff für eine Vielzahl verschiedener Stahlsorten, die mindestens 10,5 % Chrom und weniger als 1,2 % Kohlenstoff enthalten. Auch der Begriff Chromstahl ist sehr verbreitet. Oftmals angebotene Qualitäten sind Werkstoffnummer 1.4301 Chrom-Nickelstahl, 1.4509 Chrom-Titan-Niob und 1.4404 Chrom-Nickel-Molybden-Legierung mit erhöhtem korrosivem Widerstand. Die eingesetzten Bleche müssen der ÖNORM EN 10088-1 [57] entsprechen. Die Oberflächen sind blank, walzmattiert oder auch elektrolytisch verzinnt, um eine mattgraue Patina zu erzielen sowie die Verarbeitbarkeit durch Weichlötbarkeit zu verbessern.

Tabelle 080|5-11: Materialparameter Edelstahlbleche

Edelstahlblech		
Spezifisches Gewicht		7,70–8,00 kg/dm³
Wärmedehnung	1.4301	0,0110–0,0160 mm/(m·K)
Schmelzpunkt		1380–1500 °C
Wärmeleitfähigkeit		15 W/(m·K)
Blechstärken		~0,5 mm
Bandbreiten		bis 1000 mm
Handelsbezeichnungen		Uginox, Ugitop, Caminox

- Dächer aus Edelstahlblechen sind teurer als z. B. Zinkblechbedachungen, sie sind jedoch beständig gegen viele oxidierende Säuren und Laugen, Bitumen, Kalk, Zement, Holz, Abgase

von Ölheizungen und zeigen keine Kontaktkorrosion in Verbindung mit Zink und Kupfer.

– Nachteilig ist der höhere Verarbeitungs- und Kraftaufwand bei der Verfalzung und den Schneidearbeiten, die Werkzeuge müssen ebenfalls aus Niro-Material sein. Niro-Bleche sind anfällig auf Bildung von Fremdrost - Gefahr von elektrochemischer Lochfraßkorrosion.

lei 080|5|3|6

ufgrund von hohen Materialkosten wird Blei kaum noch für Dachdeckungen rwendet. Es ist schwer, weich, gut bearbeitbar und säurebeständig. eideckungen sind lange haltbar, dies ist auf die silbergraue Korrosionsschicht rückzuführen, die wasserundurchlässig ist und das Material vor weiterer auerstoffzufuhr schützt. Nachteil von Bleideckungen sind die hohe ärmeleitung und das Gewicht. Das Abschwemmen von Bleisalzen aus der eideckung kann auch zu Schäden an anderen Bauteilen führen. Um die echanischen Beanspruchungen aufnehmen zu können, sollte die aterialstärke mindestens 2 mm betragen. Bleibleche müssen der ÖNORM EN 2588 [61] entsprechen.

belle 080|5-12: Materialparameter Bleibleche

leiblech	
pezifisches Gewicht	11,00 kg/dm³
Värmedehnung	0,0290 mm/(m·K)
chmelzpunkt	327 °C
Värmeleitfähigkeit	34 W/(m·K)
lechstärken	1,0–3,5 mm
andbreiten	bis 1250 mm

alzdeckungen 080|5|4

raditionelles Stehfalzdach 080|5|4|1

er Namen dieser Form der Blechdeckung leitet sich von der Verbindung der nzelnen Blechbänder – Schare – durch Verfalzen, also Fügen durch Umlegen der Umbiegen der Blechränder übereinander ab. Es können dafür praktisch llen Metallarten eingesetzt werden, wobei davon dann die Blechdicke auch ller Ergänzungsteile bestimmt wird.

abelle 080|5-13: Mindestblechdicken [21]

	Generell	Falzdeckungen	Einbindungen in Abdichtungen	Einlegerinnen ≥500 mm Zuschnitt	Einlegerinnen, Schutzbleche mit Zuschnitt ≥1000 mm sowie Stützbleche
luminium	0,7 mm	0,7 mm [a]	-	1,0 mm	1,2 mm
lei	1,0 mm	1,0 mm	-	2,0 mm	-
upfer	0,6 mm	0,6 mm	0,6 mm	0,7 mm	0,8 mm
ink	0,7 mm	0,7 mm	0,7 mm	0,8 mm	1,0 mm
delstahl	0,4 mm	0,5 mm	0,5 mm	0,5 mm	0,75 mm
tahl verz.	0,55 mm	0,55 mm	-	0,75 mm	1,0 mm

Aluminium in Falzqualität

chare werden werksvorgeformt oder erst auf der Baustelle gekantet auf achschalung verlegt. Beim Umformen (Kanten) ist ein Mindestbiegeradius von ,75 mm einzuhalten. Entlang der Längsstöße werden Hafter am Untergrund ernagelt (mind. 2 Rillennägel), wobei der Abstand nach den auftretenden ogkräften und dem Untergrund zu dimensionieren ist. Um die

Längsdehnungen nicht zu behindern, werden die Schare nur im Festhaftbereich unverschieblich gehalten und in allen anderen Bereichen Schiebehafte gesetzt.

Beim traditionellen Stehfalzdach ist die maximale Scharenbreite 600 mm und der maximale Hafterabstand 500 mm, im Festhaftbereich 330 mm einzuhalten. Aufgeklemmte Dachaufbauten wie Stege usw. sind bei der Dimensionierung zu berücksichtigen.

Beispiel 080|5-02: Falzdeckungen

Vorgefertigte Falze und Falzblechdächer

080|5|4|2

Eine Weiterentwicklung weg von der handwerklichen Fertigung ist das Schnappfalzsystem, wo Bänder oder Bleche so vorbereitet werden, dass im Falzbereich, durch Übereinanderschieben und Hineindrücken eine kraftschlüssige Verbindung, ähnlich einem Stehfalz entsteht. Profilhöhen sind mit zwei Höhen genormt, mit 25 mm bis zu 7° und bei flachen Dachneigungen bis zu nur 3° mit 38 mm. Bei den flachen Neigungen sind keine Querstöße möglich. Zur Befestigung kommen Systemhafte aus Niro für Einsatz. Es können alle Metallarten für Schnappfalzdächer eingesetzt werden, die Regelungen von Scharenbreite und Blechstärken sind aus der ÖNORM B 3521-1 [48] zu entnehmen.

Der nächste Schritt war das Design von vorgefertigten, breiteren Falzbügeln oder Falzrippen, die eine bessere Stabilität der Schare ergeben. Diese Art der Blechdeckung wird als Gleitbügeldach bezeichnet. Ein Verlegen dieser Bahnendeckungen ist auch über Lattung oder direkt auf weichen Untergründen (Dämmungen) möglich. Diese Deckungsarten werden nicht mehr handwerklich gefertigt, die An- und Abschlüsse werden, ähnlich wie bei Trapezblechdächern, mit Formteilen realisiert und oft in Kombination mit Blechkassetten als wirkliches Warmdach ausgebildet.

Falze und Falzarten

080|5|4|3

Stehfalzdeckungen werden häufiger als das aufwändigere Leistendach ausgeführt, obwohl Letzteres die Ausdehnung der Blechschare am geringsten behindert. Da durch die Falze nur Bewegungen quer zu den Blechbahnen aufgenommen werden können, müssen zur freien Längsbeweglichkeit Querfalze als Schiebefalze ausgeführt werden (maximale Scharenlänge zwischen 10 m bei Zink und 14 m bei z. B. Edelstahl). Abhängig von der Dachneigung sind sie unterschiedlich auszuführen – unter 10° als doppelter Querfalz oder als Leistenfalz, darüber als einfacher Querfalz.

Abbildung 080|5-01: Falzarten für Längsverbindung

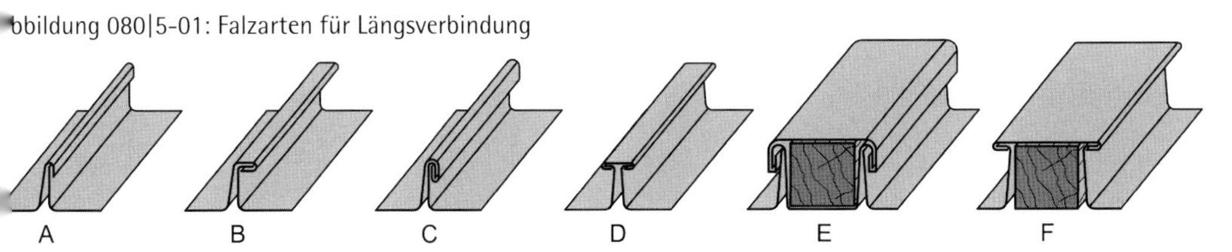

A einfacher Stehfalz
B Winkelstehfalz
C Doppelstehfalz
D Doppelwinkelstehfalz (Leistendeckung)
E belgische Leistendeckung
F deutsche Leistendeckung

Abbildung 080|5-02: Falzarten für Querverbindungen

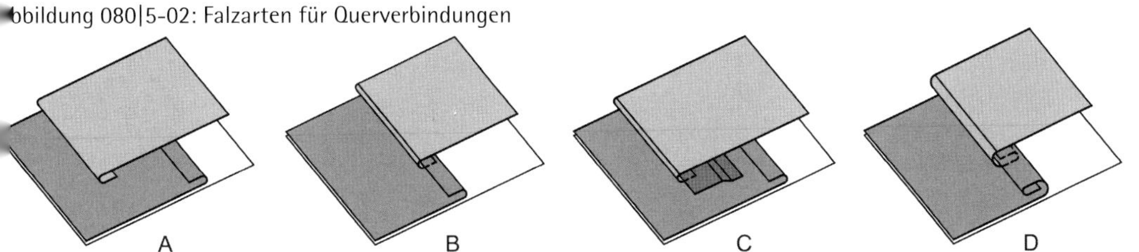

A ab 30° – Überlappung 100 mm
B ab 25° – einfacher Querfalz
C ab 10° – einfacher Querfalz mit Z-Streifen
D ab 7° – doppelter Querfalz

Nach dem Verlegen der Nachbarschare werden die Falze maschinell mittels Falzmaschine geschlossen, was für eine doppelte Stehfalzdeckung zweimal mit 180° passiert. Bei geringen Dachneigungen unter 7° (u. U. 5°) sind Dichtbänder in den Falzen einzulegen. Die Falze sind so zu formen, dass die Tafelausdehnung durch einen Abstand der Tafeln von 1 bis 2 mm ohne Verformung der Blechfläche frei möglich ist. Die Falzhöhe hat mindestens 23 mm zu betragen, ist aber bei ungünstigen Umstanden höher auszuführen.

Abbildung 080|5-03: Herstellung Stehfalz und Leistenfalz

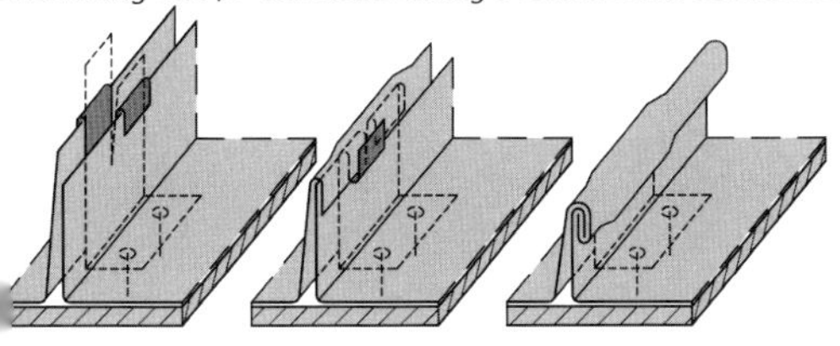

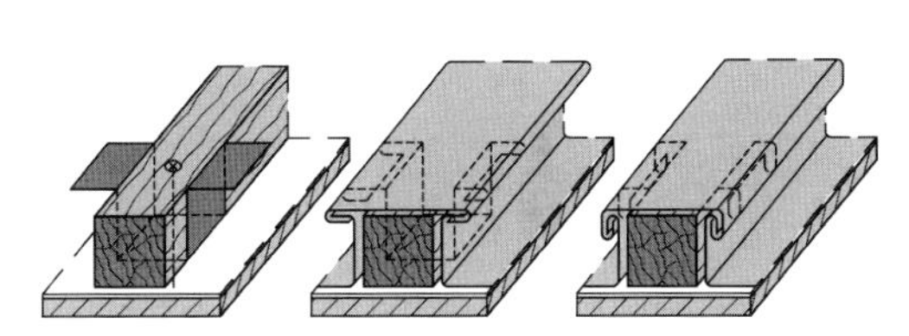

Abbildung 080|5-04: Falzenden Stehfalz an Traufe und First

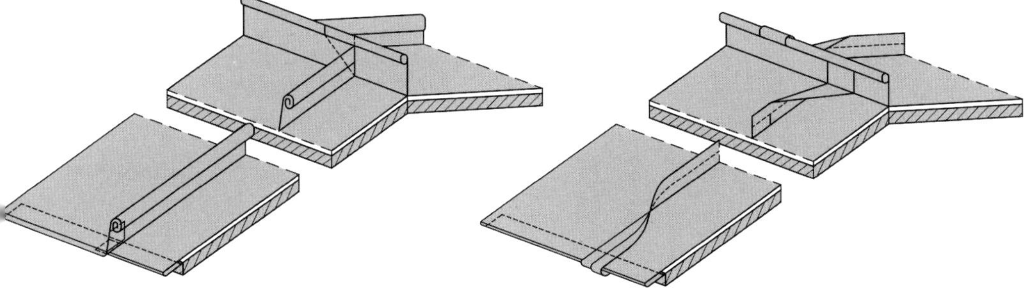

Die Falze werden immer so orientiert, dass die „offene" Seite von der Hauptwetterseite abgewandt ist. Auch Doppelstehfalze können bei längerfristig anliegender Staunässe kapillar Feuchtigkeit aufsaugen – deshalb Dichtbandeinlage.

Die Bahnenenden werden um- oder abgebogen, die Stehfalze müssen deshalb vor der Blechkante dicht geschlossen werden, wobei die Umbördelung keine Bewegungsbehinderung hervorrufen soll. Der Traufabschluss stehend, geschweift und überlappt ist die Regelausführung, hier ist auch die geringste Dehnbehinderung gegeben. Bei vorgefertigten Blechscharen – z. B. Schnappfalz oder RIB-Roof – können Scharenlängen in einem bis über 30 m Länge realisiert werden, hier ist aber auch der Scharenabschluss anders ausgeführt und ähnelt mit Füllerblechen und Abdeckungen den Abschlüssen bei Trapezblechdeckungen.

Hafter

080|5|4|4

Hafter müssen die Blechschale sicher an der Unterkonstruktion halten. Sie werden mit den Blechscharen mit verfalzt. Es wird zwischen Fest- und Schiebehafter unterschieden. Schiebhafte behindern die Längsdehnungen nicht, der Festpunkt wird durch Festhafte gebildet

Abbildung 080|5-05: Blechhafte für Falzverbindungen

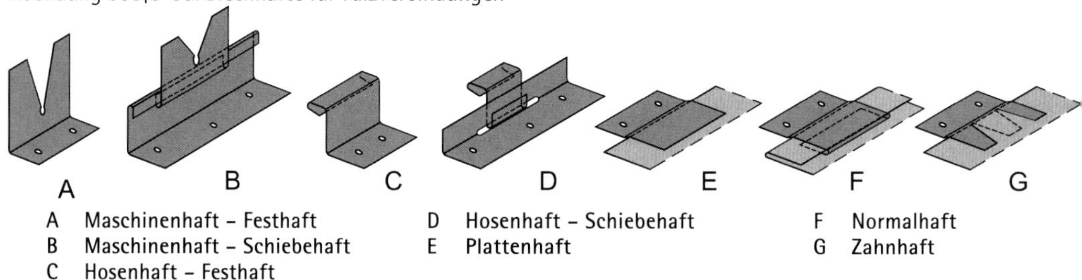

Tabelle 080|5-14: Festhaftbereiche [21]

Dachneigung	Lage des Festhaftbereiches
3° bis 5°	Mitte der Scharenlänge
über 5° bis 10°	Oberer 1/3-Punkt der Scharenlänge
über 10° bis 30°	Oberer 1/4-Punkt der Scharenlänge
über 30°	Firstbereich

Auch bei Einhaltung des Mindestabstands von 330 mm für Festhafter und 500 mm für Schiebehafter sind sie trotzdem rechnerisch zu dimensionieren.

Tabelle 080|5-15: Vereinfachte Bemessung: Maximale Windsogbelastung und Mindesthaftanzahl für Falzdeckungen über Unterdach gemäß ÖNORM B 4119 und für einschalige Falzdeckungen auf bituminöser Unterdeckbahn gemäß ÖNORM B 3661 – ÖNORM B 3521-1 [48]

Basiswindgeschwindigkeit Basisgeschwindigkeitsdruck		$v_{b,0} \leq 22{,}0$ m/s $q_{b,0} \leq 0{,}3$ kN/m²	$22{,}0 < v_{b,0} \leq 25{,}3$ m/s $0{,}3 < q_{b,0} \leq 0{,}4$ kN/m²	$25{,}3 < v_{b,0} \leq 28{,}3$ m/s $0{,}4 < q_{b,0} \leq 0{,}5$ kN/m²
Regelfläche	$c_{pe} = -1{,}3$		kN/m²	
		–0,86	–1,14	–1,43
			Mindesthaftanzahl/m²	
		3,30	4,40	5,50
Randbereich	$c_{pe} = -2{,}9$		kN/m²	
		–1,91	–2,54	–3,18
			Mindesthaftanzahl/m²	
		7,40	9,80	12,30

Anmerkung: Die angegebene Haftzahl berücksichtigt einen lastseitigen Teilsicherheitsbeiwert von 1,35 sowie einen charakteristischen Widerstand des Haftes auf Auszug von 350 N/Haft unter Berücksichtigung eines Teilsicherheitsbeiwertes von 2,0.

abelle 080|5-16: Vereinfachte Bemessung: Maximale Windsogbelastung und Mindesthaftanzahl für einschalige Falzdeckungen ohne Unterdach, frei auf Schalung verlegt – ÖNORM B 3521-1 [48]

asiswindgeschwindigkeit asisgeschwindigkeitsdruck		$v_{b,0} \leq 22{,}0$ m/s $q_{b,0} \leq 0{,}3$ kN/m²	$22{,}0 < v_{b,0} \leq 25{,}3$ m/s $0{,}3 < q_{b,0} \leq 0{,}4$ kN/m²	$25{,}3 < v_{b,0} \leq 28{,}3$ m/s $0{,}4 < q_{b,0} \leq 0{,}5$ kN/m²
Regelfläche	$c_{pe} + c_{pi} = -1{,}5$		kN/m²	
		−0,99	−1,32	−1,65
			Mindesthaftanzahl/m²	
		3,8	5,1	6,3
Randbereich	$c_{pe} + c_{pi} = -3{,}1$		kN/m²	
		−2,04	−2,72	−3,40
			Mindesthaftanzahl/m²	
		7,9	10,5	13,1

nmerkung: Die angegebene Haftzahl berücksichtigt einen lastseitigen Teilsicherheitsbeiwert von 1,35 sowie einen charakteristischen Widerstand des Haftes auf Auszug von 350 N/Haft unter Berücksichtigung eines Teilsicherheitsbeiwertes von 2,0.

chnappfalz-, Gleitbügel- und Klemmleistensysteme

080|5|5

ie „industrielle" Weiterentwicklung der handwerklichen Falzausführung sind tecksysteme für die Stehfalze. Vorgefertigte Blechscharen werden ineinander esteckt und verhaken sich bzw. werden formschlüssig aneinander gepresst. Bei chnappfalzsystemen kommen spezielle Schiebehafte aus Edelstahl für zwei enormte Profilhöhen 25 mm und bei flachen Dachneigungen von unter 7° bis u nur 3° mit 38 mm zum Einsatz. Als Bleche werden Stahl-, Edelstahl-, Alu- der Kupferbleche verwendet, die Oberflächen gibt es je nach Material in arben beschichtet, verzinnt oder vorpatiniert. Die Blechschare können auf attung oder Sparschalung verlegt werden.

bbildung 080|5-06: Schnappfalz- und Gleitfalzsysteme

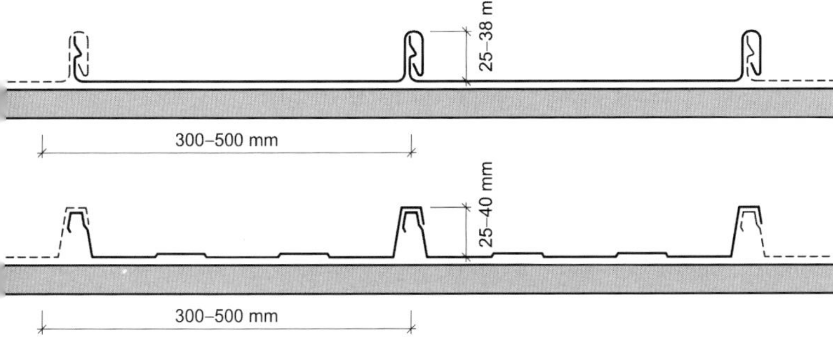

bbildung 080|5-07: Gleitbügelsysteme

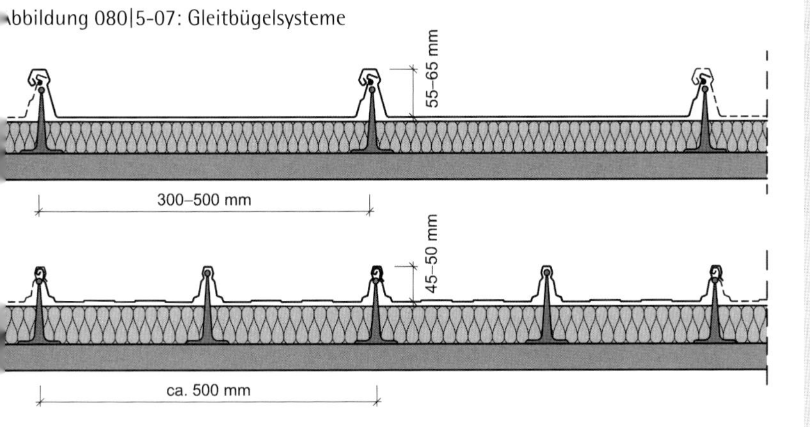

Werden die Hafter als Bügel vorgefertigt, werden diese Dächer als Gleitbügeldächer, oft auch als Gleitfalzdächer bezeichnet, wobei hier eine genaue Trennung der einzelnen am Markt befindlichen Systeme schwer möglich ist. Kennzeichnend ist, dass diese Blechdächer aus vorgefertigten, leicht profilierten Bahnen mit hohen Systemfalzen bestehen.

Beispiel 080|5-03: Gleitbügeldeckung

Weitere am Markt befindliche Hafter- oder besser Haltersysteme bestehen aus Halterleisten, an denen die hakenförmigen Hafterbügel angeordnet sind oder auf die die Halter als Einzelelemente angeklemmt werden. Noch weiter gehende Vereinfachungen führen dahin, dass die Falze selbst so ausgeformt werden, dass sie an einer Scharenseite mit Schrauben direkt am Untergrund befestigt werden. Wie die Längsausdehnung funktioniert, ist so nicht klar erkennbar. Dabei sind – bei Produktion auf der Baustelle – Bahnlängen von 30 m bis zu 100 m ohne Querstoß möglich. Die thermischen Längenänderungen sind dann aber sehr sorgfältig zu beachten und können oftmals mit Geräuschentwicklung einhergehen.

Abbildung 080|5-08: Furaldeckung

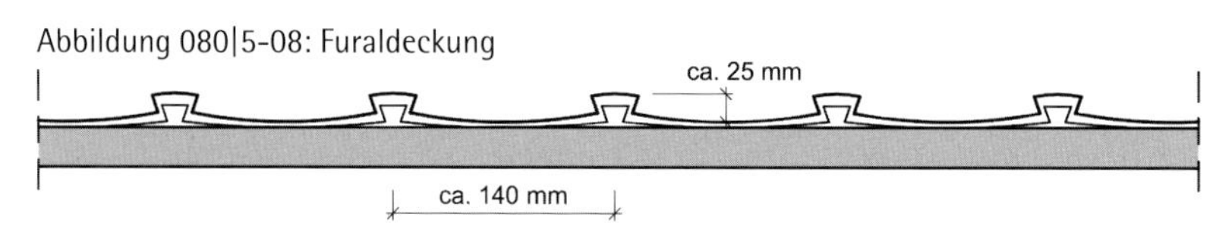

Beispiel 080|5-04: Furaldeckung

ine Sonderform bildet das Furaldach, welches aus aufgerollten Profilblechen ıit hinterschnittenen Profilen besteht, die auf, an Ziegellatten im Abstand von 0 cm montierten, entsprechend ausgeformte Halteleisten – Furalbänder – usgerollt und aufgeschnappt werden, sodass sich eine Klemmbefestigung rgibt. Eine derartige Befestigung ermöglicht besonders gut die Beweglichkeit er einzelnen Deckungselemente bei Temperaturänderungen, gegebenenfalls uch das Abnehmen und Wiedermontieren der Dachelemente.

ileitbügeldächer können als Kaltdach – also wie traditionelle Stehfalzdächer – ber einem Belüftungsraum angeordnet werden, öfter jedoch als „echtes Varmdach" direkt über der Wärmedämmung.

rapezbleche

080|5|6

lach den Querschnittsformen lassen sich vor allem Well- und Trapezbleche owie Stehfalzprofilbleche (beschrieben bei den Stehfalzdächern) unterscheiden. Aufgrund ihrer Werkstoffeigenschaften sind diese Bleche euerverzinkt und beschichtet sowohl zur unmittelbaren Verwendung als Jachhaut wie auch als Tragelement geeignet.

eispiel 080|5-05: Trapezblechdeckung

Die Befestigung von Profilblechen auf ihren Unterkonstruktionen erfolgt durch chraubnägel bzw. Schlagschrauben, selbstschneidende Schrauben eventuell nit Vorbohrung, Hakenschrauben, Setzbolzen, durch Aufklemmen oder chweißen.

Dachplatten

080|5|7

Dachplatten oder Metalldachpfannen sind schon seit der Mitte des 19. ahrhunderts am Markt und können die Vorteile einer anpassungsfähigen und gleichzeitig lebhaften Gestaltung einer kleinteilig gedeckten Dachfläche mit ler der widerstandsfähigen und leichten Blechdeckung zu verbinden. Das igengewicht liegt bei Aludachplatten mit 2,3 kg/m² an der untersten nöglichen Grenze und erreicht mit ca. 7 kg/m² für Dachplatten aus beschichtetem Stahl eine sehr niedrige Obergrenze. Dächer können damit ab iner Dachneigung von 12° realisiert werden. Einzelplatten – in der Regel aus Aluminium und den Dachplatten aus Eternit ähnlich – werden durch Hafter an ler Unterkonstruktion – in der Regel einer Schalung, aber auch ein Verlegen auf Lattung ist möglich – gegen Windsog gehalten.

Abbildung 080|5-09: Profile für Dachplatten aus Metall

Dachplatte **Dachraute** **Dachschindel**

Beispiel 080|5-06: Metalldeckungen mit Dachplatten – Dachraute (Prefa)

Strukturierte Dachplatten als Teil der gesamten Dachfläche sind profiliert und bilden Dachsteine bzw. Dachziegel nach. Bei Plattenbreiten von ca. 1 m und Längen von 1 bis 7 m werden die Elemente mindestens 20 cm überlappend verlegt und an den Dachlatten verschraubt. Die Verschraubung erfolgt durch 6 Schrauben/m² in den Sickentälern mittels Schrauben und Dichtscheiben. Die Enden der Einzelplatten sind zusätzlich miteinander zu verschrauben. Hier kann die Dachneigung bis 8° reduziert werden. Formteile zur Ausbildung der Dachabschlüsse ergänzen das Lieferprogramm.

Auf die Entlüftung der Dachkonstruktion ist zu achten, um Kondensatbildung zu vermeiden. Ein Lufteintritt muss auf der gesamten Länge der Traufe verlaufen und der entsprechende Luftaustritt am First ist zu gewährleisten. Aluminiumkonstruktionen sind hinsichtlich Unterseitenkondensatbildung sehr unempfindlich, die vielen Steckfalzverbindungen ermöglichen außerdem eine Feuchtigkeitsabgabe durch die vielen Fugen nach außen.

Das Ausgangsmaterial der beschichteten Platten ist meist Stahl, der feuerverzinkt wird. Am Markt befinden sich Produkte mit verschiedenen

eschichtungsarten- und Beschichtungsstärken und einer großen Farben-
elfalt.

eispiel 080|5-07: Metalldeckungen mit strukturierten Dachplatten

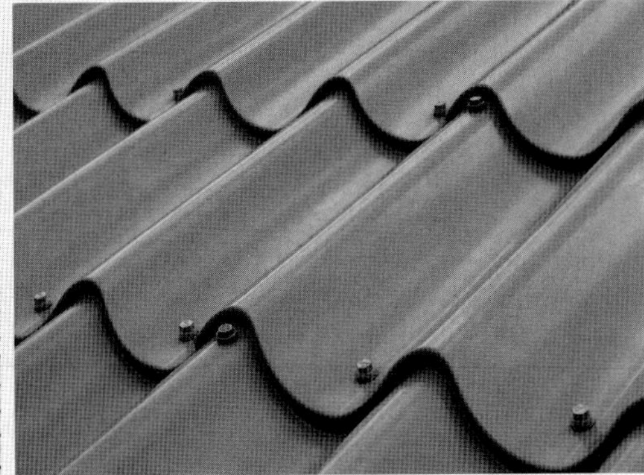

)achpaneele und Kassetten 080|5|8

Metalldeckungen großer Dachflächen können mit vorgefertigten rofilblechelementen vielfach sehr wirtschaftlich ausgeführt werden. achpaneele vereinen die Funktionen Tragen, Dämmen und Dichten in einer chale, die – je nach Deckenspannweite und Art der Schaumdämmung – nur 11 is 17 kg/m² schwer ist. Die Paneele erreichen Wärmedämmwerte, die die rforderlichen Mindestwerte unterschreiten.

roblematisch ist die sichere und dauerhaft funktionsfähige Ausbildung der töße, die dampfdicht, wind- und schlagregendicht sein müssen und wo ichtungen oder Dichtbänder diese Aufgaben erfüllen müssen. Querstöße ollten vermieden werden, was bei Regellängen von bis zu 13 m, in usnahmefällen bis 24 m üblicherweise möglich ist.

abelle 080|5-17: Datenauszug Hoesch-Isodach intregral

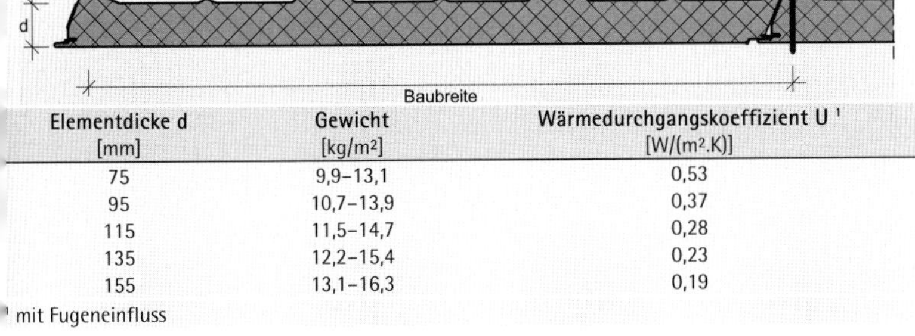

Elementdicke d [mm]	Gewicht [kg/m²]	Wärmedurchgangskoeffizient U [1] [W/(m².K)]
75	9,9–13,1	0,53
95	10,7–13,9	0,37
115	11,5–14,7	0,28
135	12,2–15,4	0,23
155	13,1–16,3	0,19

[1] mit Fugeneinfluss

)achelemente mit zwei getrennten Blechdachschalen bestehen als Deckung aus ering selbsttragenden vorgefertigten Falzblechelementen und darunter iegenden Blechkassetten oder Trapezblechen. Auch hier ist die Dichtigkeit vor llem von unten wichtig, die wegen der großen Zahl an Anschlussfugen eine ehr sorgfältige Ausführung verlangt.

Spezielle Anschlüsse bei Metalldeckungen

080|5|9

Dachflächen aus Blech müssen – wie alle Dachflächen – in den Anschlussstellen (aufgehendes Mauerwerk oder Kamine) mit mindestens 15 cm hohen Anschlussblechen versehen werden.

Durchdringungen

080|5|9|1

Durchdringungen durch Blechdächer dürfen keine Fixpunkte der Blechdeckung bilden. Deshalb werden dort immer Blechrohre oder -hülsen eingelötet, durch die Stäbe, Leitungen oder sonstige Elemente durchgeführt werden. Der verbleibende Spaltraum muss natürlich abgedeckt werden, was in der Regel durch überstehende Trichterhülsen, die am Installationselement dicht befestigt sind, realisiert wird. Diese Ausführung ermöglicht Bewegungen, ohne dass die Lötnähte durch Zwänge belastet werden.

Ein Abkleben des Spaltraumes durch z. B. Alu-Butyl-Bänder ist fachtechnisch falsch und verhindert die Differenzbewegungen. Außerdem ist die Lebensdauer der frei bewitterten Dichtbänder nur beschränkt. Durchdringungen dürfen nicht durch die Stehfalze durchgeführt werden, diese sind erforderlichenfalls auszuwechseln.

Beispiel 080|5-08: Metalldeckungen – Durchdringungen, Falzklemmen, Schneerechen

Falzklemmen, Schneerechen

080|5|9|2

Speziell bei Stehfalzdeckungen werden Schneerechen, aber auch z. B. Rauchfangkehrerstege, mittels spezieller Klemmen auf die Falze der Blechscharen aufgeklemmt. Beim Aufsetzen der Klemmen ist jedoch darauf zu achten, dass die unteren Backenenden nur am umgelegten Falz selbst anliegen und nicht bis zur Bördelung – also nicht auf die Ebene der Schalung – reichen, da dann die Querbeweglichkeit der Blechbahnen blockiert wäre. Jedes Aufstellen von lastabtragenden „Füßen" direkt auf der Scharfläche behindert dort die freie Beweglichkeit. Stellen mit behinderter Verformung neigen zu Rissbildungen in der Blechbahn.

ild 080|5-01

Bild 080|5-02

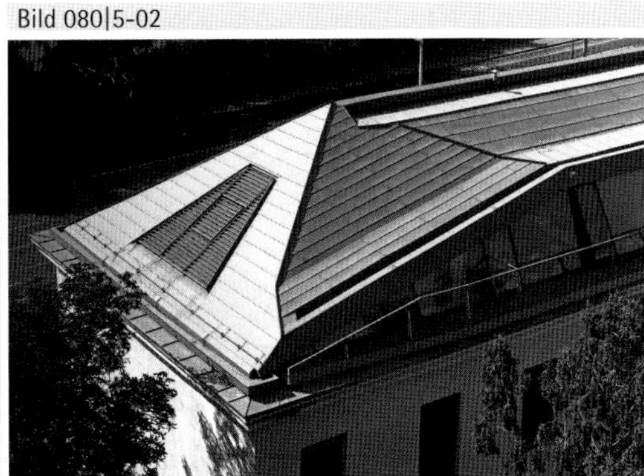

:ehfalzdach (Prefa)
etalldeckung mit Sonderpaneelen (VMZinc)

Bild 080|5-01
Bild 080|5-02

ild 080|5-03

Bild 080|5-04

Bild 080|5-05

Stehfalzdeckung (VMZinc)
Stehfalzdeckung (Rheinzink)
Deckung mit Dachpaneel (Brucha)

Bild 080|5-03
Bild 080|5-04
Bild 080|5-05

Bild 080|5-06

Bild 080|5-07

Stehfalzdeckung mit konischen Scharen (Prefa)
Stehfalzdeckung (Prefa)

Bild 080|5-06
Bild 080|5-07

Bild 080|5-08

Bild 080|5-09

Bild 080|5-10

Deckung mit Rautenelementen (VMZinc)
Deckung mit Rautenelementen (Prefa)
Deckung mit Dachschindeln (Prefa)

Bild 080|5-08
Bild 080|5-09
Bild 080|5-10

Bild 080|5-11

Bild 080|5-12

Deckung mit Dachplatten (Prefa)
Deckung mit Dachschindeln (Prefa)

Bild 080|5-11
Bild 080|5-12

Bild 080|5-13

Bild 080|5-14

Deckung mit Metall-Wellenplatte (VMZinc)
Gleitfalzdach (Stahlbau Unger)

Bild 080|5-13
Bild 080|5-14

achentwässerung

080|6

uwerke mit geneigten Dächern, die an öffentliche Flächen grenzen, müssen eignete Maßnahmen zum Sammeln der Niederschlagswässer aufweisen, eine asserableitung direkt vom Dach auf Gehwege oder Fahrbahnen ist nicht lässig. Nachdem vom Dach direkt abrinnendes Wasser auch Auswaschungen Boden oder Spritzwasserschäden am Gebäudesockel verursachen kann, ist denfalls eine gesicherte Wasserableitung zu empfehlen. Steildächer werden licherweise über außenliegende, sichtbare Rinnen entwässert, da hier bei nem Überlaufen kein Schaden entsteht und somit keine Notsysteme forderlich sind. Bei einer außen liegenden, aber verdeckt geführten twässerung können Notüberläufe erforderlich werden, innenliegende twässerungen sind fehleranfälliger, bedürfen deshalb einer genauen Planung d Dimensionierung und es sind auch entsprechende Notrinnen anzuordnen.

bildung 080|6-01: Entwässerungsprinzipien flachgeneigte Dächer, Steildächer

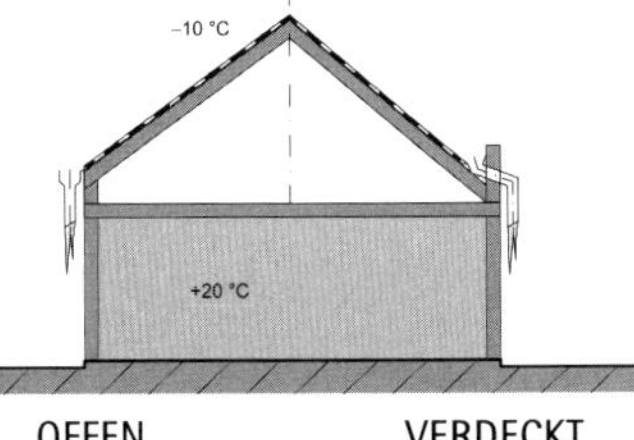

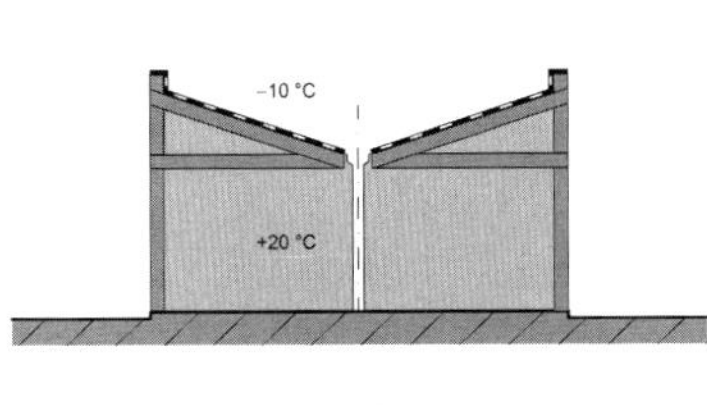

emessung Dachentwässerung

080|6|1

ısschlaggebend für ein funktionierendes Entwässerungssystem eines Daches dessen richtige Dimensionierung. Die erforderlichen Abflussquerschnitte nd durch die Niederschlagsmengen, die im Laufe eines Jahres auftreten estimmt, wobei immer häufiger Starkniederschläge zu räumlich begrenzten berflutungen führen können, was vor allem bei innenliegenden Systemen zu rücksichtigen ist.

e von Rinne und Abfallrohr zu entsorgende Wassermenge ergibt sich aus dem odukt der auftretenden Regenmenge unter Berücksichtigung von cherheitsbeiwerten und der vorhandenen zugeordneten Dachfläche samt ventuellen anteiligen Fassadenflächen (siehe auch Band 9: Flachdach [8]). Als ustregel (Berechnungsregenspende von 0,03 l/(s·m²)) kann auch der Ansatz 80|6-01) herangezogen werden.

ußenliegende Rinnen:
1 cm² Rinnenquerschnittsfläche je m² projizierter Dachfläche
nnenliegende Rinnen:
2 cm² Rinnenquerschnittsfläche je m² projizierter Dachfläche
egenabfallrohre, senkrechte Fallleitungen:
50 % des jeweiligen Rinnenquerschnittes

(080|6-01)

emessungsniederschläge

080|6|1|1

emessungsniederschläge sind die Grundlage für viele siedlungs- und hutzwasserwirtschaftliche Planungen. So ist die Dimensionierung von

Kanalnetzen und Versickerungsanlagen nicht ohne diese theoretischen Niederschlagsauswertungen möglich.

Als Bemessungsregenspende, welche der Dimensionierung als Grundlage dient, wurde bis zum Jahr 2006 für das gesamte Bundesgebiet ein pauschaler Wert von 0,03 l/(s·m²), dies entspricht 300 l/(s·ha), angewendet. Zwischenzeitig wurde die Betrachtung wesentlich konkreter und ortsspezifisch. Es sind drei Modelle zur Niederschlagsmengenaufzeichnung in Österreich verfügbar, welche zur Bemessung von Entwässerungsanlagen benutzt werden können:

- maximierte Modellniederschläge (MaxModN)
- interpolierte ÖKOSTRA – Messstellenauswertungen (österreichweit koordinierte Starkniederschlagsregionalisierung und -auswertung)
- eine Kombination beider vorgenannter Modelle zur Definition des Bemessungsniederschlags

Da aber oftmals keine Daten über Häufigkeit, Dauer und Intensität von Regenereignissen vorhanden sind, kann die Berechnungsregenspende gemeinsam mit einem Sicherheitsfaktor als Grundlage herangezogen werden. Die ÖNORM EN 12056-3 [60] sieht dafür Werte zwischen 0,01 und 0,06 l/(s·m²) vor, welche in Abhängigkeit von nationalen und regionalen Vorschriften und technischen Regeln gewählt werden sollen, wobei für Österreich gemäß ÖNORM B 2501 [43] der Mindestwert von 0,03 l/(s·m²) einzuhalten ist. Dieser Wert wurde von der Zentralanstalt für Meteorologie und Geodynamik in Wien als maßgebender Kurzregen (5 Minuten) festgelegt.

Tabelle 080|6-01: Berechnungsregenspenden ÖNORM EN 12056-3 [60]

Berechnungsregenspende [l/(s·m²)]							
0,010	0,015	0,020	0,025	**0,030**	**0,040**	**0,050**	**0,060**

Die Werte der Berechnungsregenspende müssen noch mit den folgenden Sicherheitsfaktoren kombiniert werden, die die jeweilige Einbausituation beziehungsweise die Gebäudenutzung berücksichtigen.

Tabelle 080|6-02: Sicherheitsfaktoren ÖNORM EN 12056-3 [60]

	Sicherheitsfaktor
vorgehängte Dachrinnen	1,0
vorgehängte Dachrinnen, bei denen überfließendes Wasser unangenehme Folgen hat, z. B. über Eingängen von öffentlichen Gebäuden	1,5
Innenliegende Dachrinnen und überall dort, wo ungewöhnlich starker Regen oder Verstopfungen in der Dachentwässerungsanlage Wasser in das Gebäude eindringen lässt	2,0
Innenliegende Dachrinnen in Gebäuden, wo ein außergewöhnliches Maß an Schutz notwendig ist, z. B. Krankenhäuser/Theater, sensible Kommunikationseinrichtungen, Lagerräume für Substanzen, die durch Nässe toxische oder entflammbare Gase abgeben, Gebäude, in denen besondere Kunstwerke aufbewahrt werden	3,0

Abflussbeiwert

080|6|1|2

Bei der Berechnung des Regenwasserabflusses nach ÖNORM EN 12056-3 [60] ist der Abflussbeiwert C maßgeblich. Dieser Beiwert soll die Dachneigung, die Rauigkeit und den Grad des Wasseraufnahmevermögens der Dachfläche berücksichtigen. Nähere Angaben dazu findet man in der ÖNORM B 2501 [43]. In dieser Norm werden im Gegensatz zur europäischen Norm genauere Angaben über die einzusetzenden Werte getroffen.

Für flachgeneigte Dächer und Steildächer mit üblichen Deckungsmaterialien ist ein rascher Abfluss gegeben und der Abflussbeiwert mit C = 1,0 anzusetzen.

belle 080|6-03: Abflussbeiwert C – ÖNORM B 2501[43]

ebäudeart	C
echdächer, Dächer mit Ziegeldeckung, Foliendächer	1,0
ündächer mit extensiver Begrünung bis zu einer Aufbauhöhe von 15 cm	0,5
ündächer mit intensiver sowie extensiver Begrünung mit einer Aufbauhöhe über 15 cm	0,3

irksame Dachfläche

080|6|1|3

e Berechnung der wirksamen Dachfläche nach ÖNORM EN 12056-3 [60] ist
nterteilt in die Berechnung unter Berücksichtigung einer Windeinwirkung und
ne Berechnung ohne diese Beeinflussung. In der Regel wird die Berechnung
r wirksamen Dachfläche ohne Windeinfluss durchgeführt, sofern nicht
tionale Vorschriften anderes vorschreiben. Die ÖNORM B 2501 [43] sieht in
esem Aspekt keine Anforderung an die Berücksichtigung von Wind vor.
ennoch ist zu empfehlen, bei der Anlagenplanung den Standort hinsichtlich
sonderer Windbeanspruchung zu beurteilen und im Zweifelsfall diese auch
ntsprechend in die Berechnung einfließen zu lassen.

irksame undurchlässige Dachfläche ohne Windeinwirkung:

$$A = L_R \cdot B_R \quad (080|6\text{-}02)$$

	wirksame Dachfläche	m^2
R	Trauflänge	m
R	horizontale Projektion der Dachtiefe	m

irksame undurchlässige Dachfläche mit Windeinwirkung:

$$A = L_R \cdot \left(B_R + \frac{H_R}{2}\right) \quad \text{Schlagregen } 26^\circ \text{ zur Senkrechten}$$

$$A = L_R \cdot T_R \quad \text{Regen senkrecht zur Dachfläche} \quad (080|6\text{-}03)$$

H_R	horizontale Projektion der Dachfläche	m
T_R	Ortganglänge	m

egenwasserabfluss

080|6|1|4

de Stelle einer Dachoberfläche muss Teil einer geneigten Fläche sein, die ohne
nterbrechung zu einem tiefsten Punkt verläuft. Die Lage dieses Punktes muss
n sicheres Sammeln oder Ableiten der abfließenden Wässer ermöglichen.

$$Q = r \cdot A \cdot C \quad (080|6\text{-}04)$$

Q	Regenwasserabfluss	l/s
r	Berechnungsregenspende inklusive Sicherheitsfaktor	$l/(s \cdot m^2)$
A	wirksame Dachfläche	m^2
C	Abflussbeiwert	-

ür die weitere Dimensionierung der Entwässerungselemente ergibt sich der
rforderliche Regenwasserabfluss der jeweiligen Dachfläche nach Formel
)80|6-04).

bflussvermögen der Bauelemente

080|6|1|5

ie Bemessung der einzelnen Bauelemente – Rinne, Einlaufstutzen und
allleitung – erfolgt nach ÖNORM EN 12056-3 [60] und ist mit den ermittelten

Regenmengen abzustimmen. Weitere Berechnungsansätze sind auch in Band 16: Lüftung – Sanitär [7] enthalten.

Rinne

080|6|1|5|1

Das Abflussvermögen von Dachrinnen ist einerseits durch die Rinnenform und andererseits durch Rinnenlänge und Rinnengefälle bestimmt. Grundsätzlich dürfen Dachrinnen auch ohne Gefälle verlegt werden, Gefälle von weniger als 0,3 % (3 mm/m) gelten für die Bemessung als Dachrinnen ohne Gefälle. Das Abflussvermögen von „kurzen" Rinnen ohne Gefälle ist nach Formel (080|6-05) festgelegt, eine „kurze" Rinne ist dann gegeben, wenn die Rinnenlänge maximal dem 50-fachen der Sollwassertiefe (im Allgemeinen der geringsten Rinnenhöhe) entspricht.

$$Q_L = \gamma \cdot 2{,}78 \cdot 10^{-5} \cdot A_E^{1,25} \qquad (080|6\text{-}05)$$

Q_L	Abflussvermögen „kurze" Rinne ohne Gefälle	l/s
γ	Sicherheitsfaktor = 0,90	-
A_E	Gesamtquerschnitt der Rinne	mm²

halbrunde oder ähnliche Form:

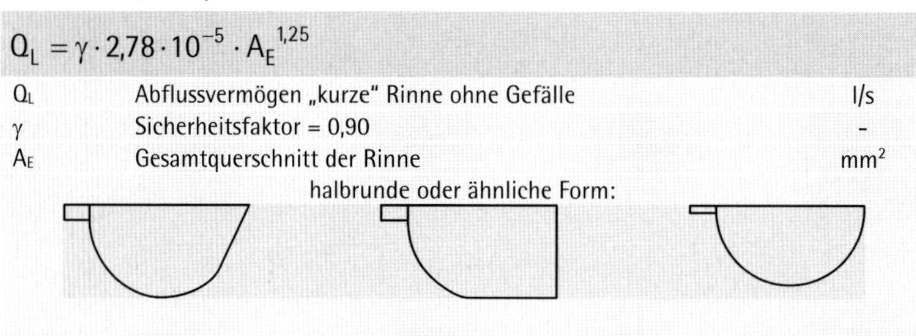

Beispiel 080|6-01: Abflussvermögen vorgehängte, „kurze" Rinne in halbrunder Form

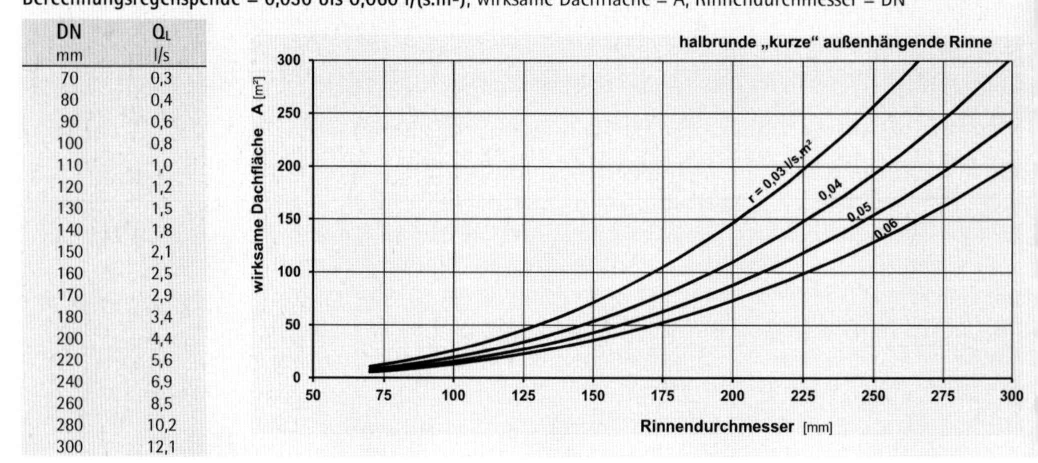

Bemessung **Abflussvermögen Q_L** nach EN 12056-3 [60] für „kurze" Rinne ohne Gefälle und halbrundem Querschnitt
Regenwasserabfluss Q bei **Sicherheitsfaktor = 1,0** und **Abflussbeiwert C = 1,00**
Berechnungsregenspende = 0,030 bis 0,060 l/(s.m²), wirksame Dachfläche = A, Rinnendurchmesser = DN

DN mm	Q_L l/s
70	0,3
80	0,4
90	0,6
100	0,8
110	1,0
120	1,2
130	1,5
140	1,8
150	2,1
160	2,5
170	2,9
180	3,4
200	4,4
220	5,6
240	6,9
260	8,5
280	10,2
300	12,1

In ÖNORM EN 12056-3 [60] sind für Dachrinnen in rechteckiger oder trapezförmiger Ausbildung, für Rinnen im Gefälle und größere Rinnenlängen sowie für innenliegende Rinnen entsprechende Dimensionierungsregeln enthalten.

Einlaufstutzen

080|6|1|5|2

Für die Dimensionierung von Abläufen bei Dachrinnen mit nicht ebenen Sohlen existieren keine einfachen Regeln und es sollte daher das Abflussvermögen urch Prüfung bestimmt werden. Erfahrungen haben aber gezeigt, dass bei nem Öffnungsquerschnitt im Rinnenboden vom doppelten der ngeschlossenen Fallleitung ein vergleichbares Abflussvermögen wie das der llleitung vorliegt. Für Dachrinnenabläufe mit ebenen Sohlen enthält die NORM EN 12056-3 [60] entsprechende Bemessungsansätze.

enn der Ablauf einer Dachrinne mit einem Sieb bzw. Laubfang versehen ist, albiert sich das Abflussvermögen.

enkrechte Fallleitung

080|6|1|5|3

as Abflussvermögen von senkrechten Fallleitungen beruht auf der Wyly-aton-Gleichung und kann für kreisförmige Querschnitte nach Formel (080|6-6) bestimmt werden.

$$Q_{RWP} = 2{,}5 \cdot 10^{-4} \cdot k_b^{-0{,}167} \cdot d_i^{2{,}667} \cdot f^{1{,}667} \qquad (080|6\text{-}06)$$

Q_{RWP}	Abflussvermögen Regenfallleitung	l/s
k_b	Rohrrauigkeit – angenommen k_b = 0,25	mm
d_i	Innendurchmesser der Regenfallleitung	mm
f	Füllungsgrad – empfohlen 0,33	-

eispiel 080|6-02: Abflussvermögen senkrechte Fallleitung

emessung **Abflussvermögen Q_{RWP}** nach EN 12056-3 [60] mit **Füllungsgrad 33 %**
egenwasserabfluss Q bei **Sicherheitsfaktor = 1,0** und **Abflussbeiwert C = 1,00**
erechnungsregenspende = 0,030 bis 0,060 l/(s.m²), wirksame Dachfläche = A, Nenndurchmesser = DN

DN mm	Q_{RWP} l/s
70	4,1
75	5,0
80	5,9
85	6,9
90	8,1
95	9,3
100	10,7
110	13,8
120	17,4
130	21,6
140	26,3
150	31,6
160	37,5
170	44,1
180	51,4
190	59,3
200	68,0

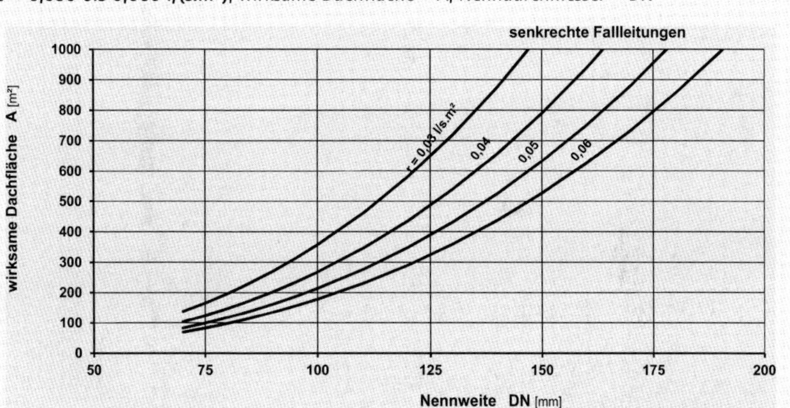

as maximale Abflussvermögen von nicht kreisrunden Regenfallrohren ist leichwertig dem von kreisrunden mit gleicher Querschnittsfläche. Wenn ein egenfallrohr einen Verzug mit einem Gefälle von weniger als 10° zur orizontalen aufweist, dann ist dieses Rohr wie eine Grundleitung zu bemessen.

auelemente

080|6|2

ei der Verwendung von Bauelementen aus unterschiedlichen Materialien ist ei Metallen neben dem thermischen Dehnungsverhalten auf die lektrolytische Verträglichkeit (siehe Kapitel 080|5) zu achten.

Tabelle 080|6-04: Werkstoffzuordnungen für Dachrinnen, Regenfallrohre und Zubehör

Rinne / Fallleitung	Rinnenhalter / Rohrschelle
Aluminium (Al)	verzinkter Stahl, Aluminium
Kupfer (Cu)	verzinkter Stahl mit Kupfermantel, Kupfer
Zink, Titanzink (Zn)	verzinkter Stahl, verzinkter Stahl mit Zinkmantel
nichtrostender Stahl (nrSt)	nichtrostender Stahl
verzinkter Stahl (vSt)	verzinkter Stahl
Gusseisen (Fe)	Gusseisen
PVC-hart	verzinkter Stahl, verzinkter Stahl mit Kunststoffbeschichtung

Regenfallrohre

080|6|2|1

Über Fallrohre wird das Niederschlagswasser aus den Rinnen abgeleitet und in der Folge über die Kanalisation abgeführt oder zur Versickerung gebracht. Den Übergang von der Rinne in die Fallleitung bildet der Rinnenkessel oder Einlaufstutzen, im Bereich der Rohre können noch Wasserentnahmevorrichtungen, Laubfänge und Verziehungen und am Übergang zur Grundleitung Regenrohrsinkkästen angeordnet werden. Die Befestigung der Rinnen am Bauwerk erfolgt mittels Rohrschellen. Regenfallrohre müssen mit mindestens 20 mm Abstand vor den Fassadenflächen montiert werden.

Fallleitungen

080|6|2|1|1

Rohre aus Blech werden an ihrer Längsnaht ca. 2 cm überlappt und gelötet oder gefalzt. Die Löt- oder Falzstelle sollte stets von der Fassade abgekehrt sein, um bei Undichtheit das Wasser von dieser abzuhalten. Bei einigen Metallen gibt es auch bereits nahtlose Rohre.

Abbildung 080|6-02: Querschnittsformen von Fallleitungen

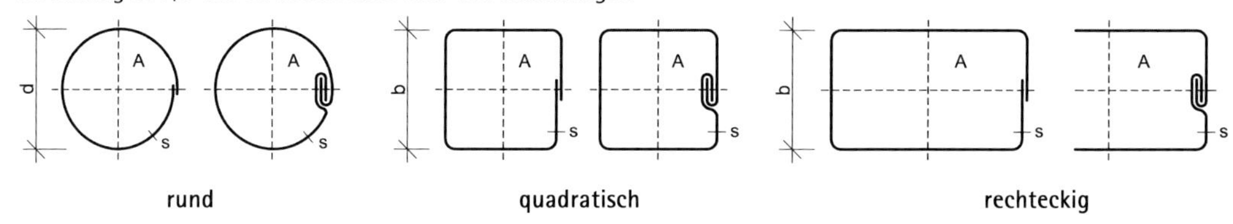

Tabelle 080|6-05: Regenfallrohre – Abmessungen, Materialien, Querschnittsflächen

Nenngröße	Querschnitt d, b mm	Al mm	Cu mm	Zn mm	nrSt mm	vSt mm	PVC mm	Fläche A cm²
60	∅ 60	0,70	0,60	0,65	0,40	0,60	-	28
60	□ 60	0,70	0,60	0,65	0,40	0,60	-	36
70	∅ 72	0,70	0,60	0,60	-	0,60	-	39
70	∅ 75	-	-	-	-	-	1,70	
80	∅ 80	0,70	0,60	0,65	0,40	0,60	-	50
80	□ 80	0,70	0,60	0,65	0,40	0,60	-	64
100	∅ 100	0,70	0,60	0,65	0,40	0,60	-	79
100	□ 100	0,70	0,70	0,70	0,40	0,70	-	100
100	∅ 110						1,90	
120	∅ 120	0,70	0,70	0,70	0,50	0,70	-	113
120	□ 120	0,70	0,70	0,80	0,50	0,70	-	144
125	∅ 125						2,10	
150	∅ 150	0,70	0,70	0,70	0,50	0,70	-	177

Beispiel 080|6-03: Regenfallleitungen

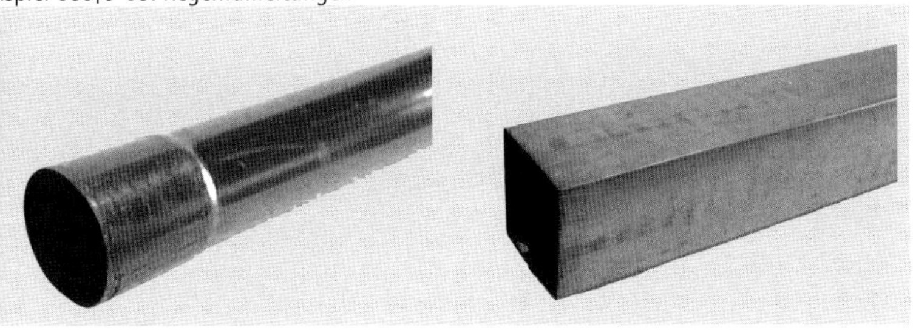

Die Fallleitungen werden durch Schellen im Abstand von 1,5 bis 2,0 m (maximal
 m) gehalten, auf denen sie an den Festpunkten der thermischen Längen-
dehnung mit aufgelöteten bzw. angenieteten Wülsten oder Nasen aufsitzen.
Ergänzend zu den metallischen Rohrsystemen werden auch Kunststoffrohre aus
PVC angeboten. Rohrstöße werden in der Regel durch Einschieben in an den
Rohren ausgebildeten Muffenenden ausgeführt, auch möglich ist es, die
Rohrenden nur kurz einzuschneiden, leicht einzukröpfen und in das
darunterliegende Rohr mindestens 30 mm tief einzustecken. Jedenfalls werden
die Rohrstöße nicht gelötet oder geklebt.

Rohrschellen, Rohrhalter

080|6|2|1|2

Rohrschellen und Rohrhalter sind für die gängigen Rohrdimensionen sowohl in
gekröpfter Ausführung mit Einschlagstiften wie auch mit auswechselbaren
Schraubstiften (M10) auf dem Markt. Der Höchstabstand der Rohrschellen
untereinander ist mit 3,0 m definiert.

Die Montage an Vollwärmeschutzfassaden ist mit thermisch entkoppelten
Systemen auszuführen, eine alleinige Verankerung mit Dämmstoffdübel nur in
die Dämmstoffebene wird als nicht ausreichend erachtet.

Beispiel 080|6-04: Rohrschellen, Rohrhalter

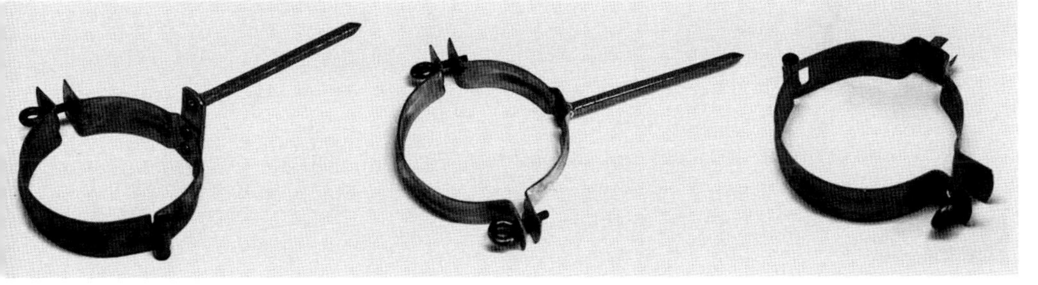

Rinnenkessel

080|6|2|1|3

Den obersten Abschluss des Regenfallrohres bildet der Rinnenkessel, der damit
auch den Übergang zur Regenrinne darstellt. Je nach System werden die
Rinnenkessel nur in die Regenrinne eingehängt (Einhängestutzen,
Einhängekessel) oder bilden einen eigenen Bauteil, der am Bauwerk montiert
werden muss. Um die maximale Abflussleistung des Regenfallrohres zu nutzen,
sollte der Querschnitt des Rinnenkessels doppelt so groß sein wie der des
Abfallrohres.

Beispiel 080|6-05: Einhängestutzen, Rinnenkessel

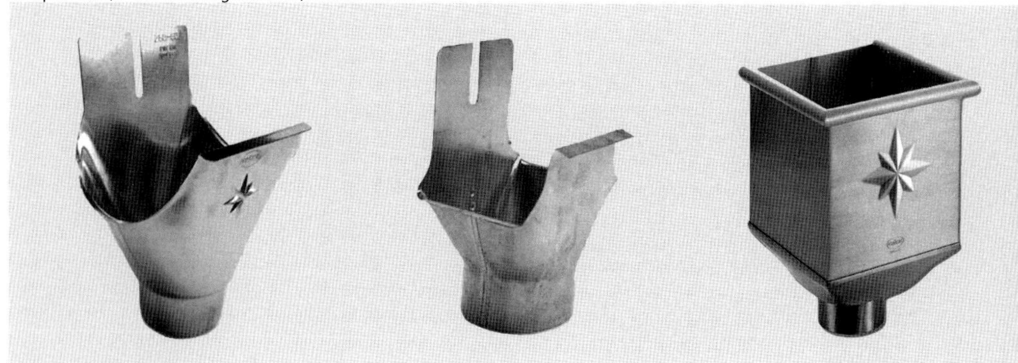

Regenrohrsinkkasten

080|6|2|1|4

Als Übergang von der wandgeführten Wasserableitung in Fallrohren zu der im Erdreich liegenden Kanalleitung werden Regenrohrsinkkasten (RRSK) angeordnet, die eine Reinigung des Kanalanschlusses ermöglichen (eventuell auch einen Wasserablauf) und zusätzlich einen Laubfangkorb aufweisen, um den Eintrag von Blättern und gröberen Schwemmstoffen zu verhindern.

Beispiel 080|6-06: Regenrohrsinkkästen

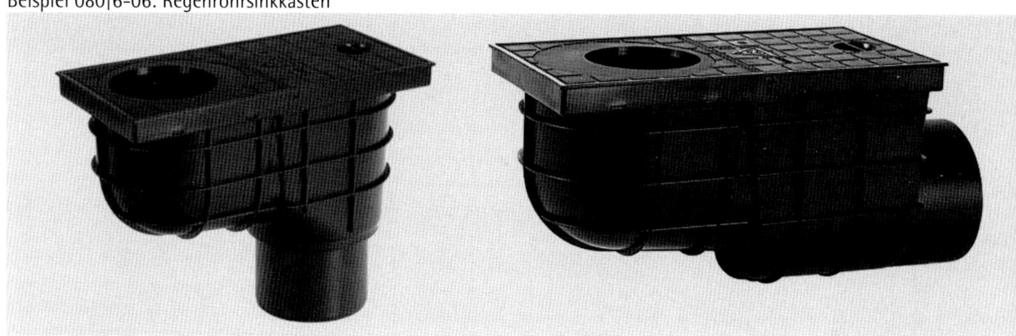

Hängerinnen

080|6|2|2

Regenrinnen werden aus Blechen oder aus Kunststoff hergestellt, in Rinnenhalter eingehängt und mit Blechfedern oder Klemmsystemen fixiert. Dabei sollte die Vorderkante der Rinne um rund 1,0 cm tiefer liegen als die Hinterkante, um bei Überfließen des Wassers die Fassade zu schonen – eine Theorie, die bei der Rechteckrinne funktioniert, bei der halbrunden Ausführung aber keine Auswirkung auf die Wasserableitung aufweist.

Um schadensfreie Temperaturdehnungen der Rinnen zu ermöglichen, ist entweder die Rinnenlänge mit 12 bis 15 m zu begrenzen oder es sind Dehnungsausgleiche einzubauen. Für die Lage der thermischen Dilatationen eignen sich sowohl der Hochpunkt wie auch der Tiefpunkt der Rinne beim Rinnenkessel.

Hängerinnen können zwar technisch ohne Gefälle verlegt werden, es empfiehlt sich jedoch, zur besseren Wasserableitung und damit zu einer Verringerung der Verschmutzung ein Gefälle von rund 5 mm/m vorzusehen. Dieses wird durch entsprechendes Biegen bzw. einer höhenversetzten Montage der Rinnenhalter

·reicht. Die Rinnenhalter werden im Abstand der Sparren von 70 bis 100 cm ı diesen oder an der Traufbohle (eingestemmt) befestigt.

bbildung 080|6-03: Ausbildungsformen von Hängerinnen

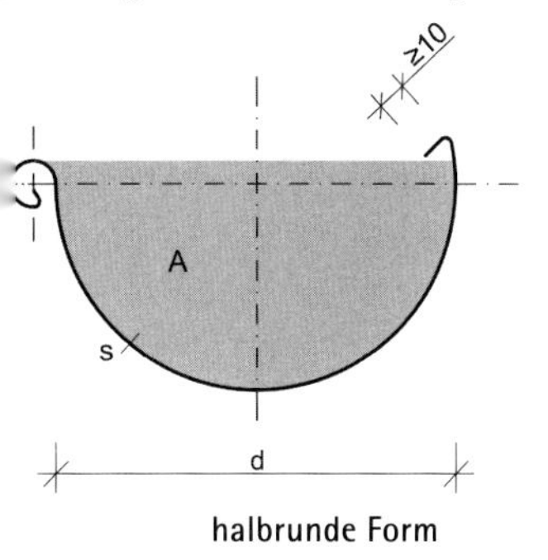

halbrunde Form

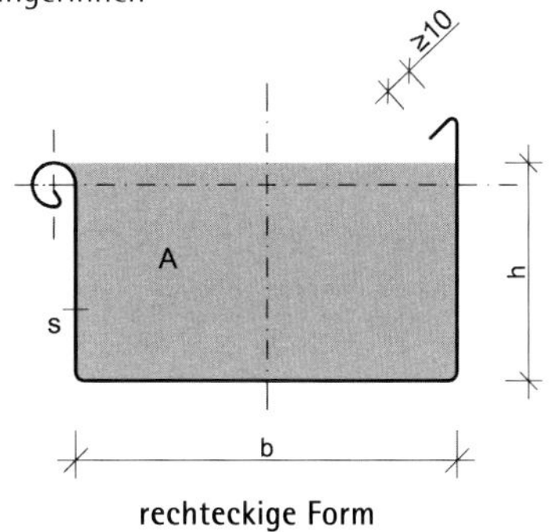

rechteckige Form

ıbelle 080|6-06: Hängerinnen – Abmessungen, Materialien, Querschnittsflächen

:enngröße	Querschnitt d, b/h mm	Werkstoffe und Werkstoffdicke s						Fläche A
		Al mm	Cu mm	Zn mm	nrSt mm	vSt mm	PVC mm	cm²
200	∅ 80	0,70	0,60	0,65	0,40	0,60	-	25
200	□ 70/42	0,70	0,60	0,65	0,40	0,60	-	29
250	∅ 105	0,70	0,60	0,60	0,40	0,60	-	43
250	∅ 104	-	-	-	-	-	1,40	42
250	□ 85/55	0,70	0,60	0,65	0,40	0,60	-	47
280	∅ 127	0,70	0,60	0,70	0,40	0,60	-	63
280	∅ 129	-	-	-	-	-	1,50	65
333	∅ 153	0,70	0,60	0,70	0,40	0,60	-	92
333	∅ 154	-	-	-	-	-	1,60	93
333	□ 120/75	0,80	0,70	0,70	0,50	0,70	-	90
400	∅ 192	0,80	0,70	0,80	0,50	0,70	-	145
400	∅ 184	-	-	-	-	-	1,70	133
400	□ 150/90	0,80	0,70	0,70	0,50	0,70	-	135
500	∅ 250	0,80	0,70	0,80	0,50	0,70	-	245
500	□ 200/110	0,80	0,70	0,80	0,50	0,70	-	220

eispiel 080|6-07: Hängerinnen

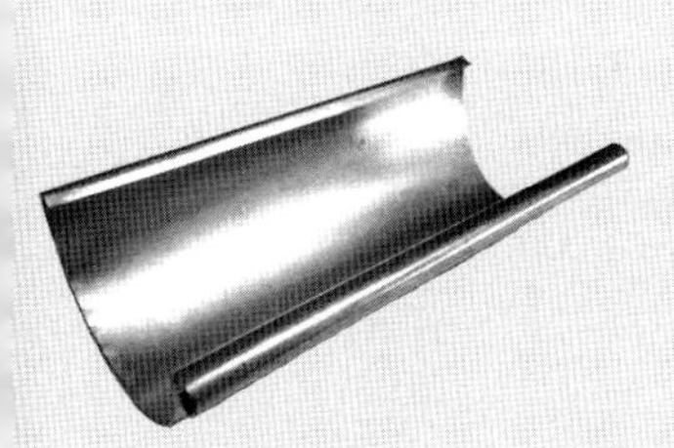
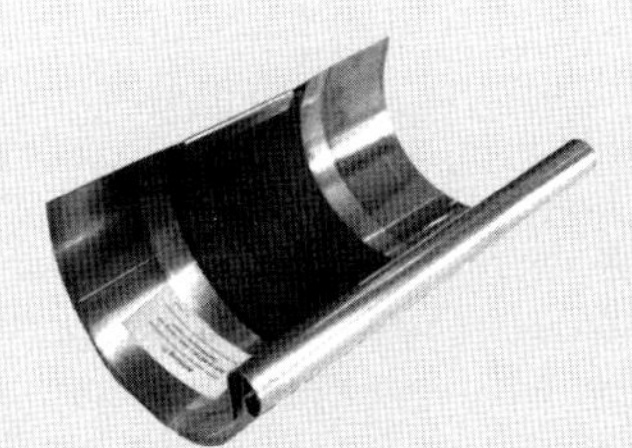
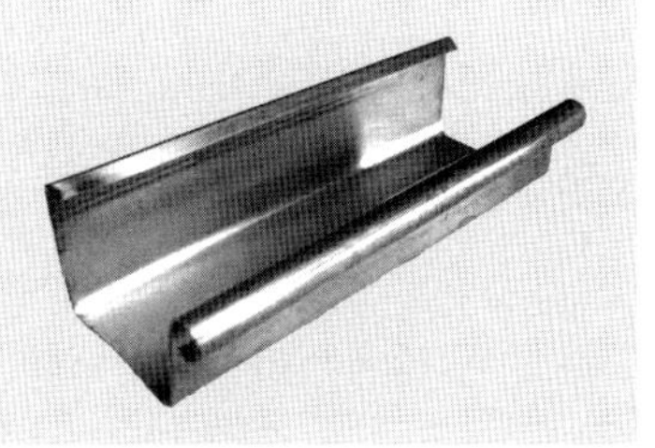

ıeispiel 080|6-08: Rinnenhalter von Hängerinnen

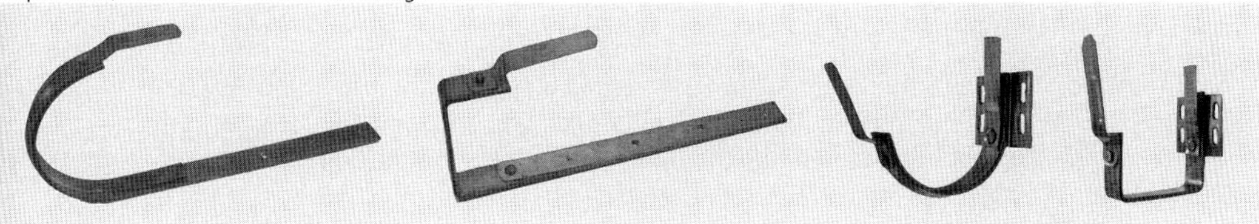

Abbildung 080|6-04: Rinnenhalter von Hängerinnen

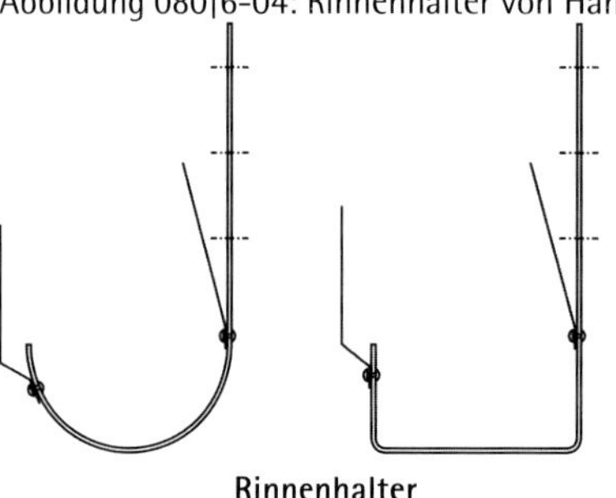
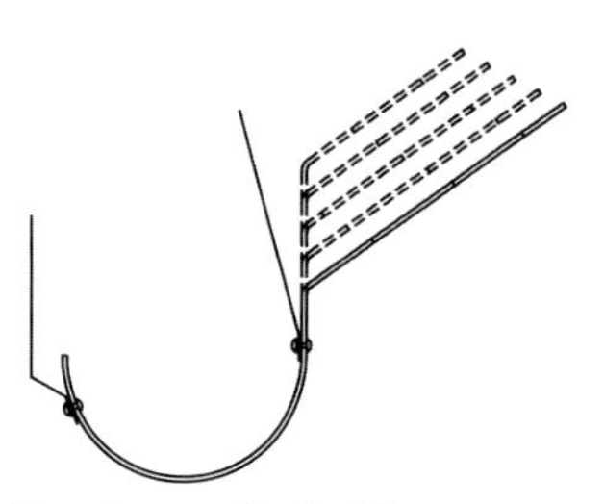

Rinnenhalter **Biegeformen für Gefälle**

Die Hängerinne ist so zu versetzen, dass eine ordentliche Wasserableitung in die Rinne funktioniert. Deshalb muss die Dachdeckung die Rinnenhinterkante zumindest 50 mm überragen, wobei mindestens $^2/_3$ der Rinnenbreite frei bleiben sollten. Kann das nicht erreicht werden, ist unter der Dachdeckung ein Traufblech – Einlaufblech – vorzusehen, was bei flachen Dächern unter 25° grundsätzlich empfohlen wird. Das Einlaufblech hat die Oberkante der Rinnenrückseite auf die ganze Länge zu überdecken und ist dort mit einer Rückkantung – Wassernase – zu versehen bzw. in die Rinne einzufalzen. Die Rinnenhöhe muss so gewählt werden, dass die Vorderkante der Rinne maximal die Höhe der verlängerten Dachfläche erreicht.

Abbildung 080|6-05: Hängerinnen mit und ohne Einlaufblech

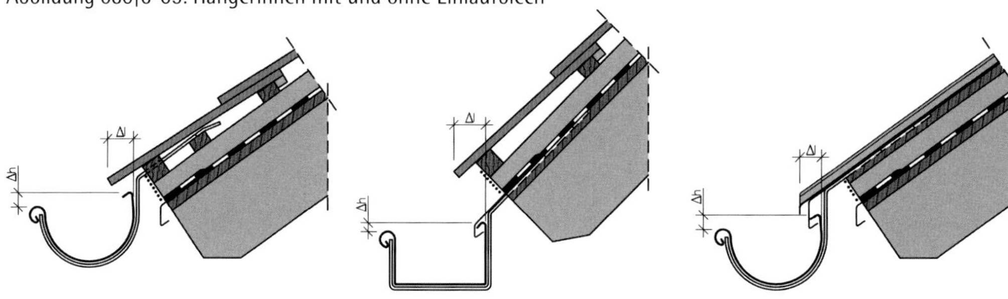

Saumrinnen

080|6|2|3

Die zweite Art von außenliegenden Rinnen sind Saumrinnen, welche im Gegensatz zur Hängerinne nicht unterhalb des Saumbleches montiert sind, sondern auf das Saumblech aufgesetzt werden und somit in der Dachfläche liegen. Saumrinnen wurden und werden dort angeordnet, wo eine Wasserableitung über Fallrohre an der Fassade nicht möglich ist oder aus Gründen der Gestaltung. Das Saumrinnenblech (= die Rinne) wird in Rinnenhaken eingehängt, sodass es das unterhalb liegende Saumblech zumindest 150 mm überdeckt. Die obere Blechkante mit Wasserfalz von 15 mm muss mindestens 80 mm von der Dachdeckung überdeckt werden und sollte mindestens um 50 mm höher als der Rinnenwulst liegen.

Bei Blechdächern werden Saumrinnen praktisch nur bei Stehfalzdeckung ausgeführt, wo die Schare in das Saumrinnenblech eingefalzt werden. Das unter der Saumrinne liegende Saumblech wird wiederum mit Stehfalzen in der Scharenteilung ausgeführt und am unteren Ende über einen Patentsaum geschlagen. Am oberen Ende ist es rückgekantet und mit Haftern gehalten. Abhängig von der Dachneigung ist die Art des Querfalzes der Rinnenbleche ıszuführen. Da das Rinnenblech nicht gefalzt sein kann, ist es bei Längen über bis 10 m mit eingelöteten Dilatationen thermisch beweglich zu verbinden.

ispiel 080|6-09: Saumrinne und Rinnenhaken

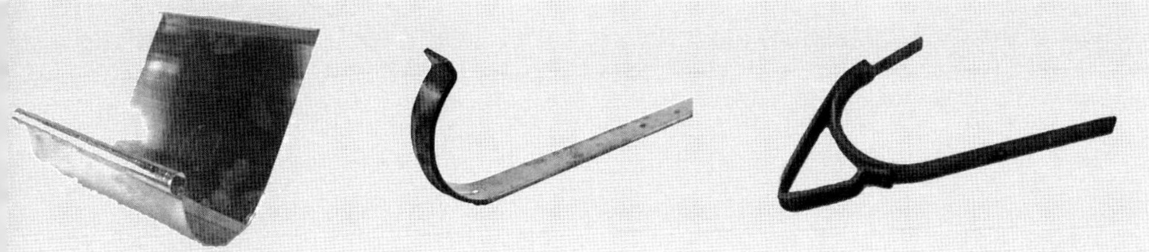

ıumrinnen können ab 15° Dachneigung und mit 0,3 % Rinnengefälle ısgeführt werden, empfohlen wird eine Dachneigung von mehr als 25° mit nem Rinnengefälle von mindestens 1 %, das durch die schräge Montage der nne gebildet wird.

belle 080|6-07: Nenngrößen von Saumrinnen

ɪenngröße [mm]	400	500	650	800	1000
1indestdachneigung	55°	45°	25°	20°	15°

uf eine ausreichende dachseitige Überhöhung der Saumrinne gegenüber dem ɔrderen Rinnenwulst ist unbedingt zu achten. Die Rinnenhaken sind mit ·hneestützen auszubilden, eine Anordnung eines Schneerechens oberhalb der ınne ist vorteilhaft, um Beschädigungen durch aufgestauten Schnee zu ɜrmeiden.

ɔbildung 080|6-06: Saumrinne – Ausbildung mit Ziegel- und Blechdeckung

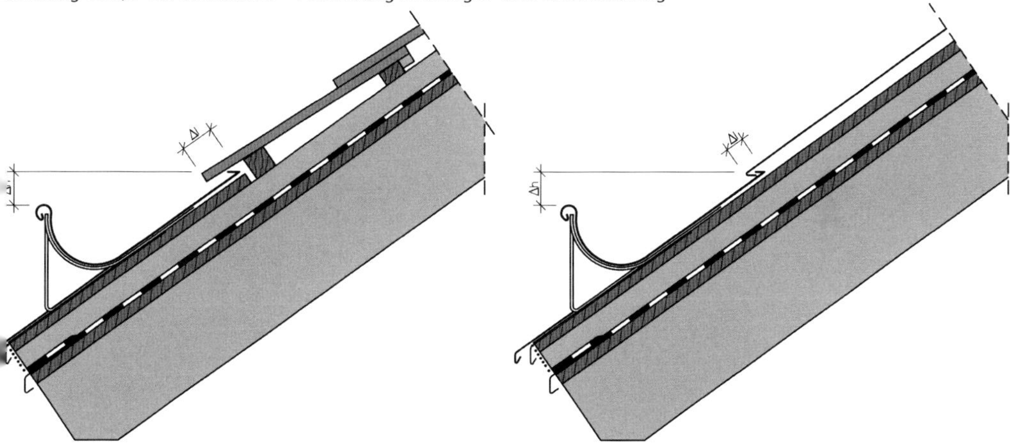

as von den Saumrinnen gesammelte Wasser wurde über einen Saumstutzen rsprünglich über Bodenrinnen im Dachraum und weiter in innenliegende ıllstränge abgeleitet, was heute bei Nutzung des Dachraumes nachteilig ist. eute erfolgt die Ableitung oft durch das darunter liegende Gesimse analog zur ängerinne in ein außenliegendes Ablaufrohr. Da das Saumblech im Bereich des innenstutzens durchbrochen wird, muss dort zusätzlich ein sogenannter aumstutzen hergestellt werden, welcher in das nachfolgende Abfallrohr ıgeschlossen und mit dem Saumblech verlötet wird. In diesen Saumstutzen ündet – mit einem kleineren Durchmesser – der eigentliche Rinnenstutzen.

Zusätzlich zu dieser Reduktion des Ablaufquerschnittes ist bei Saumrinnen, im Gegensatz zu Hängerinnen der Einlaufbereich des Rinnenstutzens in der Regel nicht erweitert, was die Ablaufleistung der Rinne wesentlich verringert.

Standrinne, Kastenrinne, Attikarinne

080|6|2|4

Sind Gesimse vorhanden oder sollen Rinnen nicht in Erscheinung treten, da die Fassade einen Attikaabschluss erhalten soll, werden Stand- oder Attikarinnen ausgeführt. Da die Querschnittsform ein rechteckiger Kasten ist, werden sie auch Kastenrinne genannt. Soll die Fassade geschlossen wirken, wird die Rinne in der Regel zimmermannsmäßig hergestellt mit einer dicht verschweißten Unterdeckung und Platz für ablaufendes Wasser (Sicherheitsrinne mit 0,5 % Gefälle, mindestens 10 % des Entwässerungsquerschnittes oder Notüberläufe nach außen). Jede Rinne muss zudem mindestens zwei getrennte Abläufe aufweisen. Die Kastenrinne wird so in das Unterdach eingebunden, dass die Wässer dieses Unterdaches in die Rinne gelangen. Wird nur eine Dachblende aufgesetzt, können die Rinnenhaken direkt auf der Gesimseabdeckung aufbauen (Achtung: Zwischenlage erforderlich), höhenverstellbare Stahlbügel sorgen für die Gefälleausbildung. Oft einfacher ist die Montage auf Rinnenhaken, was die Rinne einer Hängerinne ähnlich macht. Die Rinne ist jedenfalls so auszuführen, dass der dachseitige Rinnenrand um 30 mm, in schneereichen Gebieten um 50 mm höher liegt als der vordere Rinnenrand (Überlaufkante), andernfalls sind Notüberläufe anzuordnen. Die Gefahr von Eis- und Schneeblockaden der Abläufe ist zu beachten, Rinnen und Abläufe sind mit Rinnenheizung auszustatten.

Abbildung 080|6-07: Kastenrinne, Attikarinne

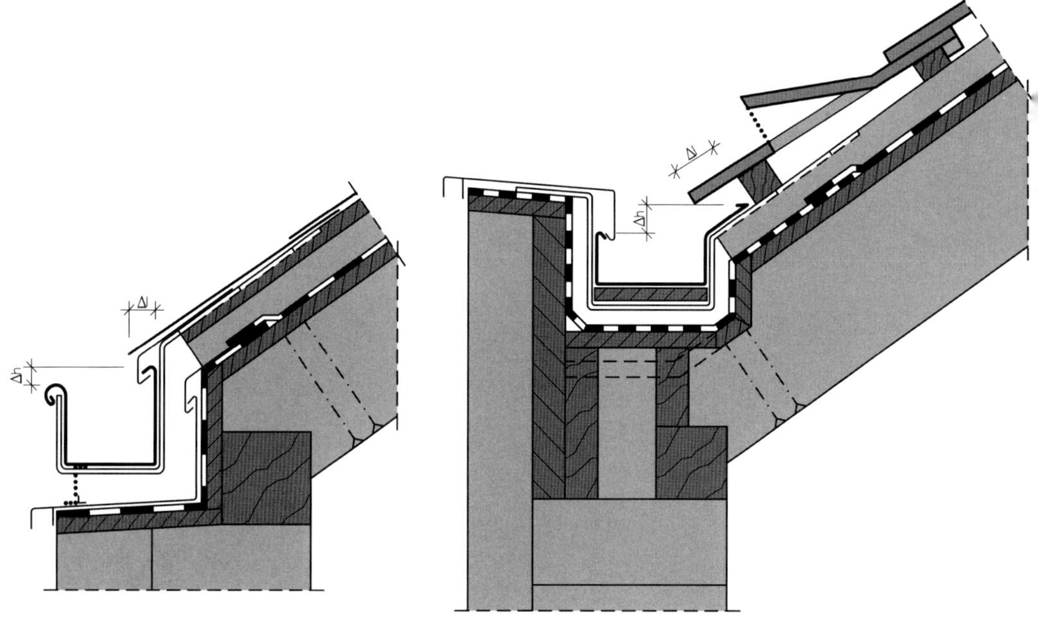

Kastenrinne Attikarinne

nenliegende Rinnen

080|6|2|5

nenentwässerungen mit muldenförmiger Gefälleausbildung zu zentralen ntwässerungspunkten sind bei Steildächern selten, aber möglich. Dann müssen ier Grabenrinnen ausgeführt werden, die jedoch wie Attikarinnen hinsichtlich ereisung und Verstopfung gefährdet sind und außerdem bei Gebrechen das /asser ins Dachinnere weiterleiten würden. Diese Rinnen sind daher jedenfalls it einer Sicherheitsrinne auszuführen und zu beheizen. Gegen Schnee und aubverwehung sowie mechanische Beschädigung kann die Rinne entsprechend ogedeckt werden.

icherheitsrinnen (entsprechend ÖNORM B 3521-1 [48]) sollten bei unvor- ergesehenen Undichtheiten oder Überlaufen der Einlegerinnen das Eindringen on Wasser ins Bauwerk verhindern. Sie können auch durch Abdichtungen emäß ÖNORM B 3691 [50] hergestellt werden. Zwischen Sicherheitsrinne und nlegerinne ist ein durchströmbarer, freier Querschnitt von mindestens 10 % es Querschnittes der Hauptrinne einzuplanen. Die Sicherheitsrinne ist an die ntwässerung anzuschließen und ist so breit bzw. hoch zu dimensionieren, dass /asser, das über die Ränder der Einlegerinne überläuft, aufgenommen werden ann.

ehlrinnen (Ichsenrinnen)

080|6|2|6

ehlrinnen entsprechen zwar in ihrer prinzipiellen Funktion einer Rinne, sind ber letztlich bei Steildächern nur eine in Blech ausgeschlagene Kehle /erschneidung zweier Dachflächen, die zusammen eine Innenecke bilden), die ı einer am Dachrand liegenden Dachrinne entwässert. Bei Dächern unter 10° achneigung bzw. bei stark unterschiedlichem Wasseranfall ist die Kehle ertieft oder mit einem Stehfalz in der Mitte der Kehlenverblechung uszubilden. Auch bei Falzdächern sind sie vertieft auszuführen oder mit onischen Scharen herzustellen. Der Anschluss der anlaufenden Scharen an ertiefte Kehlen ist entsprechend einer Traufe mit Traufenstreifen und Einhang uszuführen. Das Unterdach ist auch bei Kehlen dicht durchzuführen.

bbildung 080|6-08: Kehlrinnen

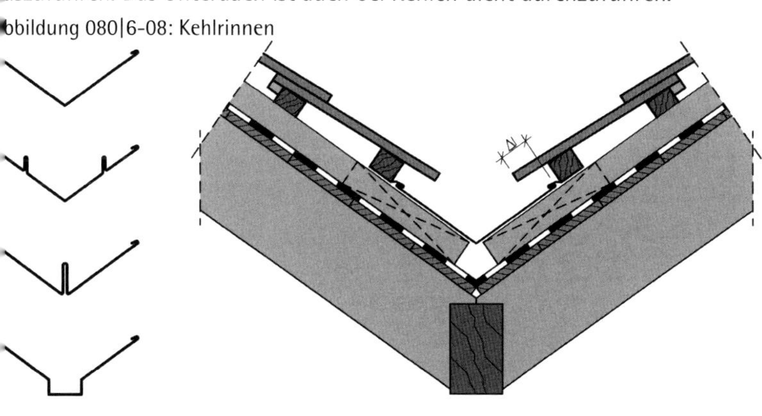

ie Breite von Kehlenverblechungen hängt von der Größe und Neigung der ngrenzenden Dachfläche, der Länge der Kehle und von der erforderlichen berdeckung des Dacheindeckungsmaterials ab. Die Zuschnittsbreite darf 00 mm nicht unterschreiten. Kehlen sind beidseitig mit einer mindestens 0 mm breiten Rückkantung auszubilden und indirekt mit Haften im Abstand von maximal 330 mm zu befestigen. Bei Dachneigung unter 12° sind Querstöße von Kehlenblechen als feste Verbindung auszuführen (Achtung auf thermische Dehnung), bei Dachneigung von 12° bis 20° als Einhang in Z-Streifen mit einer Überdeckung von mindestens 200 mm und bei Dachneigung von mindestens 20° als einfache Überlappung von 150 mm, wobei die oberen und unteren Blechenden mindestens 10 mm umzuschlagen sind.

Giebeleinfassungen, Ortgangrinnen

080|6|2|7

Ortgang- bzw. Giebeleinfassungen sind Blechabschlüsse an seitlichen Begrenzungen der Dachfläche und müssen bei abfallendem Rand den höchsten Punkt der flächigen Eindeckung bzw. den Belag um mindestens 10 mm überragen. Sie können auch als Ortgangrinnen ausgeführt werden.

Tropfnasen von Giebel- und Pultfirsteinfassungen müssen über die darunterliegende Fassadenfläche planmäßig um mindestens 25 mm, bei verputzten Fassaden 40 mm vorspringen. Die vertikale Überdeckung des an die Wandfläche anliegenden Schenkels der Verblechung hat mindestens 20 mm zu betragen.

Ortgangverblechungen müssen dachseitig mit Haften mit einem Abstand von maximal 330 mm und außen mit durchgehendem Saum- oder Patentsaumstreifen indirekt befestigt werden. Querstöße von Ortgang- oder Wandeinfassungen dürfen bei Dachneigungen ab 12° durch einfache Überlappungen von mindestens 100 mm hergestellt werden. Die Blechenden sind gegenläufig anzureifen.

Um einen definierten Wasserlauf zu erhalten, ist ein mindestens 60 mm breiter Wasserlauf vorzusehen, mindestens 25 mm versenkt oder durch einen Falz abgegrenzt. Solche Ausführungen sind bei Entwässerung von angrenzenden Dachflächen (z. B. einem Krüppelwalm) herzustellen.

Bei Stehfalzdächern wird die letzte Schar am Ortgang entweder über das Ortgangblech nach außen (Oberfalz) oder das Ortgangblech – wenn erst nach der Flächeneindeckung verlegt – über die Bördelung der letzten Schar nach innen gefalzt (Unterfalz).

Abbildung 080|6-09: Ortgangrinnen – Biegeformen

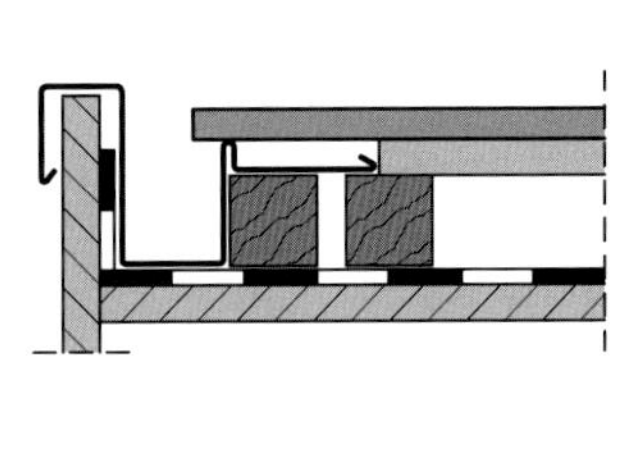

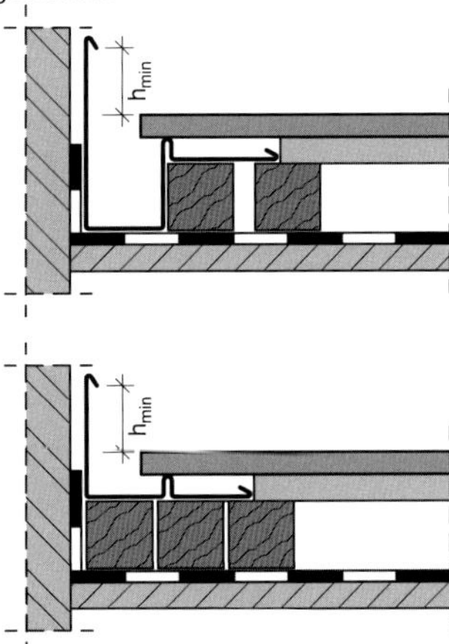

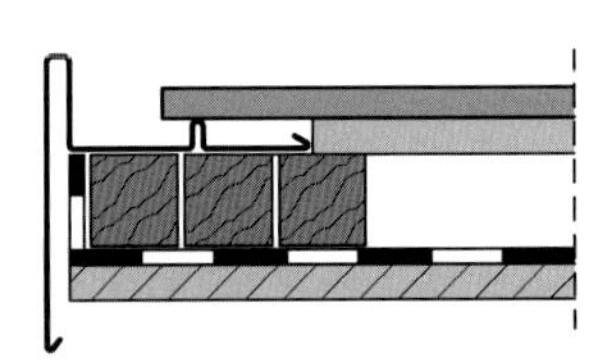

Bild 080|6-01

Bild 080|6-02

längerinne
aumrinne

Bild 080|6-01
Bild 080|6-02

Bild 080|6-03

Bild 080|6-04

Bild 080|5-05

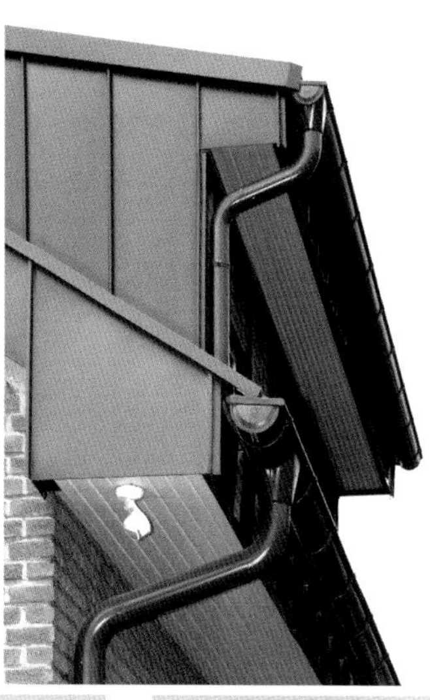

Stehfalzdeckung mit Grabenrinne
Detail Saumrinne
Hängerinnen halbrund mit Regenabfallrohren

Bild 080|6-03
Bild 080|6-04
Bild 080|6-05

Bild 080|6-06

Bild 080|6-07

Saumrinne mit Saumstutzen und Ortgangrinne
Abschluss Saumrinne zu Ortgang

Bild 080|6-06
Bild 080|6-07

Bild 080|6-08

Bild 080|6-09

Bild 080|5-10

Regenwassersammler mit Schlauchanschluss und Regenrohrklappe mit Laubkorb
Hängerinne mit Einhängstutzen und Regenabfallrohrverzeihung
Rohrschelle Regenabfallrohr

Bild 080|6-08
Bild 080|6-09
Bild 080|6-10

Bild 080|6-11

Bild 080|6-12

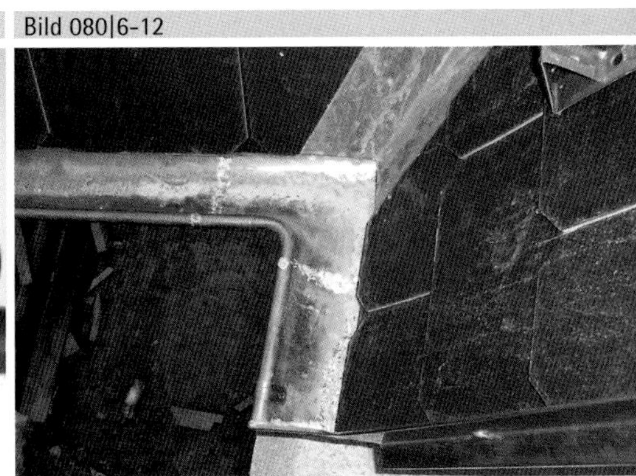

Rinnenkessel
Einmündung Kehlrinne in Hängerinne, Ortgangverblechung

Bild 080|6-11
Bild 080|6-12

Bild 080|6-13

Bild 080|6-14

Hängerinne mt Laubschutzabdeckung
Faserzementplattendeckung mit Kehlrinne und Lüfternasen

Bild 080|6-13
Bild 080|6-14

Quellennachweis

Dipl.-Ing. Dr. Anton PECH – WIEN (A)
Autor und Herausgeber
Bilder: Titelbild, 080|2-33, 080|6-02, 03, 08 bis 10, 13

Dipl.-Ing. Dr. Karlheinz HOLLINSKY – WIEN (A)
Autor

Dipl.-Ing. Dr. Franz ZACH – WIEN (A)
Autor
Bild: 080|2-34, 080|6-06

Bmst. Dipl.-Ing. Peter STÖGERER – WIEN (A)
Fachtechnische Beratung

Dipl.-Ing. Thomas WEINLINGER – WIEN (A)
Mitarbeit Kapitel 080|2

Ing. Dominic GRITSCH, Eva-Elisabeth PECH, Sebastian PECH, Andreas TRINKO – WIEN (A)
Layout, Zeichnungen, Grafiken, Bildformatierungen

DI (FH) Peter HERZINA – WIEN (A)
Bilder: 080|6-07, 12, 14

TONDACH Gleinstätten AG – GLEINSTÄTTEN (A)
Bilder: 080|2-01 bis 12

Bramac Dachsysteme International GmbH – PÖCHLARN (A)
Bilder: 080|2-13 bis 24

ETERNIT-WERKE LUDWIG HATSCHEK AG – VÖCKLABRUCK (A)
Bilder: 080|2-25 bis 32

PREFA Aluminiumprodukte GmbH – MARKTL/LILIENFELD (A)
Bilder: 080|5-01, 07, 10, 12 – PREFA/Croce & Wir
Bilder: 080|5-06, 09, 11 – PREFA/Werner Jäger
Bilder: 080|6-01, 05 – PREFA

VMZinc – Umicore Bausysteme GmbH – ESSEN (D)
Bilder: 080|5-02, 03, 08, 13

RHEINZINK AUSTRIA GMBH – HERZOGENBURG (A)
Bild: 080|5-04

BRUCHA Gesellschaft m.b.H. – MICHELHAUSEN (A)
Bild: 080|5-05

Unger Stahlbau Ges.m.b.H & Renée Del Missier – OBERWART (A)
Bild: 080|5-14

Sebastian WALLNER – FH BAU WIEN (A)
Bild: 080|6-04

Stefan Teufl – Dachdeckerei u. Spenglerei – WALS-SIEZENHEIM (A)
Bild: 080|6-11

Literaturverzeichnis

Fachbücher

[1] *Dierks, Schneider, Wormuth:* Baukonstruktionen. Werner Verlag, Neuwied. 2002

[2] *Holzapfel:* Dächer – Erweitertes Fachwissen für Sachverständige und Baufachleute. Fraunhofer IRB Verlag, Stuttgart. 2013

[3] *Holzapfel:* Steildächer – Anforderungen, Planung, Ausführung. Fraunhofer IRB Verlag, Stuttgart. 2010

[4] *Krenkler:* Chemie des Bauwesens, Anorganische Chemie Band 1. Springer-Verlag, Berlin, Heidelberg, New York. 1980

[5] *Neumann, Hestermann, Rongen:* Frick/Knöll Baukonstruktionslehre 2. Vieweg + Teubner Verlag, Wiesbaden. 2008

[6] *Pech, Hollinsky:* Baukonstruktionen Band 7: Dachstühle. Springer-Verlag, Wien. 2005

[7] *Pech, Jens:* Baukonstruktionen Band 16: Lüftung und Sanitär. Springer-Verlag, Wien. 2005

[8] *Pech, Kolbitsch:* Baukonstruktionen Band 9: Flachdach. Springer-Verlag, Wien. 2012

[9] *Pech, Kolbitsch:* Baukonstruktionen Band 2: Tragwerke. Springer-Verlag, Wien. 2007

[10] *Pech, Pöhn:* Baukonstruktionen Band 1: Bauphysik. Springer-Verlag, Wien. 2004

[11] *Pech, Pommer, Zeininger:* Baukonstruktionen Band 13: Fassaden. Ambra-Verlag, Wien. 2014

[12] *Riccabona, Mezera:* Baukonstruktionslehre 1 – Rohbauarbeiten. Manz Schulbuch, Wien. 2010

[13] *Schunck, Oster, Barthel, Kiessl:* Dachatlas – Geneigte Dächer. Birkhäuser GmbH, Basel. 2002

Veröffentlichungen, Fachartikel

[14] *Künzel:* Feuchteschutz unbelüfteter Steildächer – Vereinbarkeit von DIN 68800-2 und des Neuentwurfs der DIN 4108-3 aus bauphysikalischer Sicht. Fraunhofer-Institut für Bauphysik, Friedrichshafen. 2000

Gesetze, Richtlinien

[15] *Bauordnung für Oberösterreich:* LGBl. Nr. 34/2013. Linz. 2013-04-30

[16] *Bauordnung für Vorarlberg:* LGBl. Nr. 29/2011. Bregenz. 2011-06-15

[17] *Bauordnung für Wien:* LGBl. Nr. 64/2012. Wien. 2012-11-05

[18] *Bautechnikgesetz Salzburg:* LGBl. Nr. 32/2013. Salzburg. 2013-04-12

[19] *Burgenländisches Baugesetz:* LGBl. Nr. 63/2008. Eisenstadt. 2013-02-06

[20] *Kärntner Bauordnung:* LGBl. Nr. 64/2013. Klagenfurt. 2013-07-12

[21] *Meta-Tech:* Fachregeln für Bauspenglerarbeiten. Bundesinnung der Dachdecker, Glaser und Spengler, Wien. 2014-09-01

[22] *Meta-Tech:* Fachregeln für Bauspenglerarbeiten. Bundesinnung der Dachdecker, Glaser und Spengler, Wien. 2006-01-02

[23] *Niederösterreichische Bauordnung 1996:* St. Pölten. 2013-01-30

[24] *OIB-Richtlinie 1:* Mechanische Festigkeit und Standsicherheit. Österreichisches Institut für Bautechnik, Wien. 2011-10-01

[25] *OIB-Richtlinie 2:* Brandschutz. Österreichisches Institut für Bautechnik, Wien. 2011-12-01

[26] *OIB-Richtlinie 2.1:* Brandschutz bei Betriebsbauten. Österreichisches Institut für Bautechnik, Wien. 2011-10-01

[27] *OIB-Richtlinie 2.2:* Brandschutz bei Garagen, überdachten Stellplätzen und Parkdecks. Österreichisches Institut für Bautechnik, Wien. 2011-10-01

[28] *OIB-Richtlinie 2.3:* Brandschutz bei Gebäuden mit einem Fluchtniveau von mehr als 22 m. Österreichisches Institut für Bautechnik, Wien. 2011-10-01

[29] *OIB-Richtlinie 3:* Hygiene, Gesundheit und Umweltschutz. Österreichisches Institut für Bautechnik, Wien. 2011-10-01

[30] *OIB-Richtlinie 4:* Nutzungssicherheit und Barrierefreiheit. Österreichisches Institut für Bautechnik, Wien. 2011-10-01

[31] *OIB-Richtlinie 5:* Schallschutz. Österreichisches Institut für Bautechnik, Wien. 2011-10-01

[32] *OIB-Richtlinie 6:* Energieeinsparung und Wärmeschutz. Österreichisches Institut für Bautechnik, Wien. 2011-10-01

[33] *OIB-Richtlinien:* Begriffsbestimmungen. Österreichisches Institut für Bautechnik, Wien. 2011-10-01

[34] *Schmidt, Hütteneder:* ZVDH-Regeln für Unterdeckungen und Unterspannungen – Überblick für Planung und Ausführung. ISOCELL, Neumarkt am Wallersee. 2011-08

[35] *Steiermärkisches Baugesetz:* LGBl. Nr. 83/2013. Graz. 2013-08-22

[36] *Tiroler Bauordnung:* LGBl. Nr. 48/2013. Innsbruck. 2013-05-22

Normen

[37] *DIN 4108-3:* Wärmeschutz und Energie-Einsparung in Gebäuden – Teil 3: Klimabedingter Feuchteschutz - Anforderungen, Berechnungsverfahren und Hinweise für Planung und Ausführung. Deutsches Institut für Normung, Berlin. 2014-11

[38] *ÖNORM B 1990-1:* Eurocode – Grundlagen der Tragwerksplanung – Teil 1: Hochbau – Nationale Festlegungen zu ÖNORM EN 1990 und nationale Ergänzungen. Österreichisches Normungsinstitut, Wien. 2013-01-01

[39] *ÖNORM B 1991-1-1:* Eurocode 1: Einwirkungen auf Tragwerke – Teil 1-1: Allgemeine Einwirkungen – Wichten, Eigengewicht, Nutzlasten im Hochbau – Nationale Festlegungen zu ÖNORM EN 1991-1-1 und nationale Ergänzungen. Österreichisches Normungsinstitut, Wien. 2011-12-01

[40] *ÖNORM B 1991-1-3:* Eurocode 1 – Einwirkungen auf Tragwerke – Teil 1-3: Allgemeine Einwirkungen – Schneelasten – Nationale Festlegungen zur ÖNORM EN 1991-1-3, nationale Erläuterungen und nationale Ergänzungen. Österreichisches Normungsinstitut, Wien. 2013-09-01

[41] *ÖNORM B 1991-1-4:* Eurocode 1: Einwirkungen auf Tragwerke – Teil 1-4: Allgemeine Einwirkungen – Windlasten – Nationale Festlegungen zu ÖNORM EN 1991-1-4 und nationale Ergänzungen. Österreichisches Normungsinstitut, Wien. 2013-05-01

[42] *ÖNORM B 2215:* Holzbauarbeiten – Werkvertragsnorm. Österreichisches Normungsinstitut, Wien. 2009-07-15

[43] *ÖNORM B 2501:* Entwässerungsanlagen für Gebäude und Grundstücke – Planung, Ausführung und Prüfung – Ergänzende Richtlinien zu ÖNORM EN 12056 und ÖNORM EN 752. Österreichisches Normungsinstitut, Wien. 2014-10-15

[44] *ÖNORM B 3417:* Sicherheitsausstattung und Klassifizierung von Dachflächen für Nutzung, Wartung und Instandhaltung. Österreichisches Normungsinstitut, Wien. 2010-07-15

[45] *ÖNORM B 3418:* Planung und Ausführung von Schneeschutzsystemen auf Dächern. Österreichisches Normungsinstitut, Wien. 2012-05-01

[46] *ÖNORM B 3419:* Planung und Ausführung von Dacheindeckungen und Wandverkleidungen. Österreichisches Normungsinstitut, Wien. 2011-04-15

[47] *ÖNORM B 3422:* Faserzement-Wellplatten; symmetrische Profile: Wellprofile 6 und 9; asymmetrisches Profil; FZ-WP; Anforderungen, Prüfung, Normkennzeichnung. Österreichisches Normungsinstitut, Wien. 1988-06-01

[48] *ÖNORM B 3521-1:* Planung und Ausführung von Dacheindeckungen und Wandverkleidungen aus Metall – Teil 1: Bauspenglerarbeiten – handwerklich gefertigt. Österreichisches Normungsinstitut, Wien. 2012-08-01

[49] *ÖNORM B 3647:* Prüfung der Nageldichtheit von Unterdeckbahnen. Österreichisches Normungsinstitut, Wien. 2005-05-01

[50] *ÖNORM B 3691:* Planung und Ausführung von Dachabdichtungen. Österreichisches Normungsinstitut, Wien. 2012-12-01

[51] *ÖNORM B 4119:* Planung und Ausführung von Unterdächern und Unterspannungen. Österreichisches Normungsinstitut, Wien. 2010-12-15

[52] *ÖNORM B 6000:* Werkmäßig hergestellte Dämmstoffe für den Wärme- und/oder Schallschutz im Hochbau – Arten, Anwendung und Mindestanforderungen. Österreichisches Normungsinstitut, Wien. 2013-09-01

[53] *ÖNORM B 7220:* Dächer mit Abdichtungen – Verfahrensnorm. Österreichisches Normungsinstitut, Wien. 2002-07-01

[54] *ÖNORM B 8110-1:* Wärmeschutz im Hochbau – Teil 1: Deklaration des Wärmeschutzes von Gebäuden/Gebäudeteilen – Heizwärmebedarf und Kühlbedarf. Österreichisches Normungsinstitut, Wien. 2011-11-01

[55] *ÖNORM B 8110-2 Beiblatt 1:* Wärmeschutz im Hochbau – Teil 2: Wasserdampfdiffusion und Kondensationsschutz. Österreichisches Normungsinstitut, Wien. 2003-07-01

[56] *ÖNORM B 8207:* Rauch- und Abgasfänge – Leitern und Stege für die Durchführung der Reinigung und Überprüfung von Fängen. Österreichisches Normungsinstitut, Wien. 1996-06-01

[57] *ÖNORM EN 10088-1:* Nichtrostende Stähle – Teil 1: Verzeichnis der nichtrostenden Stähle. Österreichisches Normungsinstitut, Wien. 2014-12-01

[58] *ÖNORM EN 1013:* Lichtdurchlässige, einschalige profilierte Platten aus Kunststoff für Innen- und Außenanwendungen an Dächern, Wänden und Decken – Anforderungen und Prüfverfahren. Österreichisches Normungsinstitut, Wien. 2015-01-15

[59] *ÖNORM EN 1172:* Kupfer und Kupferlegierungen – Bleche und Bänder für das Bauwesen. Österreichisches Normungsinstitut, Wien. 2012-02-01

[60] *ÖNORM EN 12056-3:* Schwerkraftentwässerungsanlagen innerhalb von Gebäuden – Teil 3: Dachentwässerung, Planung und Bemessung. Österreichisches Normungsinstitut, Wien. 2000-12-01

[61] *ÖNORM EN 12588:* Blei und Bleilegierungen – Gewalzte Bleche aus Blei für das Bauwesen. Österreichisches Normungsinstitut, Wien. 2007-03-01

[62] *ÖNORM EN 1304:* Dach- und Formziegel – Begriffe und Produktspezifikationen. Österreichisches Normungsinstitut, Wien. 2013-07-15

[63] *ÖNORM EN 13162:* Wärmedämmstoffe für Gebäude – Werkmäßig hergestellte Produkte aus Mineralwolle (MW) – Spezifikation. Österreichisches Normungsinstitut, Wien. 2013-01-15

[64] *ÖNORM EN 13163:* Wärmedämmstoffe für Gebäude – Werkmäßig hergestellte Produkte aus expandiertem Polystyrol (EPS) – Spezifikation. Österreichisches Normungsinstitut, Wien. 2013-03-01

[65] *ÖNORM EN 13164:* Wärmedämmstoffe für Gebäude – Werkmäßig hergestellte Produkte aus extrudiertem Polystyrolschaum (XPS) – Spezifikation. Österreichisches Normungsinstitut, Wien. 2013-01-15

[66] *ÖNORM EN 13165:* Wärmedämmstoffe für Gebäude – Werkmäßig hergestellte Produkte aus Polyurethan-Hartschaum (PU) – Spezifikation. Österreichisches Normungsinstitut, Wien. 2013-01-15

[67] *ÖNORM EN 13167:* Wärmedämmstoffe für Gebäude – Werkmäßig hergestellte Produkte aus Schaumglas (CG) - Spezifikation. Österreichisches Normungsinstitut, Wien. 2013-03-15

[68] *ÖNORM EN 13168:* Wärmedämmstoffe für Gebäude – Werkmäßig hergestellte Produkte aus Holzwolle (WW) - Spezifikation. Österreichisches Normungsinstitut, Wien. 2013-01-15

[69] *ÖNORM EN 13170:* Wärmedämmstoffe für Gebäude – Werkmäßig hergestellte Produkte aus expandiertem Kork (ICB) – Spezifikation. Österreichisches Normungsinstitut, Wien. 2013-01-15

[70] *ÖNORM EN 13171:* Wärmedämmstoffe für Gebäude – Werkmäßig hergestellte Produkte aus Holzfasern (WF) – Spezifikation. Österreichisches Normungsinstitut, Wien. 2013-01-15

[71] *ÖNORM EN 1396:* Aluminium und Aluminiumlegierungen – Bandbeschichtete Bleche und Bänder für allgemeine Anwendungen – Spezifikationen. Österreichisches Normungsinstitut, Wien. 2007-08-01

[72] *ÖNORM EN 13986:* Holzwerkstoffe zur Verwendung im Bauwesen – Eigenschaften, Bewertung der Konformität und Kennzeichnung. Österreichisches Normungsinstitut, Wien. 2005-04-01

[73] *ÖNORM EN 14509:* Selbsttragende Sandwich-Elemente mit beidseitigen Metalldeckschichten – Werkmäßig hergestellte Produkte – Spezifikationen. Österreichisches Normungsinstitut, Wien. 2013-12-01

[74] *ÖNORM EN 14782:* Selbsttragende Dachdeckungs- und Wandbekleidungselemente für die Innen- und Außenanwendung aus Metallblech – Produktspezifikation und Anforderungen. Österreichisches Normungsinstitut, Wien. 2006-03-01

[75] *ÖNORM EN 14783:* Vollflächig unterstützte Dachdeckungs- und Wandbekleidungselemente für die Innen- und Außenanwendung aus Metallblech – Produktspezifikation und Anforderungen. Österreichisches Normungsinstitut, Wien. 2013-06-01

[76] *ÖNORM EN 1990:* Eurocode – Grundlagen der Tragwerksplanung (konsolidierte Fassung). Österreichisches Normungsinstitut, Wien. 2013-03-15

[77] *ÖNORM EN 1991-1-1:* Eurocode 1: Einwirkungen auf Tragwerke – Teil 1-1: Allgemeine Einwirkungen – Wichten, Eigengewicht und Nutzlasten im Hochbau (konsolidierte Fassung). Österreichisches Normungsinstitut, Wien. 2011-09-01

[78] *ÖNORM EN 1991-1-3:* Eurocode 1 – Einwirkungen auf Tragwerke – Teil 1-3: Allgemeine Einwirkungen, Schneelasten. Österreichisches Normungsinstitut, Wien. 2012-03-01

[79] *ÖNORM EN 1991-1-4:* Eurocode 1: Einwirkungen auf Tragwerke – Teil 1-4: Allgemeine Einwirkungen – Windlasten (konsolidierte Fassung). Österreichisches Normungsinstitut, Wien. 2011-05-15

[80] *ÖNORM EN 485-1:* Aluminium und Aluminiumlegierungen – Bänder, Bleche und Platten – Teil 1: Technische Lieferbedingungen. Österreichisches Normungsinstitut, Wien. 2010-03-01

[81] *ÖNORM EN 485-2:* Aluminium und Aluminiumlegierungen – Bänder, Bleche und Platten – Teil 2: Mechanische Eigenschaften. Österreichisches Normungsinstitut, Wien. 2013-12-01

[82] *ÖNORM EN 485-3:* Aluminium und Aluminiumlegierungen – Bänder, Bleche und Platten – Teil 3: Grenzabmaße und Formtoleranzen für warmgewalzte Erzeugnisse. Österreichisches Normungsinstitut, Wien. 2003-09-01

[83] *ÖNORM EN 485-4:* Aluminium und Aluminiumlegierungen – Bänder, Bleche und Platten – Teil 4: Grenzabmaße und Formtoleranzen für kaltgewalzte Erzeugnisse. Österreichisches Normungsinstitut, Wien. 1994-03-01

[84] *ÖNORM EN 505:* Dachdeckungsprodukte aus Metallblech – Spezifikation für vollflächig unterstützte Dachdeckungsprodukte aus Stahlblech. Österreichisches Normungsinstitut, Wien. 2013-05-01

[85] *ÖNORM EN 507:* Dachdeckungsprodukte aus Metallblech – Festlegungen für vollflächig unterstützte Bedachungselemente aus Aluminiumblech. Österreichisches Normungsinstitut, Wien. 2000-02-01

[86] *ÖNORM EN 508-1:* Dachdeckungs- und Wandbekleidungsprodukte aus Metallblech – Spezifikation für selbsttragende Dachdeckungsprodukte aus Stahlblech, Aluminiumblech oder nichtrostendem Stahlblech – Teil 1: Stahl. Österreichisches Normungsinstitut, Wien. 2014-07-01

[87] *ÖNORM EN 516:* Vorgefertigte Zubehörteile für Dacheindeckungen – Einrichtungen zum Betreten des Daches – Laufstege, Trittflächen und Einzeltritte. Österreichisches Normungsinstitut, Wien. 2006-03-01

[88] *ÖNORM EN 517:* Vorgefertigte Zubehörteile für Dacheindeckungen – Sicherheitsdachhaken. Österreichisches Normungsinstitut, Wien. 2006-04-01

[89] *ÖNORM EN 795:* Persönliche Absturzschutzausrüstung – Anschlageinrichtungen. Österreichisches Normungsinstitut, Wien. 2012-10-15

[90] *ÖNORM EN 988:* Zink und Zinklegierungen – Anforderungen an gewalzte Flacherzeugnisse für das Bauwesen. Österreichisches Normungsinstitut, Wien. 1996-08-01

[91] *ÖVE/ÖNORM E 8049-1:* Blitzschutz baulicher Anlagen – Teil 1: Allgemeine Grundsätze. Österreichisches Normungsinstitut, Wien. 2001-07-01

Sachverzeichnis